感谢壹基金对本书翻译出版的资助

DOING GOOD WELL

What does (and does not) make sense in the nonprofit world

改 变 范 式 改 变 世 界

善事善为

[新加坡] 郑有强（Willie Cheng） 著

北京师范大学中国公益研究院 译

清华大学出版社

北 京

北京市版权局著作权合同登记号　图字：01-2013-8589

Copyright © 2015 by Willie Cheng
Published in Singapore by Epigram Books
www.epigrambooks.sg

版权所有，侵权必究。侵权举报电话：010-62782989　13701121933

图书在版编目（CIP）数据

　　善事善为：改变范式，改变世界 / (新加坡) 郑有强 (Willie Cheng) 著；北京师范大学中国公益研究院译. — 北京：清华大学出版社，2020.5
　　书名原文：Doing Good Well: What does (and does not) make sense in the nonprofit world
　　ISBN 978-7-302-49692-2

　　Ⅰ．①善…　Ⅱ．①郑…　②北…　Ⅲ．①非营利组织 – 组织管理 – 研究
Ⅳ．①C912.21

　　中国版本图书馆CIP数据核字(2018)第035200号

责任编辑：张　宇
封面设计：马术明
责任校对：赵丽敏
责任印制：丛怀宇

出版发行：清华大学出版社
　　　　　网　　址：http://www.tup.com.cn，http://www.wqbook.com
　　　　　地　　址：北京清华大学学研大厦 A 座　　邮　　编：100084
　　　　　社 总 机：010-62770175　　　　　　　　邮　　购：010-62786544
　　　　　投稿与读者服务：010-62776969, c-service@tup.tsinghua.edu.cn
　　　　　质量反馈：010-62772015, zhiliang@tup.tsinghua.edu.cn
印 装 者：三河市龙大印装有限公司
经　　销：全国新华书店
开　　本：165mm×235mm　　印　张：17　　字　数：285 千字
版　　次：2020 年 5 月第 1 版　　　　　印　次：2020 年 5 月第 1 次印刷
定　　价：65.00 元

产品编号：053502-01

致　谢

这本书耗时多年，我得到了多方帮助才能如期付梓。

在很大程度上，这一切始于我在新加坡国家志愿服务及慈善中心（National Volunteer & Philanthropy Center，NVPC）工作的日子。我要感谢林素芬（Lim Soon Hoon）邀我担任主席，感谢时任 CEO 杨紫群（Tan Chee Koon）和她的"非营利入门"（Nonprofit 101）团队，还要感谢我在国家志愿服务及慈善中心的杂志《盐》（SALT）上发表文章时得到的帮助与支持。

我们在 2004 年 1 月创立了杂志《盐》，以弥补当时新加坡非营利领域媒体的空缺。在《盐》的第二期上，我发表了第一篇有关非营利"市场"的文章。而之后的几年，我也偶尔在这本杂志上写些文章。2005 年末我卸任离开 NVPC，紫群邀请我在《盐》上开设一个专栏，而本书大部分的内容取材于那个专栏。

我衷心感谢《盐》的各位编辑，感谢莫妮卡·魏（Monica Gwee）、苏珊娜·林（Suzanne Lim）和吴达文（Daven Wu），他们不得已要忍受我那不尽完美的初稿。同样，我还要感谢负责发行《盐》的 Epigram 出版社的黄为忠（Edmund Wee）和他的团队，他们精心的配图与版式设计让我们的文章吸引了更多的读者。同时，我的一些文章也得以在新加坡《海峡时报》（The Straits Times）刊登，这要多谢何家豪（Andy Ho）为我的文章做的修改与润色。

2006 年的时候，连氏基金会（Lien Foundation）的李宝华（Lee Poh Wah）提议将我的文章集结成册。我第一次见到宝华是在 2003 年，那时他还在社会发展青年与体育部（Community Development，Youth and Sports）任职。他和连氏基金会理事余福金（Gerard Ee）为本书的许多观点提供了宝贵意见，还让我参与到连瀛洲社会创新中心（Lien Centre for Social Innovation）的工作中。

出版一本书远比我想象的要困难。我要感谢约翰威立父子出版公司（John Wiley & Sons）的 C. J. 胡（C. J. Hwu）、詹尼斯·苏（Janis Soo）和乔伊·巴尔宾（Joel Balbin）包容我，并忍受我在合同条款、写作风格和排版布局上的种种问题。我还要感谢薇薇安·林（Vivienne Lim）帮助我梳理了本书的合同。

随着截稿日期步步逼近（我要感谢 C. J. 胡在我们签署最终合同之前将截稿日期延后），我感到了绝望。我忘记了自己在咨询岁月中学到的有关项目管理最基本的一条原则：完成项目最后 10% 所耗费的努力远远超过全部投入的 10%。此时，一位名叫雪莉·唐（Cheryl Tang）的天使拯救了我。她是埃森哲（Accenture）的一名经理，当时正要休假 3 个月，便来帮助我。结果她的大部分时间都花在帮我审阅、修改、编辑手稿上了。

我的职业生涯在埃森哲度过。咨询这份工作让我拥有进行批判性思维和建构问题及其解决方案的基础。在写作本书的时候，我从中获益良多。更重要的是，许多从公司退休的同事依旧觉得自己还是埃森哲这个大家庭中的一员。我的几位前同事是我非营利领域"另类"理论的催化剂。我尤其要感谢埃森哲的董事长兼 CEO 比尔·格林（Bill Green），他总是给每个人以激励，当他说慈善是埃森哲"最荣耀的时刻"时让人备受鼓舞。我还要感谢杰米·西尔维斯通（Jayme Silverstone），帮助协调了来自埃森哲的慈善支持。

现在，还剩下三队人马我需要感谢。无论写的是什么书，其中各种细节问题都离不开这三组人的努力，他们就是：研究人员、书籍评论人员和设计人员。

过去的这些年，在极为重要的研究工作上，我得到过许多人的帮助。NVPC 小组的成员有凯文·李（Kevin Lee）、刘秀成（Liu Siut Cheng）、哈利马·周（Halimah Chew）、特伦斯·梁（Terence Leong）和陈志宏（Tan Tze Hoong）。我要感谢连氏基金会的加布里埃尔·林（Gabriel Lim）和萨利发·玛萨哈·宾特·默罕默德（Sharifah Maisharah Binte Mohamed）。我尤其要感谢志宏和加布里埃尔，在离开各自的岗位之后，他们依旧继续为我提供研究支持。在为《盐》撰写文章以及筹备本书各章的过程中，我将部分手稿交给形形色色的人提前阅读。尽管我不知道他们每个人的名字，我仍要向这些人表示感谢。另外，我要感谢罗伯特·周（Robert Chew）、乔伊斯·许（Joyce Koh）、杰瑞·欧（Jerry Ow）、彭萧云（Pang Siu Yuin）、杰勒德·陈（Gerard Tan）、王亨周（Wang Heng Chew），他们阅读了全书并提供了宝贵的批评意见。我还想感谢余福金（Gerard Ee）、比尔·德雷顿（Bill Drayton）、方艾良（Fang Ai Liang）、波莱特·前原（Paulette Maehara）、麦斯米兰·马丁（Maximilian Martin）、杨紫群，感谢他们的评论与认可。

关于本书的封面设计，我要感谢郭素安（Kuek Sue Anne）、莱斯利·龙（Leslie Lung）、亨利·沈（Henry Sim）、艾莉西亚·陈（Alicia Tan），他们贡献了许多极具创造力的方案。若想知道他们为本书还设计了哪些其他封面，请登录 www.doinggoodwell.net 一饱眼福。我还要感谢郭天妮（Kok Tien Nee）和她的团队为本书建立了网站。

本书中大部分内容之所以得以成型，是源自我参与的各种商业、政府以及非营利组织所得到的经验与知识。其中一些组织在本书中有所提及，而在此我想特别感谢它们，同时为我同它们的关系做个总结：

作为管理层（董事会或平级机构）成员：

- 埃哲森
- 新加坡会计管理局（Accounting Regulatory Authority of Singapore）
- 教区危机协调小组 *（Archdiocese Crisis Coordination Team）
- 新加坡公共属性组织治理委员会（Council for the Governance of IPCs）
- 连瀛洲社会创新中心 *
- 国家志愿服务及慈善中心
- 新加坡职工总会公平价格和新加坡职工工会公平价格基金会 *（NTUC Fairprice and NTUC Fairprice Foundation）
- 新加坡报业控股集团 *（Singapore Press Holdings）
- 社会企业基金（Social Enterprise Fund）

其他形式参与

- 爱创家支持网络（成员）*（Ashoka Support Network）
- 世界厕所组织（顾问）*（World Toilet Organization）

当然，本书中的观点只是我的一家之言，除了某些是特意引用的以外，并不代表以上组织的观点。

---

* 为本书出版时笔者仍参加的组织。

目　录

引言
关于范式与慈善

世界的改变，可能源于我们如何看待它，这就是范式的力量。

范式就是如何看待生活方方面面的思维方式。范式能建构人们对现实的观点，从而影响人们在面对这些现实时如何行动。

作家、未来学家乔尔·巴克（Joel Barker）[1] 概括了范式在商业领域的重要作用。他把范式定义为一系列的规则和制度。它们首先建立或定义边界，其次，告诉人们如何在边界范围内行动，以获得成功。

巴克引用了钟表业的例子来说明范式对决策和行动的影响。1968 年，瑞士手表占据了全球市场份额的65%，而到了 1980 年，其市场份额已经萎缩至10% 以下。在此期间发生的是，日本和其他国家的电子石英表陆续进入钟表市场。

巴克指出，最具讽刺意味的是，瑞士恰恰是发明电子石英表的国家。但瑞士的钟表制造商否定了自己的研发人员提出的这个想法。因为他们认为，这不符合自己心目中手表的范式。当时，手表还是一种机械设备，电子表的想法缺乏主发条、轴承和齿轮的联动，所以是个异类。

电子表就代表巴克所谓的"范式转变"。"精工"是一家日本公司，他们在1967 年世界钟表业大会上看到了电子表的展示，之后发生的事情便成了历史的一部分。

非营利组织范式

我在商业领域工作了 26 年，天天与商业范式打交道，有时候也在探究何时何地范式转变可能会发生。

2003 年，我从企业退休。之后，我积极地参与了很多非营利组织的工作。做"行善者"的感觉相当不错。在慈善领域，我遇到了许多人为纯洁的心灵所激励进入这个行业，这是慈善工作的一大特点。

因为自己来自高度组织化、结构化的企业环境，我发现慈善领域和商业领域之间，对比十分鲜明，甚至惊人。我意识到，我是试图在用企业的范式，来理解非营利领域的现实。我在非营利领域的同事也在同样努力地理解我提出的商业范式，很多时候，我会遇到相似的论调，"这不是我们这里做事的方式"。

在我努力适应社会现实的同时，我开始理解一些东西，其中包括非营利部门"如何"运作，以及它们"为什么"会这样运作。但有时"如何"和"为什么"并不总能被推断出来。渐渐地，我开始发觉，我们如何"看待"非营利世界，以及非营利组织如何"看待"自己，这些可能都需要改变。

在我退休后不久，曾经为新加坡国家志愿服务与慈善中心（NVPC）[2] 服务。因为一些非营利行业的范式和悖论引发了我的思考，我把一些想法分享出来，发表在一本由 NVPC 出版的杂志《盐》（*SALT*）[3] 上。之后，也发表在一些其他出版物上[4]。

本书是写什么的

本书综合了我对多类问题的观察，包括慈善行业的范式、其依据和影响，以及相应的模式如何改善等问题。

本书不是关于"如何做的"，没有涉及非营利组织管理、志愿服务或者捐赠的具体细节。相反，我的关注点是，在非营利领域中，什么起作用，什么不起作用，这些现象背后的概念、原理和思考。在书中，我也分析了其中的原因，也提出了我对"如何改善这些事情"的想法。

本书大部分章节的内容都是基于我以前发表的文章，在写本书时又进行了一些调整和更新，以增强全书的国际普适性，每一章介绍了非营利行业现实的一个或多个重要方面。如果读者只对某一特定主题感兴趣，也可以单读一章，因为许多章节都是相对独立的。

本书共 20 章。为便于阅读，我把这些章节分为 5 个部分：

- *部门结构与治理*。这一部分从宏观方面观察慈善部门与商业部门在结构上的差异，以及这种差异对其治理和规制的影响。

- *非营利组织管理*。这一部分涉及非营利组织面对的关键问题，尤其是组织成长、筹资、资金储备和员工薪酬。

- *捐赠*。这一部分涵盖了慈善捐赠和志愿服务的多个方面，包括企业和个人两个角度。

- *社会创新*。这一部分包括两个新的社会模式：社会企业家精神和社会企业。我也将当前慈善革命的议题放在这里，因为这一章的重点是慈善捐赠领域的创新（当然，这些也可以放入捐赠部分）。

- *善事善为？* 这一部分在一定意义上是由四个章节混合而成的。有两章是关于慈善行业的一些奇怪现象。还有一章是对"全国肾脏基金会"案例的研究，通过这个新加坡最大的慈善组织的故事脉络，将相关范式加以应用。最后一章用一个整合框架将各个范式综合起来，论述如何形成一个慈善生态系统以尽善尽美，为全书做总结。

本书适合两类人阅读。首先是在非营利组织工作的我的同事们。希望本书可以为他们的环境和慈善工作带来一些新鲜视角。

其次，是在商业世界工作的我的前同事们。我力图解释清楚，为什么一些在商业世界被认为理所当然的东西，能够或是不能够适用于非营利组织。

对于上述两类读者，希望本书汇集的见解可以帮助大家共同协作，将慈善组织建设得更好。我坚信，"源自心灵的工作"，如果能由我们的头脑来引领，一定能够做得更有效率、更有意义。

我有一个爱好是看科幻作品和漫画。如果你看过科幻电视剧《超能英雄》（*Heroes*），一定记得有这样一句口号："拯救啦啦队长，拯救世界！"[5] 我觉得，我的范式英雄乔尔·巴克会把这句口号改为："改变范式，改变世界！"改变世界，这正是慈善事业的使命。

阅读愉快！

注释:

1　乔尔·阿瑟·巴克是 *Paradigms: The Business of Discovering The Future*（Harper Business, 1992）的作者。这本书的另一个版本为 *Future Edge: Discovering the New Paradigms of Success*（William Morrow and Company, 1992）。手表制造业的故事位于该书第一章。

2　国家志愿服务与慈善中心（National Volunteer & Philanthropy Center）成立于1999年7月，最初名为国家志愿服务中心（National Volunteer Center），以在新加坡的各个部门和社会各阶层促进志愿精神为使命。2004年，它的使命扩大到包括慈善事业，名称也随之更改。

3　《盐》（SALT）最初是国家志愿服务与慈善中心的双月刊。它的目标读者是公益事业的捐赠者、志愿者和从业者。刊物创刊于2004年1月，关注非营利组织和捐赠者相关的消息，涵盖非营利组织、志愿者和捐赠者感兴趣的议题。

4　其他出版物包括《海峡时报》（*The Straits Times*）、《商业时报》（*The Business Times*）、《社会服务杂志》（*The Social Service Journal*）和《社会空间》（*Social Space*）。

5　这是电视剧《超能英雄》第一季的口号，《超能英雄》于2006年9月在美国全国广播公司（NBC）首映。

部门结构与治理

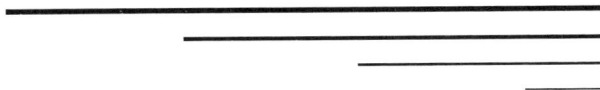

第1章 | 非营利市场
失灵的亚当·斯密之手

慈善提供给受益人的服务通常是无偿的，最多只收取少量报酬。但在商品市场中，消费者需要支付商品的全部价值。为此，慈善组织需要四处募捐以填补这个价值空缺。然而捐赠者们是否选择慷慨解囊，并不总是基于慈善组织向受益人提供的服务的价值。他们的捐赠多是因为慷慨的善心、与慈善机构的关系以及对于筹款活动的兴趣。

为了连接慈善行为收支结构上的脱节，亚当·斯密"看不见的手"能不能被捐赠者"看得见的手"和"治理与规制的铁拳"替代呢？

2003年3月到5月对于新加坡来说是一段充满恐惧但又非比寻常的时期。一种被称为非典型肺炎（SARS，以下简称"非典"）的新型致命疾病威胁着整个国家，好在政府迅速采取措施遏制了疫情。这次成功的应对如今已成为教科书式的范例，展示了政府如何有效控制并及时消灭潜在的流行性疾病[1]。

2003年4月，在疫情的不确定性引起的恐惧气氛中，几家组织在政府的全力支持下共同设立了英勇基金（The Courage Fund）[2]，旨在为"非典"患者以及相关医护工作者提供救助。基金之所以用"英勇"命名，是为了向英勇的医护工作者致敬，尤其是那些在抗击"非典"中遭受伤亡，甚至献出生命的白衣天使[3]。

"非典"的爆发和英勇基金的设立刺激了整个国家，捐款源源不断地涌入。英勇基金工作委员会主席林学文（Lim Suet Wun）医生表示，在募捐活动结束后，还有许多人踊跃地组织捐款活动，这让他又惊又喜[4]。

英勇基金筹得款项总计 3200 多万新币（约 2100 万美元）[5]。在当时，无论是从捐款速度、善款总数还是从响应程度来说，这都可谓是新加坡史上最激动人心的一次募捐了。

异常的成功之后，争议之声随之而来：捐款是否超过了基金会真正所需？它是否使得本应流向其他慈善领域的善款被分流？多出来的钱如何处理？以及，当捐款数额已经远超需求后，募捐活动是否本应停止呢？基金的组织者们试图回答这些问题[6]，而本书稍后将对此展开一些讨论[7]。

抛开以上这些与募捐直接相关的问题，依我之见，"英勇基金"现象更突显了非营利世界中一个基础性和结构性的问题——收入和支出脱节。

商业现实

在商业世界里，各个组织主要是受利润驱动的[8]。基本上，公司生产产品与提供服务，并希望能以收回成本并且稳赚一笔的价格卖给顾客。

一家公司的生死取决于其利润的多少。那些一直亏本的公司最后会倒闭，而市场上的供应量也因此减少。如果市场上现有公司获取了过多利润，竞争者就会加入"战争"，这会导致供应增加、价格下降以及利润减少。

亚当·斯密是现代经济学之父，同时也是自由经济的第一位提倡者，将这一机制称为保持市场平衡的"看不见的手"。长时期内，这只看不见的手会不断将市场向这一稳定的方向引导，确保市场内有足够的公司竞争，为其产品与服务制定合理的价格（不会太高也不会太低）并保证各个公司都能赚得恰好的利润（不会太多也不会太少）。

非营利的不同

慈善组织是一类非营利组织，同样提供产品与服务。不过，这些产品与服务不是提供给顾客，而是给受益人，通常为免费，或者只收取远低于成本的费用。

为了弥补产品与服务的实际成本和从受益人身上收回的成本之间的差距，慈善机构的解决途径是依靠政府拨款、社会捐款以及志愿者服务。

然而，筹款的成果与提供给受益人的产品和服务的性质与价值没有太大关系。筹款成功与否，更多取决于慈善机构的社会关系、营销技巧，还有各种"满足善心"或是"打动人心"的方法。

想想电视上大受欢迎的慈善节目吧。这些节目的特色有明星表演、各种惊险刺激的噱头。节目的内容设置通常和"慈善"的内涵毫无关联。

在新加坡，电视节目"群星照亮千万心"是人气兴旺、取得成功的筹款活动之一。从第一期节目开始，尊者释明义 9 这位魅力非凡的高僧，也是时任仁慈医院与医疗中心的 CEO，便不停地亲自挑战危险项目，牢牢抓住了观众的兴趣点。释明义的特技挑战是节目中最受期待的桥段，该时段也是电话捐款量的最高峰。2003 年，他从 55 层的高楼上沿着绳子滑下；2004 年，他将自己浸泡在重达 1000 千克的冰块之间，时间半小时之久；2005 年，在一幢办公楼楼顶上架起一块一平方英尺的木板，他站在上面保持平衡；2006 年，他走过两条离地 66 层楼高、长 20 米、宽 15 厘米的平行木板；2007 年，他凭借一条绳子和一只滑轮，把自己拉到 17 层楼高。通过这五次挑战，节目共募集了 3500 万新币（合 2400 万美元）的善款。

在美国，每年的劳动节都会举办"杰里·刘易斯（Jerry Lewis）美国肌营养不良协会（MDA）电视慈善马拉松（telethon）①" 10，为美国肌营养不良协会（Muscular Dystrophy Association）筹款，转播该节目的电视台多达 190 家。2007 年，筹款总额超过 6300 万美元。自 1952 年首播以来，这个节目的筹款总额已经超过 14 亿美元。该电视慈善马拉松的成功，无疑要归功于家喻户晓的喜剧明星杰里·刘易斯以及他请来的明星嘉宾的助力，而非慈善事业本身。不过，节目的播出极大地加深了公众对于肌营养不良事业的认识与支持。

---

① 电视慈善马拉松（Telethon）是一种持续数小时甚至数天的电视节目，通常用于帮助慈善组织筹款。这一慈善筹款方式最早起源于美国，1949 年 Milton Berle 主持了首个电视慈善马拉松，节目历时 16 个小时，为 Damon Runyon Cancer Research Foundation 筹得 110 万美元。

诸如 BAND AID、LIVE AID 及 LIVE 8 [①] 之类的全球慈善演唱会在其相关慈善领域的筹款取得了巨大成功。不过我们也不难发现，吸引人们捐款的是歌手和名人在台上表演的，诸如《天下一家》（*We are the World*）之类温暖人心的大热歌曲，而非歌手所倡导关注的埃塞俄比亚饥荒和世界贫困。

想要保持收支平衡，拥有可靠的捐赠方或支持方非常重要。英勇基金受益于媒体和政府的全力支持，以及拥有整个国家作为后盾，这一点毋庸置疑。帐篷组织（Tent）是为困难少女提供庇护的机构，一直受到资金不足的困扰，直到有一位捐款人拍卖了一些珍贵的家族收藏品来支持他们的工作，情况才得以改善[11]。这场 2003 年的慈善拍卖募集了超过 200 万新币（140 万美元）的善款，而同年帐篷组织的总支出仅为 35 万新币（24 万美元），此后该组织才有能力关注长期计划。

当然，在筹资的过程中，或者在感谢捐赠人的时候，都会强调或至少会提及慈善组织的使命和受益群体。但是，慈善使命本身是否就是捐款的原因？是不是精巧的筹款活动鼓励了大众捐款？这些都值得我们探讨。

随便翻开一本筹资指导手册吧。它们的明确指向都是要加强"化缘力"（the power of the ask），其中许多看上去与慈善真实使命或受益人毫无关系。举例来说，foundraisers.com 网站上列出的十大筹资秘诀[12]中包括"使用基本营销技巧、挑选恰当的激励奖品、调动团队的工作积极性、给最先捐助者特殊荣誉"等。同样，nfpSynergy 公益咨询公司认为，如今调动捐赠者捐款的最重要理念就是化繁为简，为他们提供"现成的、标准化的捐款套餐"（oven-ready, bite-size, fundraising niches）[13]。

我们可以就新加坡的全国肾脏基金会（National Kidney Foundation，NKF）和肾脏透析基金会（Kidney Dialysis Foundation，KDF）做一个对比分析。这两家慈善机构的使命基本相似——核心业务都是肾脏透析。

---

① BAND AID 是一个带领英国及爱尔兰音乐家和艺术家反对贫困而筹款的超级慈善组织。创始人为 Bob Geldof 和 Midge Ure。他们同是 LIVE AID 和 LIVE 8 的发起人。LIVE AID 于 1985 年 7 月 13 日为埃塞俄比亚饥荒募款而组织的大型音乐会。由各国艺术家在不同国家同时举办，主会场在英国伦敦和美国费城。同时还有其他国家艺术家自发加入，如澳大利亚和德国，估计有来自 150 个国家的 19 亿观众通过卫星电视观看了演出并参与活动。LIVE 8 于 2005 年 7 月 2 日，在 G8 峰会召开之前，同时是 LIVE AID 20 周年纪念，由 LIVE AID 发起人再次发动。当天在 G8 峰会各国及南非共有 10 场演唱会，6 日 1 场。7 日 G8 峰会保证将提高对贫穷国家的援助，从 2004 年的 250 亿美元到 2010 年的 500 亿美元。

但是两家机构的财务表现却截然不同。2002 年这两家机构的财务数据如表 1.1[14] 所示。

表 1.1 KDF 与 NKF 筹款影响力（fundraising impact）对比

项目	KDF	NKF
年度筹款总额	$1 000 000	$46 600 000
年末资金余额	$180 000	$130 340 000
透析患者人数	174	2200
患者人均受捐额	$5700	$21 182
患者人均储备金	$1034	$59 245

显然，相比之下，NKF 规模更大、根基更稳，同时品牌知名度也更高。诚然，它的确还运营其他的项目，如器官捐赠倡导、预防保健和临床研究，不过公众与捐赠人都认为肾脏透析是该组织最擅长的核心慈善服务与工作重点。尽管两家机构的使命大致相同，但是它们的捐赠者却大不相同。倘若导致这一差别的不是慈善使命，那么真正的原因是什么呢？答案是 NKF 采取了极具战略性和创新性的筹资策略，尽管这些方法引发了一些争议[15]。

市场失灵？

可见，非营利组织的实际工作水平和其筹款成功度之间没有多大关系。在非营利市场中，不存在亚当·斯密看不见的手来保证各机构的筹款额不多不少，恰好够其为受益人提供最优服务。

因此，很有可能出现筹资过度的情况——筹资额超出了慈善所需，这可能会导致在与受益人不相关的边缘领域将善款挥霍的问题，这在 NKF 的案例[16] 和一些其他慈善组织相关案例中都有体现。

在一个加拿大慈善组织的案例中，有报道指出大部分的善款都未按照原定慈善意图使用[17]。加拿大器官捐赠与移植组织（The Organ Donation and Transplant Association）于 2004 年由一位专业筹资人成立，负责为器官捐赠和移植的研究做推广和筹资。在前 3 年里，它筹集了 400 万加元，但只有 10% 被用于器官移植研究。实际上，大部分筹得的资金都用于支付电话推销费，给了一家名为 Xentel

Incorporated 的商业公司。媒体报道揭露了 Xentel Incorporated 和器官捐赠与移植组织理事会之间的利益冲突，电话营销员在劝募时具有误导性的言论，以及器官捐赠与移植机构将数百万资金的合作项目全部归功于自己，而实际上他们只为项目贡献了一小部分工作。

另一方面，也有许多慈善机构募集不到足够的资金来支持他们的慈善事业，尽管他们的工作也服务于至关重要的社会需求。人道与金孩子（Humanity & Golden Kids）是由癌症故事网站（Cancerstory.com）运营的一家非营利中心，为患者提供癌症的补充治疗，但是由于用尽了创始人捐赠的善款而最终解散[18]。

另一个慈善组织"了不起的宝贝"（Amazing Kidz）曾为来自 100 多个家庭的脑损儿童提供救助，但不久之前，这个只成立了两年的机构就因为资金短缺而停止了活动[19]。

《斯坦福社会创新评论》（Stanford Social Innovation Review，SSIR）最近的一篇分析文章指出，"捐赠额的数量与受捐领域的需求量没有联系。"[20]文章作者对比研究了突发性事件筹资（如救灾）与针对慢性疾病的筹资。比如说，个人捐助者平均向卡特里娜飓风的每位受害者捐出了 1839 美元。相比之下，他们对每位艾滋病患者的捐款为 10 美元，对每位疟疾患者的捐款只有 3 美元。

连接脱节

商业与慈善之间的结构性差异如图 1.1 所示。

在慈善世界中，服务的价值与支持资金的来源是脱节的。在商业世界，将价值与资金联系起来的是单方的力量——顾客。而在慈善世界中，顾客被两方力量代替了——捐赠者和受益人。

原本由顾客行使的消费功能被受益人取代，顾客的支付功能被捐赠者替代。然而，捐赠者不是像顾客那样基于价值而付费，而是为了价值之外的原因——我们大可将其称作慷慨，毕竟这是大多数人对此的定义。由于捐赠行为并不一定取决于慈善组织的运作状况，慈善世界的循环未能封口，从而出现了脱节。

因为慈善市场存在着收入和支出之间的结构性脱节，本应维持平衡的市场力量在此毫无用武之地。亚当·斯密之手不仅是隐形的，它干脆消失了。

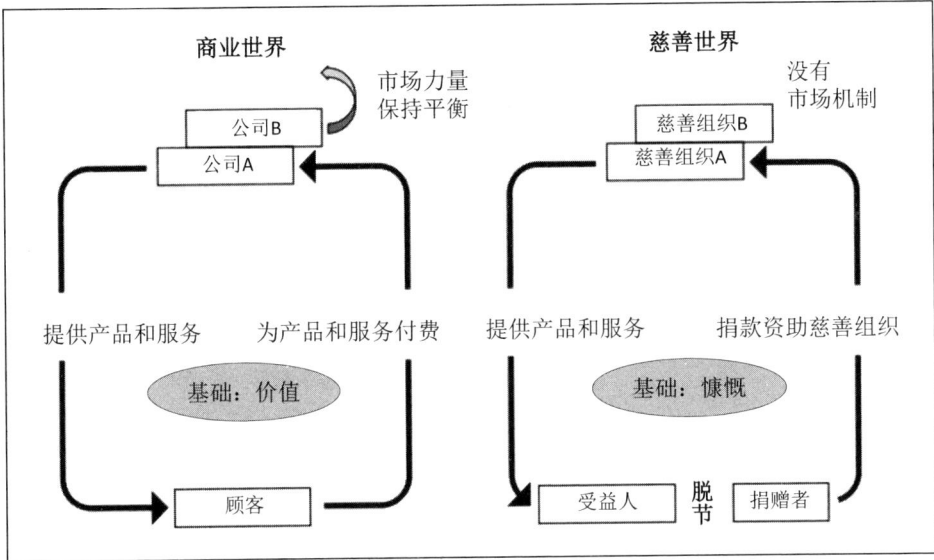

图 1.1　结构性差异

　　那么有什么解决方案呢？第一个可行方案是让捐赠者做顾客做的事——以慈善组织为受益人提供的价值和成效为捐赠标准。在慈善语境中，这种行为被称为"知情捐赠"（informed giving）。这要求捐赠者在知情的条件下进行捐赠，即了解慈善组织在做什么、为什么以及如何完成其应做之事。换言之，就是用捐赠者有形之手代为行使亚当·斯密隐形之手的职责。"知情捐赠"这一主题将在第 2 章展开详述。

　　知情捐赠并不是圆满的解决方案，因为捐赠者不太可能与最终受益人的利益绝对一致。备用方案——源自商业世界——便是治理与规制的铁拳。然而商业世界的治理与慈善事业的治理是大不相同的。关于这一点，在第 3 章 "非营利组织治理：谁在治理非营利，真是这样吗？"中将进行更为细致的探讨。

　　然而，我们或许不得不接受一个现实，即非营利市场永远都不可能真正成为，哪怕是趋向于，亚当·斯密在自由经济理论中所论述的"完美市场"。

注释：

改编自："The missing hand of Adam Smith," *SALT*, March-April 2004; and "Charity: Donors should pay more heed to the cause," *The Straits Times*, April 8, 2004。

1　"非典"爆发事件记录在 Chua Mui Hoong 所著的 *A Defining Moment—How Singapore beat SARS* (Singapore Institute of Policy Studies, 2004)。

2　www.couragefund.com.sg. 根据新加坡医药协会（Singapore Medical Association）实时通讯的一篇文章（"Book Review of *A Defining Moment*," *SMA News*, December 2004, Vol. 36, No. 12），英勇基金最初是由一对年轻的医疗官员夫妇发起的，之后由两家政府运营的卫生组织（国家卫生组织（National Health Group）和新加坡卫生组织（Singapore Health））接管，并重新命名为英勇基金。

3　Andrea Tan, "Courage Fund for SARS victims," *The Business Times*, April 12, 2003.

4　"When is Enough, Enough? Interview with Dr. Lee Suet Wun, Chairman of the Courage Fund Working Committee," *SALT,* January-February 2004.

5　在本书中所有的金额都被折算成美元。使用的汇率是：S\$1.45=US\$1，£1=US\$2。

6　"When is Enough, Enough? Interview with Dr. Lee Suet Wun, Chairman of the Courage Fund Working Committee," *SALT,* January-February 2004.

7　第 6 章"资金储备：资金丰富的烦恼"解答了此处提出的筹资过多的问题。

8　这便引发了另一系列的问题，将在第 8 章"企业社会责任：企业的天职就是赚钱？"中加以讨论。

9　2008 年 2 月，尊者释明义暂离节目，此间商务部（Commercial Affairs Department）对仁慈医院在其监督下进行的一项金融交易展开调查。2008 年 7 月 15 日，尊者释明义因涉嫌伪造罪、挪用资金罪、向慈善委员会提供虚假信息共谋罪被起诉。本书出版之时，法院还未对该案进行判决。释明义被捕后，他的慈善职位与头衔都被撤除。仁慈医院任命了一位新的首席执行官。调查期间，仁慈医院被撤销了公共属性组织（Institute of Public Characters，IPC）的身份，IPC 身份可以为捐赠者开具免税收据。当调查结束，释明义被起诉后，仁慈医院的 IPC 身份得以恢复。不过，由于过去几年成功的筹资，医院还有 3350 万新币（2300 万美元）的资金储备，足够其支撑 6 年。

10　www.mda.org/telethon.

11　www.thetent.org.sg; Wong Sher Maine, "Small charities fight for bite of the pie", *The Strait Times*, April 7, 2004.

12　www.fundraisers.com/ideas/topten.html.

13　Joe Saxton, Michele Madden, Chris Greenwood & Brian Garvey, *The 21st Century Donor*, nfpSynery, September (2007), 网址：www.nfpSynergy.net. nfpSynergy 是一家针对非营利组织的专业咨询机构。

14　在这里为了方便阅读，我将数据以表格形式呈现，这些数据来自我在《盐》(*SALT*) 杂志，2004 年 3—4 月号上刊登的一篇同名文章。考虑到 NKF 现在的情况有所改变，以及原先那篇文章在 NKF 事件期间的重要意义（参见第 19 章），我没有更新近一年多来的数据，也就是说自 2002 年爆出 NKF 案以及毕马威跟进调查后我没有再收集更精确的数据（那会让 NKF 的形象雪上加霜）。

15　请见第 19 章 "案例研究：新加坡全国肾脏基金会（NKF）：事件及其范式"。

16　同注释 15。

17　David Bruser, "Charity's ploy 'horrifying'," *The Toronto Star*, August 4, 2007 at www.thestar. com/Investigation/article/243162；慈善网站是：www.organdonations.ca.

18　Wong Sher Maine, "Small charities fight for bite of the pie", *The Strait Times*, April 7, 2004; www.cancerstory.com.

19　www.amazingkidz.org.

20　Keith Epstein, "Crisis Mentality", *Standford Social Innovation Review*, Spring 2006.

第2章 | 知情捐赠
捐赠者看得见的手

"知情捐赠"的出现是为了确保捐赠行为与受益群体的利益保持一致。具体来说，捐赠者在面对慈善机构时需要更加谨慎、明辨、苛刻（discerning, discriminating and demanding），以此促成适当的善款使用责信制。

做到知情捐赠并不容易，因为大多数个体捐赠者，对这份保证慈善有效性的尽职调查，并不怎么关心。

解决方案之一或许是培养新一代资助方（grantmakers），他们掌握着慈善资源，致力于确保善款的合理使用和分配。此外，社区基金会也在改进，以填补中间捐赠者(mid-tier donors)这一部分的资金缺口。

顾名思义，知情捐赠指的是，捐赠人在全面了解慈善组织的信息之后，再决定对其是否进行捐赠的行为。

在慈善丑闻曝出之后的一段时间内，知情捐赠这一概念通常会得到有关部门和慈善组织本身广泛和强烈的支持。呼吁更为审慎的捐赠并不是将责任推卸给捐赠者。相反，知情捐赠应该被看作慈善捐赠日常工作的一部分，人们应该认识到，它对于维系慈善生态系统运转起着至关重要的作用。

第1章提到过，非营利组织市场和营利性组织市场之间存在着一个重要的区别。非营利世界缺少亚当·斯密所说的用以调节维持市场平衡的"看不见的手"。因此，为了保证非营利"市场"的运转，捐赠者就要行使在营利市场中消费者的特定权利。他们要确保非营利机构将资金全部地交付到受益群体手中。近来有一股来自于大额捐赠者的变革动力，他们希望自己能成为"更可见的手"，而不是止于散财。如果捐赠者可以确保对慈善机构的完全问责，那么亚当·斯密"看不见的手"便可以被捐赠者"看得见的手"替代了。

谨慎、明辨、苛刻的捐赠者们

知情捐赠要求捐赠者有所超越，不再是慷慨即可。这意味着要求捐赠者对其所支持的慈善机构和慈善事业更为谨慎，认真辨别它们是否值得捐赠，而最后对慈善机构所得善款进行更为苛刻的监督。

知情捐赠致力于让捐赠者明白，在捐出钱财之前，他们拥有一定的权利。这一点在《捐赠者权利法案》[1]（*The Donor Bill of Rights*）（见图 2.1）中得到了很好的总结，该法案是由美国的几家慈善支持机构共同商议而成的一份文件。

同时，各种各样的慈善组织也制定了指导手册用来指导捐赠者如何行使这些权利，以及为什么要行使这些权利。新加坡国家志愿服务及慈善中心在其《知情捐赠指导手册》（*Informed Giving Guidelines: Improving the way you give*）中列出了四项主要指标[2]：

- 目的：明确该组织的使命和愿景，这样捐赠者可以了解组织存在的原因及其发展优势。
- 人员：观察主事的人员（理事会以及员工）、人员选聘的过程，以及离职率等。
- 项目：检查该组织计划如何使用资金执行项目。活动结束后关注后续进展。查看财务报告，了解该慈善组织如何使用和管理资金。
- 宣传：找到关于该慈善组织的外部信息。当该组织身陷负面公共传播事件时，请其为自己做出解释。

不过，要普及知情捐赠这一概念，并不只是向潜在捐赠者宣读《捐赠者权利法案》和向其发放操作指南那么简单。即便捐赠者知其大略，他们也可能在执行方面出现困难。在新加坡这样的小国，注册的慈善机构为 1800 家。在华盛顿，这个数字是 5000 家，而加州的注册慈善机构数量则超过了 153 000 家。

因此导航工具是很有用的。目前全球已有若干个非营利组织数据库，捐赠者

17

捐赠者权利法案

慈善是服务于公共利益的志愿行为。这种奉献和分享的传统美德旨在提高人们的生活质量。为确保慈善事业能够赢得公众的尊重和信任，并且使捐赠者和潜在捐赠者能够充分信任非营利组织及其所支持的事业，我们在此声明，所有捐赠者均拥有以下权利：

Ⅰ.知晓慈善组织的使命、捐赠物资的使用方式，以及是否能够有效使用捐赠以达成目标的权利。

Ⅱ.知晓慈善组织理事会组成人员的身份、要求理事会在履行监管职责时做出审慎判断的权利。

Ⅲ.查看慈善组织最新的财务报告的权利。

Ⅳ.确保其捐赠按照捐赠意图使用的权利。

Ⅴ.获得适当的感谢和认可的权利。

Ⅵ.确保在法律规定范围内其捐赠信息将受到尊重和保密处理的权利。

Ⅶ.有权要求慈善组织以专业的态度和方式处理捐赠者与组织相关人员的所有关系。

Ⅷ.有权知晓劝募人员的身份，是志愿者、组织员工或是雇用的劝募人。

Ⅸ.捐赠者有权要求慈善组织将其姓名从可能共享的邮件列表中删除。

Ⅹ.捐赠时有权提出疑问，并应当收到及时、真实与坦诚的回答。

此声明的全文由职业筹款人协会（Association of Fundraising Professionals）、医疗保健公益协会（Association for Healthcare Philanthropy）、教育促进及支持委员会（Council for Advancement and Support of Education）和捐赠研究所：非营利机构咨询公司（Giving Institute: Leading Consultants to Non-Profits）共同制定。

图2.1　捐赠者权利法案

可以按照分类检索，并可查询到目标组织重要的财务信息以及财务以外的信息。

这些数据库的创建通常为对慈善机构进行评估、评级乃至进行推荐的监督型机构创建。比如，以美国为基础的类似的数据库有领航之星（GuideStar）、慈善导航（Charity Navigator）、商业促进会明智捐赠联盟（Better Business Bureau Wise Giving Alliance）和隶属美国慈善协会（American Institute of Philanthropy）的慈善监督网（Charity Watch）[3]。

这些数据库覆盖细分市场，方式各有不同。慈善导航依照一套能力和效率指标对慈善组织进行四星制评级。慈善监督者则使用财务比率进行评级并对财务报表做出分析，其评级从 A 到 F 分为 5 档。而商业促进会明智捐赠联盟则基于定量和定性信息的综合分析，实施"合格制"。领航之星不评级，但是会免费提供各组织的基本财务信息，同时有偿提供目标慈善组织与其他同领域组织的深度对比分析报告。

领航之星的数据库很可能是最大的，因为它收录了超过 170 万家在美国国税局登记注册的非营利免税组织的信息。相比之下，其他几家机构涵盖的组织数量则颇为有限：慈善监督者为 500 家，商业促进会明智捐赠联盟为 1000 家，慈善导航为 5000 家。

捐赠者的现实

尽管捐赠者可以获得各种各样的信息资源，现实情况是大部分人对于成为知情捐赠者并未给予足够的重视[4]。

基于来自多个捐赠者动机研究的实证证据，匹兹堡大学的教授里斯·威斯特兰德（Lise Vesterlund）[5]指出大部分人多是出于个人效益（private benefits）进行捐赠，而非公共利益（public benefits）。

诸如感觉良好、得到认可等个人效益，人们只有在做出贡献时才能获得。公共利益指的是慈善事业运转的好坏，这不会影响到捐赠者的个人效益。如果捐赠者不在乎公共利益，那么他们便不太可能成为知情捐赠者。

澳大利亚一项评估捐赠者是否"关心"慈善组织责信改善的细化研究表明，"调查显示，捐赠者并不关心善款是如何使用的"。[6]该研究发现，增强管理并不一定会吸引更多的捐款。捐赠者的满足感主要来自于捐赠行为，而非了解善款的使用方式。

即便捐赠者真的关心善款的使用，事实上大部分人既没有时间，也没有兴趣去细数知情捐赠涉及的内容："只是捐几块钱而已，还要我做这么多工作吗？"

若发现捐款被乱用，捐款者可能会感到失望，但是通常他们并不希望自己成为监督系统的一部分。对于大多数人来说，慈善只是慷慨解囊而已。如果要他们既动心又动脑，实在是要求太高了。

既然劝说所有潜在捐赠者[7]都成为知情捐赠者是几乎不可能的，我们还有什么其他选择呢？

巴莱多的二八定律[8]或许可以帮我们弥补这个问题。如果我们倚仗那 20% 有兴趣也有方法来真正实现知情捐赠的捐赠者，是否可行？ 如果我们通过这 20% 的人来监控剩下的 80% 捐赠者的捐款呢？

资助方

有一类捐赠者被称为"资助方"（grantmakers）。他们积聚善款、创造收益并拨款给具体的慈善机构。在分配资金时，资助方通常会做尽职调查——严格评估慈善机构及其所需，并跟进项目进展以确保捐款取得恰当的成果。

资助方的类型各不相同，包括形式多样的基金会和社区基金。基金会通常是由个人、家族或企业给予初始捐赠后建立的机构。如今，美国有超过 71 000 家基金会，比较知名的有洛克菲勒基金会和福特基金会等。

社区基金（community funds）可以由伞状联盟或社区团体创立。最早的社区基金是"社区福利基金"（Community Chest），在世界各地都有建立。它们是筹资组织，从当地社区募集捐款，然后再将资金分配给社区慈善项目。而美国和加拿大的"社区福利基金"改头换面，更名为"联合之路"（United Way）[9]。那些隶属于"联合之路"、全国社会服务委员会（National Council of Social Service）[10]等伞状联盟的基金，实际上是联盟机构的筹资渠道，通过基金募集的善款都会分配给联盟下属慈善组织成员。其他的一些基金由社区团体为具体的慈善事业而建立，比如服务残疾儿童的"我爱儿童"（Mainly I Love Kids）基金[11]。

基金会主要募集大额捐款，社区基金则大小兼收。前者通常也倾向于雇用有资质的专业人士，由他们积极地参与项目设计，评估项目价值，并且监测捐款与项目的执行情况。在美国，资助方通常将年捐款总额的 10% 用于基金会的日常管理和拨款流程。社区基金则更为多样，且规模较小的基金更愿意使用志愿者。

对于捐赠者来说，通过传统的基金会或社区基金进行捐赠，其主要不足就是捐赠者无法获得慈善组织的直接致谢，也无法灵活地规定捐款的使用方式和使用时间。

为了填补中等规模捐款（medium-sized donation）的空白，一种被称为社区基金会（community foundation）的机构在美国以及其他较发达的国家发展出来。通过所谓的"捐赠者服务基金"（donor advised funds），捐赠者可以立刻获得包括免税在内的种种捐赠优惠，同时依旧可以灵活地规定捐款的使用方式和使用时间。此外，社区基金会还将帮助个人捐赠者评估并分配其捐款，这些都是捐赠者无法独自完成的。

第一家社区基金会于 1914 年在克利夫兰（Cleveland）成立。时至今日，在美国有超过 700 家社区基金会，在全世界有 1000 家左右。新加坡在 2008 年迎来了首家社区基金会[12]。

图 2.2 为我们解释了形形色色的资助方和个人捐赠者是如何相互适应以处理捐赠者需求的。

如图 2.2 所示，为了使知情捐赠更为有效，我们的目标应该是将捐赠者从左（个人捐赠）向右（资助方）移动。

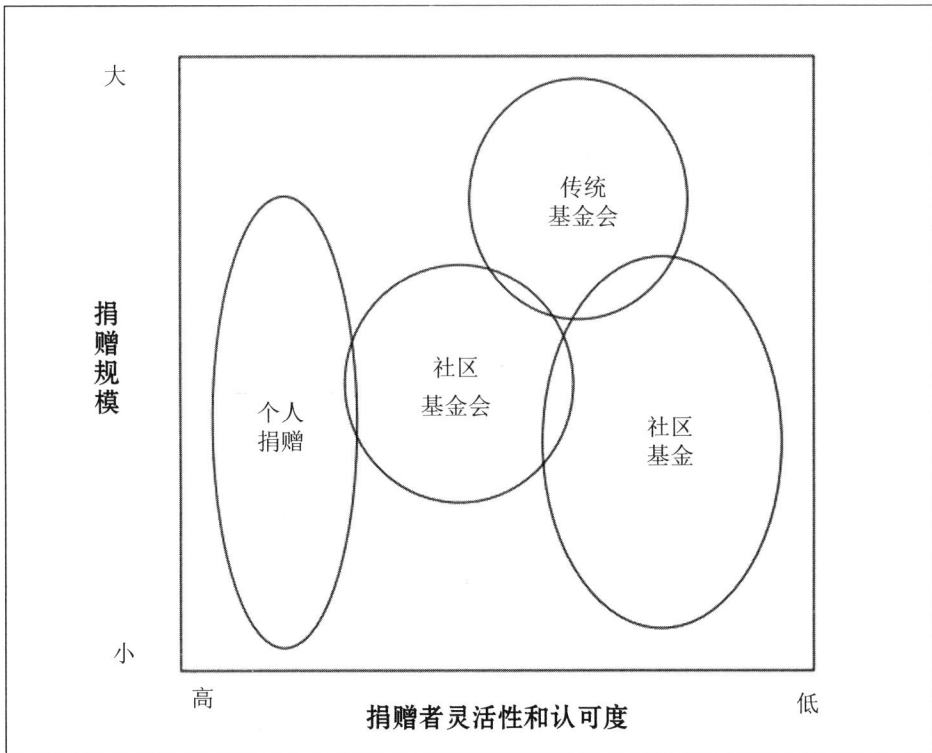

图 2.2　捐赠图景

为此，资助型组织需要更好地发展自己，只有这样才能为资助事业赢得鼓励和支持。

总的来说，美国有最发达的资助型组织系统，每100万人口中就有221家是资助方。而每100万人口中，英国、加拿大和新加坡的资助方的数量分别为128、69和20[13]。

除了提高数量外，资助方需要以专业的态度确保行业的责信，并且要在责信方面以身作则。就像资助方对最终接收捐款的慈善组织开展尽职调查，他们自身同样也应该受到适当法规管制。在美国，对私人基金会的管控比对慈善组织更为严格[14]。随着人们对基金会的关注与日俱增，美国和英国的立法者为此对现存法规正在进行重新审核[15]。

与此同时，许多英联邦国家，如新加坡并没有一套专门的法律用于规范资助方，尤其是基金会。相反，资助方被当作普通的慈善组织对待。然而，对于资助方的储备金、支出和会计核算的要求却与慈善组织大不相同，因此让其遵从与慈善组织同样的规则是违背有效的资助管理目标的[16]。这类国家应该考虑针对资助方制定一套单行法律，以更好地监督他们，并促进资助方有效设立和运作。

慈善交易市场

探索慈善行业与证券交易市场的相似之处，也许会有所帮助。一个有效的慈善行业需要参与者与机制本身协调一致，这与证券交易市场是一样的。

若将慈善行业比作证券交易市场，慈善组织就像是上市公司：它们必须是透明的、负责任的，而向它们投资的公众应当风险自负。公众对于什么是慈善必须有大致了解——其使命、项目、财务等。慈善行业也应该有大量的类似于证券分析师的监督者，他们主动地对慈善组织进行浏览、评估和评级。资助方就像是基金经理，从公众手中筹集资金，然后投资于慈善机构，实现社会群体利益。然而，和股东不同，捐赠者没有那么多时间和积极性来"投资"。因此，从多方面来看，确保有充足的、专业的资助方对于慈善行业的重要性高于基金经理对于商业市场的重要性。

是时候让功能齐全的"慈善交易市场"运转了。

培养知情捐赠意识是第一步。个人直接捐赠可能会像目前一样继续，而我们所期待的是从个人直接捐赠逐渐过渡到通过资助方捐赠，这样知情捐赠可以更好地实现。通过这种方式，亚当·斯密"看不见的手"便会成为知情捐赠者"看得见的手"。

注释:

改编自："Helping charity donors make informed choices," *The Straits Times*, April 21, 2006。

1　《捐赠者权利法案》可参见：www.afpnet.org/ka/ka-3.cmf?content_item_id=9988。

2　Informed Giving Guidelines: Improving the way you give，新加坡国家志愿服务及慈善中心制作的一份宣传材料。

3　了解更多详细信息，请参考："慈善监督者"：www.charitywatchdog.net；领航之星"：www.guidestar.org；"慈善导航"：www.charitynavigator.org；商业促进会明智捐赠联盟：www.give.org；美国慈善协会：www.charitywatch.org.

4　人们进行捐赠的动机在其他章节有所涉及，尤其是在第 9 章"'善商'：你有多慈善，真是这样吗？"中。

5　Lise Vesterlund, "Why do People Give?" from *Handbook, Research A Sector, Nonprofit The edition 2nd*, Edited by Water W. Powell and Richard Steinberg, (Yale Press, 2006).

6　Gabrielle Berman and Sinclair Davidson, "Do donors care? Some Australian evidence," *Organization Nonprofit and Voluntary of Journal International Voluntas:*, Vol. 14, No. 4, December 2003.

7　引人注目的是，新加坡 15 岁以上的公民 97% 都是捐赠者，无论捐款多少。请参考注释 13。

8　巴莱多法则，又名二八法则，或者关键少数法则，认为在大多情况下，80% 的结果是由 20% 的原因造成的。

9　www.unitedway.org.

10　www.ncss.org.sg.

11　www.milk.org.sg.

12　"Press release: Community Foundation of Singapore, A new initiative to encourage & facilitate philanthropy," Ministry of Community, Youth and Sports, March 5, 2008.

13　The State of Giving (National Volunteer & Philanthropy Center, 2005). 加拿大的数据是 2003 年的数据，其他国家为 2004 年的数据。

14　Betsy Buchalter Adler, The Rules of the Road: A guide to the Law of Charities in the United States (Council on Foundations, 1999).

15 "The birth of philanthrocapitalism," The Economist, Feburary 23, 2006. The Economist 的这篇文章讲到了一项严格的新法，该法律将极大改变美国联邦政府和基金会之间的关系，以及英国对慈善法律的审核。规制同样在第 4 章"规制：黑匣子还是玻璃房？"中有所涉及。

16 比如说，新加坡慈善的二八法则规定慈善组织要在 2 年内花掉收入的 80% 才可获得免税资格。而这与鼓励长期慈善项目 (multi-year programs) 的目标相左，支持长期项目恰好是一个优秀基金会应当做的。意识到这一点，政府在 2007 年撤销了二八法则。

第3章 | 非营利组织治理
谁在治理非营利，真是这样吗？

　　理论上，治理一个组织的是理事会。而在现实中，为了保证良好的组织绩效、恰当的理事会人选以及有效的权力制衡，慈善组织的理事会比商业公司的董事会面临更大的挑战。

　　此外，还有一个根本性的区别：在慈善语境下，"所有权人"的定义超出了法定所有权人的范围——还包括志愿者、捐赠者和目标服务群体。

　　为了保证慈善的公共利益属性，还需要另外两个层面积极参与治理：立法规范和公众舆论。这两个层面的慈善组织治理在一些国家已经相当成熟。

　　当一个慈善组织出错的时候，推卸责任的游戏就开始上演。捐赠者和媒体会质疑机构治理（corporate governance）出了什么问题，主管部门为何不早点干预。

　　公众会做出如此反应，原因之一是人们认为慈善组织的治理与商业世界是一样的。同时，他们还相信，只要监管者制裁了慈善机构，那么他便基本上履行了全部应尽的职责。

　　真正的慈善环境要复杂得多。首先，慈善领域的结构没有商业领域那么成熟，而且其发展也是滞后的。尽管慈善领域及其监管者试图模仿商业领域的工作模式，但还是时有不当。

机构治理

机构治理的定义有很多种，比如：

"简而言之……就是董事会的角色。"[1]

"在决定企业方向与绩效时，各类参与者之间的关系。"[2]

"一系列保证股东通过行使投票权对公司进行控制以保证自身利益的条款。"[3]

有关这一主题的文献，多出自商业世界，涵盖了构成良好公司治理的关键概念：

- 确保组织绩效优于合规性（conformance）
- 恰当的董事会遴选和构成
- 明晰管理层、董事会和所有权人之间的权力结构和关系
- 对组织所有者的最终责任（ultimate accountability）

然而，在慈善世界的理论和实践中，这些概念应该，或者不应该怎样应用都没有得到足够的重视，而监管者和公众习惯于拿衡量公司治理的标准来评判慈善组织。

之后大家会看到，由于非营利组织的构成不同，治理主体五花八门——理事会、成员代表委员会、受托人等。而在商业组织中，只有董事会这一种形式而已。方便起见，在本章笔者将这些机构统称理事会，泛指各类治理主体。

组织绩效

近年来，治理得到更多重视，地位愈发重要，这与引人注目的安然（Enron）和世界通讯公司（WorldCom）的丑闻是分不开的。因此，伴随着日渐增强的监管要求，许多组织治理的关注点放在风险管理与守法合规的重要性上。与此同时，揭发举报、审计程序以及外部审计、内部审计和审计委员会的角色也得到强调。

守法合规和道德行为是基本的也是必须的，但是这些绝对远远不够。在事件尘埃落定后，许多治理专家都指出董事会也需要承担起确保组织绩效的责任。

然而什么是绩效，在营利与非营利组织中是有很大差别的。对于商业公司来说，归根结底就是财务底线的问题。这是一种直接、合法的衡量成功的标准。

而在慈善工作中，慈善组织的绩效评估理论上应该是与慈善使命有关的。这

事儿说起来容易做起来难。首先，评估不可能只取决于一个数字或者单一的因素。其次，这些因素未必是可测量的。试图让理事会和管理层就衡量组织成功与绩效的关键标准达成一致意见，这可能会与慈善环境的文化机理相背离。这使得非营利组织的治理十分困难。

在商业世界中，尤为看重的是经济绩效、成果和交付品。而在慈善世界，对应的是宽恕和慷慨，所怀热忱为的是"行善"。因此，不同于企业中人们期待领导者纪律严明、作风硬派，慈善组织的步伐相对缓慢，产出也没那么重要。

如果事先没有界定清楚项目目标，在慈善活动完成后，只要有一点成果，机构都会宣称慈善事业取得了成功。随着大额捐赠者和联盟型组织对成果导向型资助（outcome-based funding）的强调，这种状况或多或少有了一些改变。

把企业世界里对于成功的定义带入慈善世界并不总是可行的。在商业世界，增长的魔咒总是让我们头晕目眩。但是慈善是为了特定的使命而存在的。慈善成功与否，其衡量标准是看其慈善使命完成了多少。因此，可以说慈善事业的终极成功就是其所追求的社会变革完全得以实现，而这实际上意味着这个组织也到了应该终止的时候[4]。对于从商业领域转入慈善领域的领导人来说，这是很难理解的一个概念。因为对企业来说，公司清算经常等同于商业失败。

理事会成员选择

大部分企业的董事会都设有相当严格且正式的董事会成员遴选制度。谁都无法随随便便进入董事会。典型的模式是，设立一个由董事会部分成员组成的提名委员会，认定、评估并推荐董事会成员。而其推荐需要经股东们审批通过。当然，理论如此。在大多情况下，董事会依旧有点"老熟人俱乐部"（Old Boy's Club）的意思，不过委员会的设立至少提供了一定的制衡机制。

但是在大部分非营利组织中，通常不存在完善的理事会成员选择制度。成员的人选可能源于主席、创始人或者其他理事会成员所认识的并有意邀请加入的人。当然，在慈善理事会找到不计酬劳（还要承担个人责任）的优秀人才并不容易。通常，非营利理事会是长期不变的，除非组织章程规定了明确的任期制度。有时候理事会成员会轮流担任各个职位，或者离开理事会一段时间后又重新回归。即便有选举制度（例如社团中的会员代表委员会），经常也只是代表委员们内部走的一个程序和轮换。另外，选举不一定能选出组织需要的最好的专业人才组合。

良好公司治理的原则之一就是董事会成员和管理层的更新。权力固化最终必将走向腐败。而在此之前，自满情绪就已入驻。权力也是使人陶醉的。罕有大彻大悟的当权者，心甘情愿地将手中权力让给他人。因此，任期和轮换的制度化有助于解决这个问题，且不有损董事会成员的感情。可是几乎没有哪个非营利组织会将类似的条款纳入组织的章程或管理制度当中，当然，前提是他们有管理制度。即便有这样做的组织，似乎也是在常任的理事会成员离开后再进行的反思和调整。暂且不提流程和制度性条款，同商业世界相比，在非营利组织中为治理主体寻得最恰当的人员组合更具挑战。无论组织类型如何，人们都期冀好的治理主体拥有科学化的人员组成：具有各种行业背景，并且大部分具有法律和金融专长以帮助组织尽好诚信义务（fiduciary role）。无论如何，在慈善机构中，理事肩负的职责更多：为慈善机构运转贡献自身专业知识、筹集资金、联络特定社会群体，用他们的名誉为慈善组织背书以证明该组织的确在做好事。

这些非诚信义务本非对理事的法定要求。然而，这些职责在非营利的运作中占了极重的分量，这使得它们通常成为非营利组织理事工作中的首要任务。可以说，在慈善组织由于行为不检[5]受到公诉之前，大部分理事参与慈善，只是期待在慈善"使命"中有所助力，而并不太会治理它。然而，当理事完成了治理工作，这又引发了另一个问题，即谁来监管理事会的工作。

随着越来越多的慈善丑闻被披露，单纯的治理职责愈发被强调。理事会成员应当自问他们之中谁可以尽职地保证组织的治理，这十分明智，因为若真的出现问题，理事会需要承担集体责任。

权力结构

在商业公司中，汇报和责信（accountability）的界限都非常清晰且等级分明。董事会治理公司，制定规则，并且审批、通过战略计划，管理层和员工负责执行，董事会就公司成果向股东负有责任，而管理层和员工要为取得这些成果的企业绩效负责。

非营利组织的权力结构更为松散。无论每个人所做的事情有多小，似乎都拥有发言权。在商业公司，一切都是直线汇报至股东层。然而在非营利领域，利益相关者的范围很广，他们每个人都想参与其中，告诉倒霉的执行主任和员工应该做什么。

理事会显然拥有发言权，但是非营利的本质使得理事会和委员会成员更多地参与到组织的具体运作事务中。

同样希望拥有发言权的还有捐赠者和志愿者，因为他们无偿地付出了金钱和努力。除此之外，受益群体，或者更应该说是受益群体的亲属们，对于慈善组织该如何运作也有见解。

这种现象的关键原因在于非营利组织简陋的人员配备以及较低的薪酬待遇。在能力和规模的限制之下，只有让理事会成员和志愿者也参与执行，那些常规的执行工作才能完成。因此，非营利组织的理事会要更加亲力亲为，用志愿者代替员工也司空见惯。如果志愿者在从事管理层应做的工作，他们为何不能享有同等的权力和发言权呢？

所有权

有关公司治理的文献都重点强调了责信的首要对象是组织的法定所有权人，也就是股东。董事会的权力来源于任命董事的法定所有权人。换言之，在商业组织中有双层的权力制衡来确保组织按预定的那样运转。

这些应当在公司章程以及规范公司注册的法律中明确规定。在英国以及许多英联邦国家，相关的法律是《公司法》。在美国，这取决于公司注册所在州的法律。

作为慈善组织，换一种说法，主要就是税法地位不同。慈善组织同样需要有一个法定形式。在大多情况下，慈善组织是依照《公司法》作为一种特殊类型的公司注册成立的。或者，慈善组织可以先以社团或者信托的形式设立。不同的组织形式受到相应的立法管制。

在下页表"慈善组织的法定组织形式"中，笔者简单概括了不同组织形式的所有权和治理的含义。该部分引用了新加坡的案例，大部分英联邦国家也是类似情况。

慈善组织的法定组织形式

在新加坡，慈善组织或以社团的形式成立（遵循《社团法》）或以担保有限公司的形式成立（遵循《公司法》）。约 58% 的慈善组织依法注册为社团，而 18% 为公司。剩下的要么根据特别法设立，要么以信托形式存在。

传统上，慈善组织多注册为社团形式，而新成立的慈善组织越来越多地采取公司形式。从创始人的角度来说，公司的组织形式便于控制和管理。不需要选举，最少只需两名公司成员（实际就是没有股份的股东）即可任命董事会。实际上，公司成员（法定所有权人）和董事会成员通常都是同一批人，这便消除了组织中原有的另一层权力制衡。

近几年，一些社团形式的慈善组织重新注册为公司形式。一个慈善组织对我解释，这样做的理由是"为了办事更方便些"。而另一家原本打算转变为公司形式的慈善组织最后还是放弃了这个想法，原因是"透明度会因此降低"。

不过，社团形式未必能保障更好的治理。首先，社团中所有权人和治理层的双层结构不再存在。治理层从成员——也就是组织的所有权人——之中选举出来。另外，即便理论上选出了理事会，在选出的成员中也有内部小团伙。通常在一个社团中，执事人员的选举鲜有争议。

实际上，对于一些社团来说，在年度成员大会（AGM）上聚齐法定的人数都是一个挑战。但这又并不是个真正的问题，这些社团的章程无一例外地纳入了一条条款，规定若在特定的时间出席人数未满法定人数，则休会半小时，而"之后与会人数即为法定人数"。实际上，年度成员大会只是推迟半小时开始，而组织者已做好充分备案。

担保有限公司的控制和运作总的来说比社团更为轻松。但是董事的任务和责任要比社团选举出的主任繁重得多。

第三种受欢迎的组织形式，尤其受基金追捧，便是通过信托文件，按照《受托人法》设立慈善信托。信托为管理提供了便利，但在受托人的变更方面并不灵活。

如今较为少见的一种慈善组织形式是慈善组织借助议会特别法律而创立。这适用于新加坡历史上早期建立的慈善组织，比如新加坡红十字会（Singapore Red Cross）等。

由此可见，法定所有权人和治理层成员之间的界线并不总是非常明确的。在现实中，这两个集体的成员经常会重叠。此外，这样的规则和实践很有可能使同一批人长期掌握慈善组织的控制权，这会带来极高的风险。

道德所有权人

公司治理中存在一个概念，即将所有权人的利益列为重中之重，若把这一概念用于慈善组织，人们多会感到别扭。尽管如此，这种不适感并不能为机构的章程或者指导理事会成员更新的《机构治理准则》提供保障。事实是，一家慈善组织的法定所有权人一般会是被挑选出来的个人或机构。某些所有权人以及他们所任命的管理者必然会考虑狭小的利益，并与客观上该慈善组织应做的事业相左。

商业组织的目标很简单——实现所有权人的利益最大化，为了达到这个目标而使用所有权人的资金也是无可争议的。非慈善类非营利组织，如商业协会和俱乐部等，同样也是在服务其成员的（狭小的）利益。但另一方面，慈善组织寻求的是社会变革和进步，并且通过贡献时间的志愿者和贡献金钱的捐赠者从社会获取资源。

有鉴于此，除法定所有权外，还需要道德所有权这个概念的存在。慈善是为了更为广泛地服务公共利益的目的而存在的，因此慈善组织的管理层和理事会不仅要对其法定所有权人负责，还要对道德所有权人负责——即为其提供资金的大众以及其致力于服务的社区。

实现道德所有权人这一概念的主要方式就是通过外部的规范和准则。从某种程度上说，规制（regulation）是慈善机构治理的更进一层。

规制框架

公司必须遵循一个国家的公司法。除此之外，上市后，该公司需要遵守证券交易所对上市公司的规定。若是在一个管制性行业里，比如银行业，同样还有该行业公司需要遵守的特定的政府规制。

一家上市银行需要遵守的各种法规听起来繁杂，而对于慈善组织来说情况则更加复杂。总的来说，一家慈善组织需要遵守四类法规，包括：

（1）慈善组织的建立过程；

（2）组织的慈善税收优惠；

（3）相关联盟性组织的指导方针；

（4）关于活动的规范，尤其是筹资活动的必要条件。

慈善组织首先要以合法形式成立。合法组织可以是公司、社团、信托或者上文所描述的法定机构（statutory body）。无论慈善组织形式为何，都必须与规范该组织形式的法律保持一致，当然也要服从其组织自身的章程（譬如，成立社团或设立信托的大纲和章程等）。总的来说，规范组织形式的法律与组织的慈善身份并无关联。很少有，或者说几乎没有附加条款要求一个组织要为公共利益而运作。

其次，慈善组织务必遵守授予其慈善身份的法律。值得注意的是，在大部分法域内，法律界定的慈善组织首先是其税法地位。在美国，为了获得免税慈善组织身份的资格，组织必须满足《国内税收法》第 501（c）（3）条款中的相关规定。而在新加坡以及许多英联邦国家，若要达到税务减免，一个组织必须是注册慈善机构（按照《慈善法令》规定），同时也需要满足公共属性组织（Institution of a Public Character）的资质要求（曾规定于《所得税法》中，于 2007 年纳入《慈善法令》的规定中），以便为捐赠人开具免税发票。

慈善组织并非法律实体，但具有税法地位，因此一方面它要遵循规定其组织形式的法律，另一方面也要遵守税收优惠的法规。后者可以是一份具体的慈善法规，由诸如新加坡慈善委员会（Commissioner of Charities）或者英国的慈善委员会（Charity Commission）之类的监管者负责执行。2006 年，英国启用了一种新的法定组织形式——慈善公司组织（Charitable Incorporated Organization）——这赋予慈善组织公司的优点（有限责任和法人身份）以及税收优惠，并接受单一监管者的管理，即英格兰和威尔士慈善委员会。

大部分的慈善组织保障措施都植根于这些税收优惠法规（慈善立法以及／或者税务立法）之中。然而值得注意的是，成为注册慈善机构的好处远不止税费减免而已。得到官方认证的慈善组织可凭借这一公众形象，从社区中招募更多的志愿者，吸引更多的捐赠者以及其他支持。

最后，联盟组织制定的指导方针。志同道合的慈善组织集合在一起，以达到协同作用和更高效率。有些组织是协会，比如美国基金会委员会（Council on Foundations）[6] 和英国全国志愿组织委员会（National Council for Voluntary Organizations）[7]，而有些是政府或者法定机构，比如新加坡全国社会服务委员会（National Council of Social Service）[8]。这些联盟组织会向其成员发布指导方针。如果联盟组织是纯民间性质的，这些指导方针更类似于最佳行为指导。如果指导方针是由半官方组织制定的，类似新加坡全国社会服务委员会那样，则其更具强制性。

　　慈善组织（以及非慈善类非营利组织）可能需要遵守的最后一类规章是关于其活动的，尤其是筹款活动。针对这些活动，慈善组织需要申请执照或者许可证，并要服从相关规定。例如在新加坡，按《上门募捐及街头募捐法案》（*House to House and Street Collections Act*）规定，慈善组织要开展一定类型的公众募捐，必须首先获得警察局的许可。要获得许可需要满足特定的要求。

　　纵观全局，相比商业公司的法规，慈善组织的法规内容迥异，也没那么细致。大部分慈善机构规模较小，因此缺乏足够的资源来保证完全并恰当地符合规范。因此，当一些优秀人才意识到加入慈善组织理事会意味着什么样的责任和风险时，他们就会对于加入理事会有些犹豫了。

　　尽管规制重重，情况总有"走偏"的时候。当丑闻发生后，紧接着就是新一轮对于立法审查和变革的呼吁。在过去几年中，这一点在美国和新加坡的慈善法规中体现得尤为充分。[9]

　　针对一些个案，有时需要实施更为大胆的行动。例如，1987年新加坡政府密切关注新加坡赛马会（Singapore Turf Club）经营得风风火火的赛马和其他赌博项目。在当时该赛马会还是受《社团法》管理的一家私人会员俱乐部。政府的关注点之一便是当时赛马会从赌博业积累了大量资金储备，等到该组织解散的时候，这些钱理论上可以分发给所有会员。尽管赛马会的赌博收入是在政府许可下合法获得的，有所争议的焦点是这笔钱来自参与赌博的公众，却可能被用于私人利益。

　　为了解决这一问题，新加坡政府通过了一部新的法律，这部法律确保新加坡赛马会高达数亿新币的资产得以单方面地转移至一家新成立的法定机构，名为新加坡赛马博彩管理局（Singapore Totalisator Board）（俗称"Tote Board"）。随后，赛马博彩管理局成立了一家私营会所，即武吉赛马会（the Bukit Turf Club）来经营赛马业务。这样，旧新加坡赛马会（《社团法》下的私人会员俱乐部）的工作内容便所剩无几，因此其后来停业注销了。数年后，武吉赛马会重新更名为新加坡赛马会。

　　好消息是在变革发生后的连续数年，赛马博彩管理局每年向慈善机构捐款达5500万新币（约合3800万美元），这几乎是之前数年新加坡赛马会捐款数额的5倍。如今，随着其年筹款额已超过3亿新币（约合2.07亿美元），新加坡赛马博彩管理局目前已经成为新加坡最大的慈善资助方[10]。

公众舆论

历史证明，法律总是赶不上社会和技术变化的脚步。那么，当外部规范在治理慈善机构方面出现漏洞时，还有什么可以依靠呢?

好的，当法律的阵地失守时，公众舆论就登场了。

公众舆论迫使美国红十字会（American Red Cross）放弃了将"9·11"事件发生后筹得的专项捐款挪用于其他项目的决定，因为这些项目并不能直接惠及被袭击的受害者。而公众的争议同时也使美国红十字会的时任主席迫于压力而辞职[11]。

即便在保守沉默的新加坡，公众在全国肾脏基金会（NKF）与新加坡报业控股的民事诉讼案中，也激愤地要求法院公开 NKF 的不当行为。由于原告撤诉，法院并未做出判决，是公众的愤怒迫使首席执行官和理事会辞职，并引发了之后一系列的犯罪调查和法律行动[12]。

不幸的是，像 NKF 案和美国红十字会案中的公众舆论大爆发只有在慈善机构的不法行为十分明显且严重时才会出现。而一旦到了那个地步，情况就已经非常糟糕了。在这样的背景下，当前面两层治理（机构治理和政府规制）都失败后，公众舆论是治理的最后一道防线了。

但是，公众舆论不应该只是治理链条上的最后刹车装置。公众舆论，或者说公信力，应该有更广泛的功能，对于慈善组织应该既是一种威慑，也是一种支持。这应体现在公众对于慈善组织的工作内容保持持续的兴趣，以及对愿意支持的慈善组织的个人选择上。而这便是知情捐赠（在第 2 章有讨论）的一种表现。只有当捐赠者、志愿者以及社区在贡献其时间、金钱以及各种支持给慈善组织时更加谨慎、更严格要求、更仔细甄别，慈善组织才会有更大兴趣来注意其自身的治理。

慈善组织需要认识到，除了从社会中获得资源以开展工作外，最初使它们得以生存和发展的，是社会赋予它们的相关性和合法性。因此，公众舆论应被视为另一层治理，与规制同等重要，目的在于保证慈善组织专注于自身的使命和效率。

多层治理

最后，如果我们回到最初的问题，即谁在真正治理慈善组织，答案就是以下的三层治理（见图 3.1 ）。

第一层是类似于商业组织中的公司治理。然而，要真正有效，治理层的成员们需要十分了解慈善环境下治理的细微差别与独特性。同时，慈善组织也要调动更高的积极性去借鉴吸收商业领域有益的治理实践，譬如人员更新、责信制度和明确职责等。

第二层是积极规制，应该更关注慈善组织的公共利益属性。对慈善组织的规制应该超越保护法定所有权人，这在慈善组织中有时并没有那么重要，因为慈善组织的法定所有权人和机构治理层常常是一体的。更进一步，积极规制确保了对道德所有权人的责信，也就是对社会群体的责任。

第三层，社会群体自身必须积极参与，以保证公共利益得以实现。治理的最后一层，公众舆论不应只在一团乱麻的时候才快刀斩入。相反，公众舆论应该通过知情捐赠以及持续的反馈和支持对慈善组织展开日常练兵。这将彻底防止慈善误入歧途。

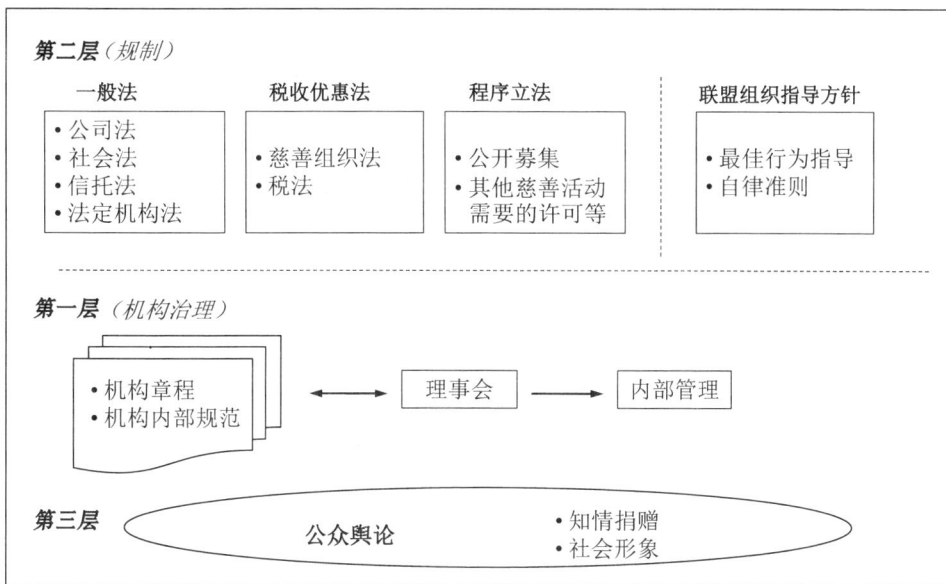

第二层（*规制*）

一般法	税收优惠法	程序立法	联盟组织指导方针
• 公司法 • 社会法 • 信托法 • 法定机构法	• 慈善组织法 • 税法	• 公开募集 • 其他慈善活动需要的许可等	• 最佳行为指导 • 自律准则

第一层（*机构治理*）

• 机构章程
• 机构内部规范 ⟷ 理事会 → 内部管理

第三层 公众舆论 • 知情捐赠
• 社会形象

图 3.1 慈善组织的三层治理

注释:

改编自："Who governs a nonprofit, really?" *SALT*, January-February 2006; "Who governs charities, really?" *The Straits Times*, January 11, 2006; and "Governance: profit vs. nonprofits," *The Social Service Journal*, Vol. 24, September 2007.

1　John Carver with Caroline Oliver, *Corporate Boards That Create Value* (Jossey-Bass, John Wiley & Sons, 2002).

2　Geoffrey Kiel and Gavin Nicholson, *Boards That Work* (The McGraw-Hill Companies Inc, 2003).

3　Peter Wallace and John Zinkin, *Mastering Business in Asia:* Corporate Governance (John Wiley & Sons (Asia) Pte.Ltd., 2005).

4　非营利成功这一主题在第 5 章 "非营利组织使命：最终归宿——终止" 中有所探析。

5　全国肾脏基金会一案。请参考第 19 章，"案例研究：新加坡全国肾脏基金会（NKF）：事件及其范式"。

6　www.cof.org.

7　www.ncvo-vol.org.uk.

8　www.ncss.org.sg.

9　慈善改革的动力何在，在第 4 章 "规制：黑匣子还是玻璃房？" 中有所探讨。

10　筹款的数额来源如下：Tan Tai Siong, "Cut the naivete, plead instead for wider use of gamblers' dollar," *The Straits Times*, May 18, 1991; Tan Siok Sun, "A second wind," *The Straits Times*, July 7, 2007; *The State of Giving* (National Volunteer & Philanthropy Center, 2005)。

11　红十字会一案的具体描述可见第 6 章 "资金储备：资金丰富的烦恼"。

12　请见第 19 章，"案例研究：新加坡全国肾脏基金会（NKF）：事件及其范式"。

第4章 | 规制
黑匣子还是玻璃房？

　　监管者可以将慈善组织视为经过政府批准的可信任的机构（黑匣子模型），或是在一个"一经售出，概不负责"或"买方风险自负"（caveat emptor or "buyer-beware"）的市场中需要透明运作的机构（玻璃房模型）。

　　规制的目标是为了确保慈善法律——以及这些法律的精神内涵可以得到遵从。本质上，这些法律应当通过保障公共信任与信心，来促进慈善部门的健康发展，并且尽可能为慈善机构和整个部门提供各种机会来发挥其潜能。

　　基于这样的精神，参照玻璃房模型来运行似乎是更好的选择。在慈善丑闻发生之后，越来越多的监管权力和约束机制本质上是在向黑匣子模型靠拢。自相矛盾的是，这种情况会使慈善部门倒退。

　　慈善监管的作用是保障慈善法律被遵守。纵观世界各个法域，慈善法律一直在被审查和修改：

- 在英格兰和威尔士，400年来的首次慈善法律大改革随着《2006年慈善法》（Charities Act 2006）的通过进入了立法。变革包括，更新慈善目的清单，明确慈善地位与公共利益之间的联系，并设立独立的慈善组织上诉法庭（Charity Appeal Tribunal）。

- 苏格兰行政院于2005年通过了《慈善及受托人投资法》（Charity and Trustee Investment (Scotland) Act），这是苏格兰50年来的首次慈善法律大修改。该法案包括慈善目的清单、慈善测试以及新的筹款规章，同时还规定了监管者的作用。

- 在新加坡，慈善组织规制的改革于 2007 年 3 月进入立法。该项改革精简了法规框架，赋予监管者更多强制手段，同时提升了治理、筹资活动和财务报表的最低标准。

- 澳大利亚政府否决了《2003 慈善组织法案》（Charities Bill 2003）的草案。然而，目前有几家非营利组织正试图明确慈善组织和慈善活动的定义，并试图大刀阔斧地改革慈善事业的法律框架和监管环境[1]。

- 在美国，参议院财政委员会（the Senate Finance Committee）自 2004 年开始提议进行大规模慈善改革。在这些改革提议中，有很多遭到了慈善部门的反对，但是争议稍小的提议则成为不同的法案。这些慈善改革中的大多数还在走立法程序。

第 3 章从慈善组织的角度出发，研究了在慈善治理整体框架下规制的角色。在本章，我们将主要从监管者的角度来看看慈善法律改革的动力是什么，以及可行的规制方式。

为什么慈善需要法律

慈善规制的目的是什么？大部分人可能会回答是为了保障公众信心，以及为慈善组织建立信任。这对于慈善组织来说是至关重要的，因为它们要依靠社区获得资源和支持。若失去了公众信心，慈善组织便丧失了运作的合法性，更不要说获得资源了，这比其他任何一种私人组织都要突出。

一般的预期是，只有当慈善组织为纯粹的慈善目的而存在，并恰当地运作时，慈善组织的公信力才能得以保存。因此，许多慈善法律多倾向于关注慈善组织注册和存续所需的资质与评估，这包括慈善组织能做什么、不能做什么，尤其是在筹款方面，以及它们应如何为其行为负责。

故此，慈善法律的焦点落在风险管理和法律遵守。对于监管者和慈善组织来说，这意味着要确保规制充足完整，慈善组织依法行事，这样才不会有慈善组织半途掉队。

不过，就像公司治理权威专家会告诉我们的，治理像一枚硬币，是有合规和绩效这两面的。因此，规制作为慈善机构治理的第二层（第一层是机构治理）[2]，也应该积极地关注绩效。同时，慈善法律的另一个目标应该是让慈善组织的社会经济潜能得到充分发挥，并鼓励这种行为。这便包括将规制性障碍降到最小，并为慈善组织的运作提供便利。

这一对于慈善规制的整体分析方法反映出了对慈善部门作为社会与经济的第三支柱这一地位的赞赏（另外两个支柱分别是公共领域和私人领域）。在很多方面，慈善组织填补了公共领域与私人领域未能覆盖的空白，同时，它们在这两个领域之间架起了一座桥梁。正因如此，慈善部门的意义被描述为"私人行动，公众受益"（private action, public benefit.）[3]。

改革的动力

英国政府的所作所为很好地阐释了这一针对慈善部门的明智做法。英国政府所修订的《2006 年慈善法》通过扩大可选的法律形态范围，更为明晰且宽松的规则，以及独立、公平且均衡的规范，力求让慈善组织的建立和运作变得更简便。这次改革实则是政府与慈善组织之间的协力合作，后者结成了一个名为"改革慈善法联盟"（the Coalition for a Charities Act）[4]的非营利组织联盟。

修订规制框架是英国政府与慈善部门合作的诸多提议之一。另一项提议，"提速计划"（the Changeup program）试图通过大力提升对慈善组织的支持，从而显著提升慈善部门的能力[5]。

像英国这样以愿景为动力、合作解决问题的方法可谓是最理想的模式。然而不幸的是，改变通常是由破坏力引起的。在一些法域内，总是在"各种规模、类型和种类的慈善组织丑闻被媒体报道"后慈善改革才得以被触发，尽管这些报道可能"流于表面，且对其顾虑有所夸大"[6]。

在苏格兰，"月光"（Moonbeam）——一个儿童癌症慈善组织的垮台，以及对另外 56 个苏格兰慈善组织进行的调查都向苏格兰行政院施加了压力，促使其向前迈出慈善改革的步伐[7]。

近年来，由于《波士顿环球报》（the Boston Globe）[8]的一系列调查文章，美国的慈善组织被放到了国会的放大镜下。这一始于 2003 年 10 月的系列文章重点报道了几家私人基金会的权力滥用问题。譬如，保罗和弗吉尼亚卡波特慈善信托

（Paul and Virginia Cabot Charitable Trust）的受托人动用了基金会的一大笔资产，给自己支付高昂的薪水，并用于他自己女儿的奢华婚礼[9]。

这一系列文章促使参议院财政委员会于 2004 年 6 月发起了调查和听证会，并提出了将近有一百项内容的改革提案。提案包括赋予美国国税局管控慈善组织理事会规模的权力；要求慈善组织在大力扩大法定信息公开范围的同时，实施近似于上市公司般更为严格的责任和合规要求；对慈善组织实施认证[10]。

这些改革动议"在慈善部门掀起了轩然大波"，于是慈善部门迅速组成团体以图减轻影响[11]。"独立部门"（the Independent Sector）——美国最大的慈善组织游说机构，成立了"非营利部门小组"，旨在讨论并提供一套他们推荐的慈善监督和问责规制。2005 年 1 月，慈善圆桌会议（Philanthropy Roundtable）成立了"慈善改革联盟"（Alliance for Charitable Reform），这是代表资助方视角的紧急游说行动，旨在通过这个组织回应国会，并且"帮助在慈善改革讨论中提供常识"[12]。

之后，参议院财政委员会和慈善部门都在试图寻找"无须对免税的非营利组织过多规制便能促其发展的方式。"在 2006 年 8 月，布什总统签署并通过了一系列的慈善改革法律，在很多方面，这一系列法律可以说是"参议院财政委员会和非营利部门小组所提出的规定的较缓和版本"。法律内容包括 7 项针对慈善捐赠的激励措施以及将近 20 项增加对免税组织规制的改革方案[13]。一年后，参议院财政委员会力图加快 990 报表（联邦免税组织的年度报告表）的修改，以期优化慈善组织的透明度和报告制度[14]。

在新加坡，改革的动力随着全国肾脏基金会（NKF）的崩溃以及其他丑闻而增强[15]。早在 NKF 事件曝光之前，新加坡政府于 2004 年 1 月成立了公共属性组织治理委员会（the Council for the Governance of Institutions of a Public Character, IPCs），委员会在 2004 年 9 月发布了其对于治理、透明度和筹资行为最低标准的建议。2005 年 5 月，新加坡政府稍作修正，接受了这些建议，并计划从 2007 年 1 月开始实施。

然而，在这些标准正待实施的时候，2005 年 7 月，NKF 事件爆发了。为了回应，政府成立了另一个委员会——"慈善组织和公共属性组织跨部门管理委员会（the Inter-Ministry Committee on the Regulation of Charities and IPCs）"来整顿慈善部门。委员会在 3 个月内便做出了相关提议。在咨询公众意见之后，政府在三个月之后接受了这些提议。又过了三个月，于 2006 年 7 月开始实施[16]。

尽管跨部门委员会的决定建立在较先成立的公共属性组织治理委员会的建议之上，政府实施这些改革的时间以及快速的推进都透露出了一种紧迫感，政府认为需要对 NKF 事件做出紧急回应。之前的委员会从成立到开始实施花了 3 年之久。而跨部门委员会完成这些只用了 9 个月。

大多数改革，无论其动力为何，在公开谈论时多是积极论调。监管者希望改善慈善部门、加强其能力，并推动其发展——他们也的确这么做了。然而，由于慈善丑闻所唤起的，或者因为受到了《萨班斯—奥克斯利法案》(Sarbanes-Oxley Act) [17] 影响而出现的对责信制度的关注，从而引发的改革，自然会倾向于慈善组织的守法合规与风险管理等方面。自然而然，人们会希望增加对慈善组织的限制，增加监管者的权力，并实施更多的惩罚性措施，以此防止、打击、处罚不法行为。由此留给慈善部门的任务就是推动修改或者撤销那些过激措施。

黑匣子 vs. 玻璃房

不管改革的催化剂是什么，监管者分析思考这两个对比鲜明的规制模式是大有裨益的。

监管者是否希望公众将慈善组织看作黑匣子 [18]——经过政府审批的可信任的机构? 或者希望公众能够像在玻璃房一样看到公开透明的慈善组织? 在下面的案例中，慈善部门在"买方风险自负"(或者说"捐赠者风险自负"更为恰当) 的环境之中运行。

图 4.1 对比了这两种模式的不同。

在黑匣子模式中，确保慈善组织行为端正健康的首要责任落在监管者身上。若要成为一个有效的监管者，那么慈善组织需要遵守的规章制度就务必要全面且是指令性的。随之而来的，监管者调查的权力和执行这些规章的权力也应该是广泛的。

在玻璃房模式中，首要责任落在大众身上。由他们决定向哪家慈善组织给予支持和捐赠。

玻璃房模式支持慈善部门的自我规制。规章制度仍然有必要，但是在这一模式下的规章和制度应该是底线性质的，只要可以保障慈善组织某些方面一定程度的稳定和健康就可以了。更重要的是，大部分规制是有关透明度的。这一模式若要成功运作，信息公开方面的规制必须是强制性且广泛的。

慈善组织的规制

```
        黑匣子  ◄────   模式   ────►  玻璃房

  获得政府的审批 ◄──    基础    ──►  买方风险自负
                                   <捐赠者风险自负>

      监管者  ◄──  首要审查责任方  ──►  捐赠大众

  全面和指令性的 ◄──  规章和制度  ──►  底线和基于信息披露

     广泛     ◄──  权力和处罚力度  ──►  较少
   一定范围内                         较高

  有效的规章和执行 ◄── 关键成功因素 ──►  透明和知情捐赠者
```

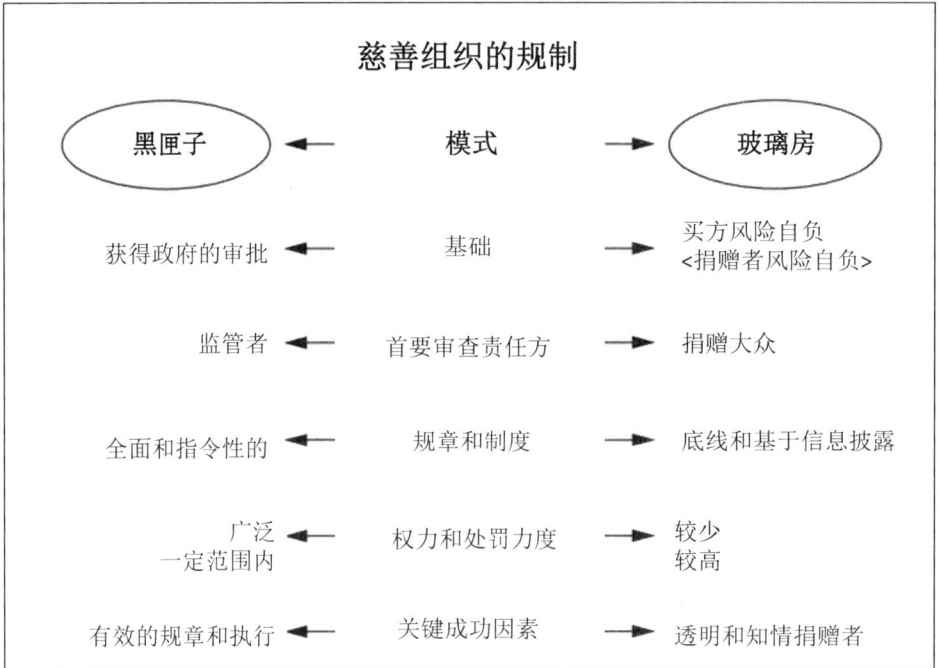

图 4.1 黑匣子 vs. 玻璃房

信息公开主要有两个目的：首先，信息公开让公众可以做出知情决定，选择他们愿意支持的慈善组织，并为自己的决定负责。其次，信息的可见性可以显著增加对被公开事项的遵守。比如说，上市公司董事会公开董事出席率的趋势就是一个简单的例证，这一规范有效地提升了董事们在董事会和委员会会议上的出席率。

这让笔者想起了多年前在英国工作时，笔者的英国老板约翰·斯凯里特（John Skerritt）提出的一条宝贵建议。当时他正在和一组咨询顾问开例会，有人问到工作时间以外恰当的个人行为的问题。他的回答是，以下两个问题，我们只需任选其一用于自省便得以辨明：（1）女王会做这件事吗？（显然，女王是非常严格的）（2）次日早晨，你可以在电视上解释清楚这一行为吗？

慈善组织有时抱怨公开标准过于繁杂，这通常并不是真的意味着信息公开需要耗费大量的行政力量——提供自己早就拥有的信息要费多大劲呢？他们真正想表达的是，不得不公开信息，这让机构和理事屡屡感觉像是受制于良俗——也许是好的，但他们真的不愿意照做。

玻璃房环境需要透明度和责信制，这不光是慈善组织的职责，也是监管者的职责所在。监管者解释其行为和发现是十分重要的。基于监管者所披露的正面或负面的发现，公众可以决定是否要继续支持慈善组织。

有效的玻璃房模式需要很多关键因素，不仅限于慈善组织和监管者的诚信和行为。

首先是受过教育、知晓信息的公众。捐赠者必须理解并且实践知情捐赠。他们需要接受这是一个"捐赠者风险自负"的环境，在选择支持哪家慈善组织时应该尽到自己的义务。

其次，辅助机构（support infrastructure）必不可少，它们可以帮助慈善组织构建一个开放且自我规制的环境。通常个人不太可能去独立评估和了解一大堆慈善组织。因此，必须要有足够的中间型机构，提供分析、教育和手段以保证玻璃房环境繁荣发展。

黑匣子还是玻璃房？

那么，对于特定的慈善法领域，哪种环境更合适呢？

两种环境都是可行的。在商业世界中，我们可以说股票市场与玻璃房的模式类似。另外，银行业的规制方式和黑匣子模式类似。

上市公司在信息公开方面有明确的要求。若信息公开不及时、不全面，他们便会受到惩处。如果上市公司表现欠佳，或者破产了，会有抗议和抱怨。但是，总的来说，投资者已经将这种情况视作生意场上必不可少的一部分了。

然而，如果是银行破产了，就会引发一场重大的信任危机，人们对监管者也会产生和对银行一样的质疑。监管者为了避免破产做了些什么，或者没有做什么？为了确保银行得到政府的审批，银行业管理局组织了一群监管者来制定规章，并且分析银行定期提供的大量数据。同时它还拥有确保银行在报告和行为方面一致的权力。然而，这些措施对于公众来说是隐形的，他们的日常操作都是建立在银行系统是健全的这一基础之上。

我猜测大部分发达国家的慈善监管者会说他们支持玻璃房模式。这是与现代民主的理想和国家干预最小化相一致的。玻璃房看起来是可行的方式，它允许监管者将重心放在确保恰当的信息公开和透明度最大化。如果一个慈善组织没有做好,那么其理事会和支持者应对此负主要责任。监管者还可以调动一些资源用于提升慈善组织的绩效表现,而不是仅仅关注风险管理与守法合规。

但是,当人们对慈善组织和监管者产生了信任危机,玻璃房模式就遭受质疑了。在慈善丑闻的余波中,外界压力使得环境向黑匣子模式转变,更加着重风险管理、守法合规及规制行动。人们呼吁增加对慈善组织的管控,并赋予监管者更多权力来抓捕和惩罚行为不端的慈善组织。在这种氛围下的慈善法律改革会有规制过于严苛的风险——对慈善组织运营设置过高的门槛,以及监管者对慈善组织的绝对强权。

那么,混合体制会不会管用呢?我的观点是,将黑匣子模式的权力和管控与开放的玻璃房环境相混合,长期看来是一个错误。混合规章会发出错误的信息,让人摸不清是源自玻璃房模型还是黑匣子模型。而当丑闻再次曝出时,混合体制也为批评者们提供了更多说辞。在慈善组织身上施加太多限制,会使其运转不畅。而监管者权力过大,比如说可以不经尽职调查和公共问责就随意叫停或关闭慈善组织,这在未来会导致监管者权力的滥用。这也就引发了另一个问题:谁来监督监管者呢?

简而言之,规划改革需要从一个平衡的目标出发。比如说,英国的改革特别强调规制要独立于政治和其他干扰力量,开放而非压制,规制程度与机构规模相协调。

为了寻找这种平衡,回头看看玻璃房环境的基础可能会有所帮助。这个模型建立于规制束缚最小化的基础之上,同时结合了充足的分层信息公开,以便于公众就支持哪个慈善组织做出知情选择。公众必须准备好承担自己捐赠选择的后果。公众,还有监管者都必须接受,偶尔会有像 NKF、月光还有保罗和弗吉尼亚·卡伯特慈善信托这样的堕落天使的出现。不过,在一个由适当的信息公开管控的环境中,故障路段会被及早发现,随后的代价也不会像这些丑闻组织那样高昂。

慈善与法律的精神

规制的目的就是确保慈善法律被遵守,以及遵从法律中所蕴含的精神。这种精神应当是通过两个方面来促进慈善部门的健康发展:首先,提升公共信任和信心，其次，为慈善组织以及整个部门提供释放潜能的机会。

基于这样的精神追求，玻璃房模式似乎是更好的选择，但是同时辅助机构和受过教育、知晓信息的公众也是确保慈善法律被遵守必不可少的要素。

危机发生后的政治压力可能会迫使政府和公众转向更为节省精力的黑匣子模式，这种模式基本上是一切由政府说了算。然而，这是一种退步。为了让每一个地区的社会情况都有所进步，当地社群应该为此肩负责任。毕竟，规制应该只是为慈善组织提供一个起步并继而发展的基准线而已。

注释:

改编自： "Charities: Black box or glass house?" *SALT*, March-April 2006; and "Glasshouse better than the black box," *The Straits Times*, March 3, 2006。

1　*Charity Now: Redefining Charity Law for the New Millennium. Discussion Paper and Recommendations for Reform* (Jobs Australia, VCOSS and ACOSS, 2006).

2　见第 3 章 "非营利组织治理：谁在治理非营利，真是这样吗？"。

3　*Private Action, Public Benefit. A Review of Charities and the Wider Not-For-Profit Sector* (Strategy Unit, Cabinet Office, United Kingdom, September 2002) 这是描述英国慈善改革的出版物。

4　这是由全国志愿组织委员会所召集，由优秀的慈善组织组成的小组（是英国志愿组织的管理机构，在英国各地都有分支）。请参看 www.ncvo-vol.org.uk/press/release/?id=3564&terms=charity%20reform。

5　www.capacitybuilder.org.uk.

6　Dana Brakman Reiser and Evelyn Broady, "Chicago-Kent Symposium: Who Guards the Guardians?: Monitoring and Enforcement of Charity Governance," *Chicago-Kent Law Review*, 2005.

7　"Charity reform 'long overdue'," *BBC News*, October 19, 2013.

8　www.acerform.com/who/history.html.

9　Beth Healy, Finance Latour, Sacha P. feiffer, and Michael Rezendes & Walter V. Robinson, "Some officers of charities steer assets to selves," *The Boston Globe*, October 9. 2003.

10　"Charity Oversight and Reform: Keeping Bad Things from Happening to Good Charities", Senate Finance Hearing, White Paper and Roundtable, *News from the Center*, Center for Nonprofit Advancement, June 2004.

11 Kay Sohl, "Charity Reform Debate", *TACS News*, Technical Assistance for Community Service, Summer 2005.

12 www.acreform.com.

13 "August 2006 Charity Reform Update: House Approves Charitable Giving Incentives and Reforms," *Guidestar News*, August 2006, www.guidestar.org/DisplayArticle. do?articled=1039.

14 "Charity Reform Update: Senate Finance Commitee Leaders Advocate Form 990 Revision", *Guidestar News*, June 2007, www.guidestar.org/Display Article.do?articled=1134.

15 请见第 19 章 "案例研究：新加坡全国肾脏基金会（NKF）：事件及其范式"。NKF 事件之后涉及丑闻和问题行为的慈善组织包括新加坡视障人士协会（Singapore Association for the Visually Handicapped）、青年挑战（Youth Challenge）、圣约翰老人院（St. John's Home for Elderly Persons）和仁慈医院与医疗中心（Ren Ci Hospital and Medicare）。

16 "Move toward more transparency. New rules for charity," *The Strait Times*, June 26,2006. 慈善委员会的职位更替于 2006 年 9 月 1 日完成，而新的立法于 2007 年 3 月 1 日颁布。

17《萨班斯—奥克斯利法案》是美国于 2002 年 7 月制定的一项联邦法律，作为对包括安然（Enron）、泰科（Tyco）、百瑞勤系统公司（Peregrine System）和世界通信公司在内的公司丑闻和会计丑闻的回应。在许多人看来过于复杂，这一立法为美国的上市公司、董事会和会计事务所制定了新的，或者说更高的标准。

18 "黑匣子"是用于仪器或系统的技术术语，也被看作是有输入和输出特性的仪器。匣子的内部运作是看不见的。大部分人比较熟悉它在飞机上的运用，它既是飞行数据记录器也是记录飞行过程中驾驶舱对话的驾驶舱声音记录器。

非营利组织管理

第5章 | 非营利组织使命

最终归宿——终止

增长、增长、再增长是商业的魔咒。非营利的魔咒则刚好相反。非营利组织出现的目的是实现社会变革。非营利组织完成使命之时，便是取得最终胜利之时，而组织也就无须存在了。

终止，而非增长，更应该成为非营利组织的最终归宿。由于种种原因，情况并非如此。毕竟，相较于诞生和成长，为一个组织的终止而欢喜庆祝可并不容易。

不过，还是有些非营利组织的理事会、管理层，乃至基层员工具有远见卓识，他们懂得专注于使命的价值，完成这个使命，最后功成身退。

纵观全世界，非营利组织都处在增长模式中，无论是数量还是种类都在增长。"约翰·霍普金斯非营利部门比较计划"，这项横跨40多个国家非营利部门的开拓性研究指出，这种现象是一场"真实的全球结社革命"。在这场变革中，"基本上世界上的任何一个地区都出现了有组织的、私人的志愿活动浪潮——席卷北美、西欧和亚洲的发达国家，横跨中欧和东欧大陆，乃至大部分发展中国家。"[1]

在美国，公共慈善组织和基金会的数量从1996年的约60万家增长到2006年的超过100万家，在10年中增长了70%[2]。在英国，同期的注册慈善组织小幅增长了3.5%[3]，增长至超过19万家。在新加坡，1983年时有400家注册慈善机构。而到了2006年，这个数字已经超过了1800家。

然而，并不只是慈善组织的数量在增加；单个慈善组织的规模也在扩大。在2003 年之前的 10 年间，美国的公共慈善机构数量增长了 68%，而财务支出却增长了 88%，慈善机构所持的资产价值攀升到 104% 还要多。[5]

增长魔咒

我们中的大多数人听到这些都会欢欣鼓舞，来自商业界更是如此。"增长、增长、再增长"可以说是仅次于"股东价值最大化"的口号。而实际上，增长正被看作是增加股东价值的关键。

商业公司通过两种方式实现增长，公司可以进一步开发核心业务，比如说，卖给客户更多的产品和服务。大部分的公司最初都是通过这种方式实现增长。

然而，当公司的核心业务被开发到了极致，他们通常会扩展到周边领域。这些领域与原先的核心业务领域不同，但存在不同程度的内在联系，这样一来公司就可以利用其核心竞争力、现有客户关系、品牌、网络以及其他优势，在新的领域产生影响了。图 5.1 举例说明了商业公司向核心业务以外扩展的不同方式。

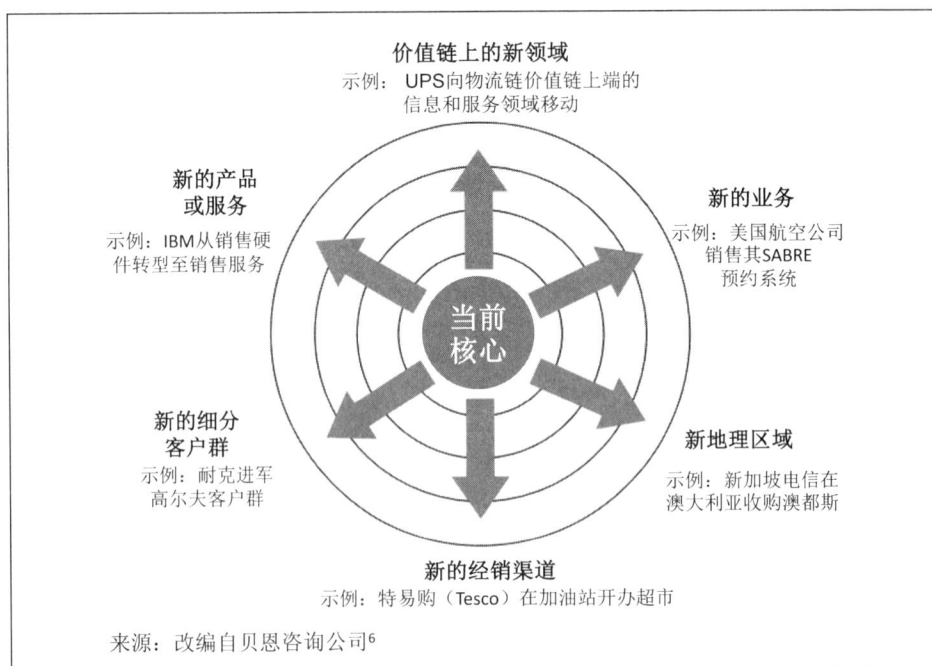

图 5.1　超出核心业务的增长

非营利组织也有仿照这一模型的倾向。最开始，它们会尽力做好一切有关其慈善使命的事情。在取得了成功之后，非营利组织也会把目光投向周边领域。

例如，美国最大、最知名的慈善组织之一，"给孩子们的玩具"（Toys for Tots），正在将业务扩张到提高读写能力上。该组织成立于 1947 年，在过去的 61 年里，一直兢兢业业地为全美贫困家庭的小孩发放圣诞礼物。2006 年，它发放了价值 2000 万美元的玩具。之后，在 2008 年，这个组织设立了"给孩子们的玩具学习读写项目"（"Toys for Tots Literacy Program"），为贫困家庭的小孩募捐发放书本及其他学习材料[7]。

非营利组织的其他例子不胜枚举。但问题是：慈善组织真的要跟随"为增长而增长"的商界逻辑吗？

终止备忘录

从哲学上讲，如果我们追根溯源寻找一个慈善组织存在的理由，我们会发现那是关乎使命的。无论这个使命是有关人类（儿童协会）、动物（防止虐待动物协会）或者如厕（世界厕所组织），慈善组织的目的是通过倡导和（或）服务来影响全部或部分的社会群体形成变革。

因此，当一个慈善组织达成其最初设定的影响社会变革的目标，这个慈善组织便取得了成功。换言之，最终的成功必定意味着慈善组织再无存在的必要！这是与商业世界相对立的，因为在商业世界中，公司清算通常意味着最终失败。

两个世界之间存在一个关键的区别。在商业世界，公司通过增长和扩张取得成功。而在非营利世界，组织通过终止最终成功。

我第一次得知这个理念是在 2005 年与透明国际组织（Transparency International, TI）[8]孟加拉国执行理事扎曼（Iftekhar Zaman）共进晚餐之时。TI 是一家致力于反腐败的国际非政府组织。扎曼的工作极具挑战，因为当时孟加拉国的清廉指数排在全球末尾。"我们的工作就是催化出一个不需要我们的环境"，他表示。"如果腐败降低到了社会可接受的程度，而孟加拉国在全球的排名也有所上升，那么 TI—孟加拉国的使命也就完成了。"

遗憾的是，他没有预料到结局会来得那么快。这种惆怅的情绪当然不是来自于扎曼对于这个职位的眷恋，因为他和盘托出了与当权者对着干有多艰难。

或许对于"客工亦重"（Transient Workers Count Too, TWC2）来说，终止更容易一些[9]。这个非政府组织由一群社会活动家成立，倡导新加坡外来劳工的平等权利和待遇。该组织的创始主席布蕾玛·马蒂（Braema Mathi）在某次授奖仪式上发言："我们向着消失努力，因为那意味着我们完成了自己的任务。"马蒂于2003年成立这个组织，计划该组织于2010年"自我终结"[10]。

寻找终止

我认为，如果真有哪些慈善组织是注定要被终止的，那么它们很有可能来自于医疗领域的慈善组织。随着医疗的突飞猛进，一些为了某些特定健康事业而设立的慈善组织很可能迟早会被终止。我们可以看看这两种疾病：麻风病和肺结核病。

19世纪中期，麻风是一种地方性流行病，尤其是在许多热带国家。WHO（世界卫生组织）曾经试图通过联合化疗的有效运用来根除麻风这一公共健康问题。他们已经非常成功。据WHO估计，世界范围内的麻风病患者人数在1985年为1000万到1200万例，1994年已下降到约240万例[11]。世界新发案例逐年递减，到2006年已不足30万例[12]。

许多慈善组织在WHO消除麻风的工作中提供了帮助。其中之一便是LEPRA，全称为英帝国麻风救助协会（British Empire Leprosy Relief Association）[13]，成立于1924年，目的是"让帝国远离麻风困扰"。在继续践行麻风相关使命的过程中，该组织已通过多个方式扩展了业务。地理区域上，它扩张到了更多的国家，包括许多非洲、亚洲和拉丁美洲的国家，尽管大英帝国已名存实亡。除麻风之外，它还涉足了艾滋病、肺结核病、眼科保健、视力恢复手术以及患者社会权利等领域。实际上，该组织修改后的宗旨如下："帮助麻风病、肺结核、艾滋病及其他深受贫困、歧视和污名化影响的病患实现其未被满足的健康需求。"

在新加坡麻风病得到了很好的控制。新加坡麻风病救助协会（the Singapore Leprosy Relief Association）[14]为麻风病患者提供住所和护理。入住患者的数量逐年减少，而该协会在计划迁至新址的同时，也希望将服务内容扩展到麻风病以外的其他皮肤病上，比如湿疹、牛皮癣和静脉溃疡。

和麻风病相比，肺结核是更为致命的疾病。20世纪60年代，肺结核是新加坡的主要致死疾病，不过现在已经得到控制。从 1960 年到 2004 年，平均每 10 万新加坡居住人口患肺结核的人数从 310 人下降到了 39 人。新加坡防痨协会（Singapore Anti-Tuberculosis Association）[15] 于 1947 年成立，目标是抗击肺结核疾病。到 1972 年，该组织已经处理了超过 46 000 个病例。近年来，该组织处理的新发肺结核案例固定在每年 4~29 例。

尽管肺结核病例所剩无几，这个组织仍在强劲地运转着，仍拥有 4 家诊所和 120 人的医疗团队。这家慈善组织从一个肺结核诊所演化成了医疗护理中心，主要提供一般医疗服务，比如入职前体检和健康检查。如今，这家慈善组织仅以其名称缩写"SATA"示人，而其修改后的宗旨为："促进肺健康，并为大众提供健康检查。"

发现终止

在寻找终止的慈善组织时，我们当然可以从那些已经消失了的组织开始。组织终止的官方原因通常是不会对外公布的。几年之前，我曾做过一个关于已关闭的新加坡慈善组织的调查。结果表明，这些慈善组织要么是想改变组织形态（也就是说，换一个外壳追求同样的使命），要么就是无法生存下去了，几乎无一例外。后者的案例，大多是由于无法从社会获得足够的资金和支持。

要想找到一家因完成使命而自行解散的慈善组织并不容易。这类组织通常是为了一个特别明确而具体的使命而创立，组织的领导者也一直对组织的使命和时间规划非常清晰。

新加坡家庭反赌博威胁运动（Families Against Casino Threat in Singapore, FACTS）便是一个目标明确的非政府组织。这个运动是在 2004 年新加坡政府正在考虑首次向赌场授予营业执照的时候发起的。FACTS 为新加坡人提供了一个发表意见的平台，通过在网络上签署反赌场请愿书向新加坡总统表达人民的意愿。该组织收集了 29 000 个签名，于 2005 年 4 月将请愿书上交。由于新加坡政府驳回了这份请愿书，你有理由质疑 FACTS 的成功性，但是 FACTS 的确履行了其承诺的职责，而在新加坡政府最终决定仅授予两家赌场经营权之后，其使命也有效完成。

虽然 FACTS 的创立者冯厚方（Fong Hoe Fang）承认请愿者们的确有这样的

提议，"希望在赌场的事情走上正轨之后，再成立一个组织对抗可能由此出现的社会弊病"，但是这个提议仍未付诸实践。应对问题赌徒的思路和技巧与动员一个网络倡导小组是大不相同的。

另外一个例子是"9·11"基金（September 11th Fund）[16]。该基金是在2001年9月11日世贸中心遭到恐怖袭击后迅速由纽约社区基金会（New York Community Trust）携手纽约联合之路（United Way of New York）共同设立的。一经成立，回应积极，反响广泛。短短24小时之内，就筹集到了1500万美元捐款。最终，基金向受到恐怖袭击影响的受害者、家庭以及社区发放了总计超过5.28亿美元的救助款。基金于2004年关闭，距其创立时仅经过了3年多一点——短短时间内就支出了5亿多美元的善款。

在"9·11"基金这个例子中，基金的理事会，以及首席执行官（CEO）对于基金的目的和期限认识得十分清晰。该基金的多个理事会成员都经历过"具体的项目转变成长期存在的机构，甚至还在寻找机构目标"[17]的情况。然而"为了自身的退败而有意为之"会带来许多挑战，最大的就是情感上的挑战[18]。将死亡，即便只是一个组织的死亡，看作值得庆祝的事，而非应该哀悼，这是非常困难的做法。

永恒的使命

这里有一个中肯的问题：慈善组织被终止是不是衡量非营利组织成功的有意义的指标？

或许有些人会争辩说许多社会事业实际上就是永远不会终止的。我们都能想象到全球贫困、世界和平、气候变化乃至虐待动物会需要很长时间来解决——或许永远无法根治。那么，终止对于这样的事业真的没有问题吗？

诚然，有些事业将在很长一段时间内伴随我们。但是，我们完全可以将非营利组织的使命界定得更加精确，这样会使其更有意义也更可操作。最近《斯坦福社会创新评论》介绍了成功的非营利组织使命宣言应具备的几个关键要素[19]。它指出，使命宣言首先务必要有所聚焦，不可只做出一个要解决世界难题的笼统姿态。使命宣言应该能鼓舞人心，甚至充满雄心壮志，但同时也要用务实的语言来表述，这应与其力所能及的资源相匹配。这篇文章还指出，使命宣言应该是长期有效的，只有遇到真正的特殊情况才能更改，不能因为理事会或者工作人员希望发起一些"正时兴"的活动就要修改宣言，迎合这些活动。

大多数人会假定"本金不动基金会"（foundations with endowments）这一类型的慈善组织是永恒的。在这种情况中，一个大慈善家留下一大笔资金创立了一个基金会。基金会的初始资金所产生的年收入被用作对外捐赠拨款。美国联邦法律规定，私人基金会的净投资资产的 5%，一个合理的货币资产长期投资回报率，应被用于对外捐赠拨款。通过这种方式，基金会便真的可以永久地存在下去了，除非该基金会管理不当。

永不终止的基金会存在的合理性是，它们为解决长期社会问题存储了足够的资金。同时还可能形成了一个充足的资金库可以应对突发性社会问题。这或许就是理由，但往往这位基金会的捐赠者只是单纯地想为后人留下一笔长久的遗产，并延续家族中慈善捐赠的传统而已。

不过现在有一波新的见解，宣扬相反的观点。这种观点认为"将大额的免税财富留作备份不去使用，无视当下的巨大需求，是不负责任的，甚至是不道德的"[20]。与之相反，一些大慈善家希望善款可以在固定的期限内用在特定事业上，因此正在设立"有限期的基金会"（limited-term foundation）。

我遇见的第一个这样的基金会是新加坡的一家机构，规模非常小——"伊恩·弗格森基金会"（Ian Ferguson Foundation）。据波妮·弗格森（Peony Ferguson）所说，她丈夫的遗愿是将这笔钱在 10 年内用完，而作为基金会的主席，她正为了满足丈夫的遗愿而努力。

更著名的一家有限期基金会是艾伦·戴蒙德基金会（Aaron Diamond Foundation）。艾伦和艾琳·戴蒙德将他们的基金会期限定为 10 年，并在这段时间中将这些资金分配到不同的慈善事业上。艾伦·戴蒙德去世后，他的妻子就是这样做的。从 1987 年到 1996 年，该基金会向纽约 700 多家慈善组织捐赠了 2.2 亿美元。其中一个项目是建立"艾伦·戴蒙德艾滋研究中心"，该中心成立之后率先尝试了联合用药，使得美国和西欧的艾滋病相关死亡率下降至原来的五分之一[21]。

其他的一些基金会也走上类似的道路，比如 2005 年关闭的奥林基金会（John

M. Olin），以及计划 2016 年终结的大西洋慈善基金会（Atlantic Philanthropies）①。即便是比尔和梅琳达·盖茨基金会，依靠纯资产规模便能永久延续的基金会的佼佼者，也在向这一类型的基金会治理靠拢。基金会已经宣布，将在最后一位受托人去世后的 50 年内使用完所有资产，然后关闭，不会让其成为一个永久性的机构[22]。

优雅地离去

那么，要让一个组织终止需要做些什么呢？

"9·11"基金会的 CEO 卡罗尔·柯乐曼（Carol Kellemann）就启动终止这一过程给出了 3 条经验：[23]

- 没有理事会和 CEO 的全力支持，组织是无法关闭的。考虑到关闭组织时会遇到的包括情感冲击在内的重重困难，柯乐曼认为这是组织得以关闭的最重要原因。

- 要提前着手收尾工作，留给员工、同事以及合伙人足够的时间，同时表达足够的同情心，这样他们就可以好好计划、思考并接受这个新的现实。这样可以减少员工在为失业而工作时所感受到的痛苦。

- 即刻考虑身后功名。比如说，好好想想有关组织在运作期间及其工作时的资料应该如何被保存和传播，以及哪些文件需要被保存下来。这要求我们高效且明智地记录并组织历史资料。

终止组织的确令人痛苦，但是比起任由组织走向另一个极端——无目的扩张，关闭组织可能要有更多的自律。组织很容易被最初位于核心使命周边的机会吸引或分散精力，这最终会使得组织离其核心使命越走越远。这种情况叫作"使命蠕变"（mission creep）。

农村发展研究所（Rural Development Institute）可以作为研究如何避免使命蠕变的一个案例[24]。RDI 是由律师、经济学家和公共政策专家组成的一家非政府组织，

---

① 本书写作完成于 2008 年，当时大西洋慈善基金会（Atlantic Philanthropies）公开的计划是 2016 年关闭。本书中文版即将付梓的时候，该基金会已于 2016 年完成最后一笔捐赠拨款，计划于 2020 年正式关闭。参见组织网站：www. Atlanticphilanthropies.org。

帮助发展中国家的农村贫困人口争取土地权利。该组织已经帮助了世界上 4 亿的贫困农民争取约 2.7 亿英亩（1 英亩≈ 0.425 公顷）的土地。完成这些，该机构只依靠 23 位精锐成员，位于多个国家的办事处，以及总计仅 200 万美元的年预算。

RDI 办事一向高效，这是因为它做出的决定一直都在该组织明确的使命范围之内，即"保障世界上最贫困人群的土地权利，即这 34 亿人人均日收入不足 2 美元，且主要是由农村人口构成的人群"。组织的成功也为其带来了向新领域发展的诱人机会——帮助新的人群，采取新的方式。但是它并未向诱惑低头。比如说，有一个利润颇丰的机会希望 RDI 可以分包苏联的一项资金充足的城市土地权改革项目，但是 RDI 回绝了。这是因为该项目同组织的核心服务对象——城市贫困人口，毫无关系。事实证明，这是一个正确的决定，因为之后 RDI 得到了其他一些与核心宗旨相符的机会，让 RDI 在苏联可以完成其志愿。最终，RDI 帮助这个国家的贫困人口获得了 1.06 亿英亩的土地。

终止一个慈善组织通常很困难，还有一个原因是人们认为这会带来"浪费"。如果一个非营利组织要关闭了，或者只是按照其需求和使命缩小项目规模，那么这是否意味着之前所有积累下来的专业知识、志愿者和价值都丢失了呢？其实不必如此，也不应如此。组织纳入麾下的人力资源和通过发展而来的这些能力都可以，也应该运用到其他的事业中。

在非营利部门，成功地领导了一个慈善组织后就转身下一个组织的连续性社会活动家和创业家屡见不鲜。在创立"客工亦重"之前，布蕾玛·马蒂是学校零用钱基金（School Pocket Money Fund）[25] 的主要创办人之一，目标是缓解低收入家庭的教育费用负担。她还曾代表妇女行动与研究协会（the Association of Women for Action & Research）发起了"白丝带运动"（the White Ribbon Campaign），希望终结对妇女和儿童的暴力。目前，她担任 MARUAH 项目的统筹人，这是一个协助"东盟人权机制"（ASEAN Human Rights Mechanism）工作的小组 [26]。杰鲁·比利莫利亚（Jeroo Billimoria）[27] 最开始为印度的困境儿童建立了一个热线电话，继而参与到一个全球儿童救助热线网络，目前在另一个通过社会教育和理财教育为贫困儿童提高技能的全球网络工作。尼古拉斯·弗朗（Nicholas France）[28] 也是一位连续性社会创业家，他建立了好几家社会企业：制造和销售家具、减少温室气体排放，以及最近的通过快速、大规模提升能源效率来为地球降温。

可以说，在某种意义上，这种做法与一些慈善组织在最初的使命快要完成时所寻求的东西是相似的。通过在原组织结构下的扩张，慈善组织可以凭借其基础设施、能力和品牌产生更大的影响。

另外，在新的慈善组织框架下向新的事业转移可以避免与原来的使命纠缠不清（通常都是由组织名称引起的，比如"玩具""肺结核"等）。不同捐赠者会希望将其捐款用于不同的慈善目的，这种转移也避免了这个棘手的问题[29]。更重要的是，设定一个明确的道路和最终目标，便有了焦点，也可以优化公共资源的使用。

通往终止和增长的道路

因此，在这个意义上终止应该是非营利组织的"最终归宿"。只要非营利组织能够用目标明确、切合实际的语言界定自己的使命宣言，在规定好的框架里一心一意地为了完成使命而努力，那么非营利组织就会到达这里。期间要克服的挑战是"为了增长而增长"的本性驱使以及商业习惯。

如此一来，慈善部门就能变得更为生机盎然且行事高效。当每个慈善组织都能专注于使命并完成它，那么资源便能得到更好地利用，也可以转而被新的慈善机构有效利用，慈善行业整体因此而增长。单个慈善组织的最终归宿是终止，但是反过来，这种功成身退的共同结果却是促进了整个慈善行业的发展。

注释:

改编自："Endgame: Extinction," *SALT*, July-August 2005; and "Charities should aim 'to be extinct'," *The Straits Times*, July 23, 2005。

1 Lester M. Salamon, Helmut K. Anheier, Regina List, Stefan Teopler, S. Wojcien Sokolowski and Associates, *Global Civil Society: Dimensions of Nonprofit Sector* (The Johns Hopkins Comparative Nonprofit Sector Project, Kumarian Press, 1999); Lester M. Salamon, S. Wojciech Sokolowski and Regina List, *Global Civil Society*: *An Overview* (Center for Civil Society Studies, Institute for Policy Studies, The Johns Hopkins University, 2003).

2 "Number of Nonprofit Organizations in the United States, 1996-2006", National Center for Charitable Statistics, http://nccsdataweb.urban.org/pubApps/profile1.php?state=US.

3 数据来自：Sarah Brennan, "An up-to-date picture of information held on the register of

charities and insight into charities and public service delivery" (paper presented at the National Council for Voluntary Organizations Research Conference, "Measuring the voluntary sector", September 2007), www.ncvo-vol.org.uk/uploadedFiles/NCVO/Waht_we_do/Research/Reserch_Events/Brennan_S_PDF.pdf。

4　数据来自：Wong Sher Maine, "Small Charities fight for bit of the pie", *The Straits Times*, April 7, 2004；*Commissioner of Charities Annual Report for the year ending December 31, 2006* (Singapore: Commissioner of Charities, 2007)。

5　The United States Nonprofit Sector (National Council of Nonprofit Associations, 2003), www.ncna.org/_uploads/documents/live//us_sector+report_2003.pdf.

6　此图表在得到允许的前提下改编自贝恩咨询公司的演示幻灯片。更多信息请查看：Chris Zook, Bain & Company, Inc, *Beyond The Care: Expand your market without abandoning your roots*(Harvard Business School Press, 2004)。

7　Philip Rucker, "Toys for Tots to expand mission with children's literacy campaign", *Wahington Post*, March 2, 2008. 还可参阅：www.toysfortots.org 和 www.toysfortotsliteracy.org。

8　www.ti-bangeladesh.org.

9　该组织最初名为 TWC2，即工人委员会（The Working Committee），以增强新加坡公民社会为最初目标。参见 John Gee and ElaineHo, *Dignity Overdue* (Select Publishing, 2006) and www.twc2.org.sg。

10　Yap Su-Yin, "Group honored for helping foreign workers", *The Straits Times*, November 25, 2005.

11　"Leprosy Statistics", eMedTV, http//disease.emedtv.cogm/leprosy/leprosy-statistics.

12　"Weekly epidemiological record, No. 32, 2006, 81, 309-316, Global leprosy situation, 2006", World Health Organization, August 11, 2006, http://www.who.int/lep/resources/ wer8132.pdf.

13　www.lepra.org.uk.

14　www.starhub.net.sg/~nc0038/main.html.

15　www.sata.com.sg.

16　www.september11.org（该网站早已失效）。还可登录 www.nycommunitytrust.org/page30798.cfm.

17　Carol Kellemann, "Closing America's largest charity", *Executive Update*, March 2005, www.asaecenter.org/PublicationsResources/EUArticle.cfm?ItemNumber=11501.

18　同注释 17。

19　William F. Meehan, "Making missions that won't creep", *Stanford Social Innovation Review*,

Winter 2008.

20 Vincent McGee, "Spending out as a philanthropic strategy", in *Philanthropy in the 21st Century* (The Foundation Center, 2006).

21 Allen R. Clyde, "A conversation with Irene Diamond", *Foundation News & Commentary*, Vol.39, No.2, March/April 1998.

22 Judith H. Dobrzynski, "Philanthropy Now: Diversity and creativity for changing times", *Carnegie Reporter*, Vol. 4, No.2, Spring 2007.

23 Carol Kellemann, "Closing American's largest charity", *Executive Update*, March 2005, www.asaecenter.org/PublicationsResources/EUArticle.cfm?ItemNumber=11501.

24 Kim Jonker & William F. Meehan, "Curbing Mission Creep", *Stanford Social Innovation Review*, Winter 2008. 还可见 www.rdiland.org。

25 www.straitestimes.com/School+Pocket+Money+Fund.html.

26 www.maruahsg.wordpress.com.

27 www.schwabfound.org/schwabentrepreneurs.htm?schwabid=341. Jeroo Billioria 在第 15 章 "社会企业家精神：创新社会变革" 中也有所描述。

28 www.schwabfound.org/schwabentrepreneurs.htm?schwabid=486&extended=yes.

29 捐赠者意图这一主题在第 6 章中有详细讨论。

第6章 | 资金储备
资金丰富的烦恼

许多慈善组织都在为筹款而奋斗。少数筹款极为成功者也面临着一系列不同的问题。

首先，筹款到多少金额才叫足够？设定筹款目标听起来简单有效，但并不适用于每一种情况。当筹得的善款已经超过了目标，慈善组织应该将多出的善款退还给捐赠者吗？还是将多余的钱转用到其他慈善事业上？

其次，从长远来看，成功的慈善组织必须解决"储备多少资金才叫足够"这个问题。除了测算的问题，是否应当对储备金设限，以及其具体限额都存在不同的观点。一些基于宗教信仰的慈善团体甚至将自身的储备金限额设置为零。这种做法使得这些慈善团体可以专注于使命并且有公信力。

最后，无论一个慈善组织如何使用捐款，它都务必尊重善款被捐赠时的依据。违背捐赠者意愿的慈善组织会面临严重的后果。

2001年9月11日，纽约世贸中心遭遇恐怖袭击，世界一片震惊。美国红十字会即刻成立了自由灾难救援基金（又称自由基金）[1]。美国人民纷纷向遇难者和他们的祖国提供支持，捐款源源不断地涌入。事件发生之后的所有捐款，有将近一半都归入了红十字会。如此多的善款，若仅用于紧急灾难救援所需物品如食物和医疗服务，显然是太多了。因此红十字会早先就做了一个决定，将自由基金名下的2.5亿美元转用于其他的长期项目，包括针对未来恐怖袭击的准备工作。

然而，公众对于这种做法的强烈抗议使得国会不得不举办听证会。许多捐赠者认为他们给红十字会的捐款是希望直接用在"9·11"受害者身上的。在听证会期间，红十字会接收到了成千上万封愤怒的电子邮件。2001年11月14日，美国红十字会推翻了之前的决定。机构公开承诺，自此以后，自由基金所得全部善款只能用于"9·11"袭击的直接受害者，并且承诺会退款给愤愤不平的捐款者。

2004年圣诞节次日，亚洲海啸来袭，新加坡红十字会也面临着同样的困境。2005年1月，为了应对这次悲剧，红十字会成立了浪潮亚洲基金（Tidal Waves Asia Fund）[2]。一开始的筹款目标是100万新币（约69万美元），但是很快就超出了这个数额。最后，捐款达到了8800万新币（约6100万美元）。在灾难发生后的几周内，流向红十字会的捐款如浪潮一般汹涌，但与此同时，其他一些也在抗击这次灾难的志愿团体和慈善组织却感到忧虑。他们觉得几乎所有的捐款都单向流入红十字会，而自身的款源被剥夺了。由新加坡政府牵头，新加坡红十字会成立了一个协调委员会，向其他为海啸灾后重建努力的新加坡组织开放捐款储备[3]。

慈善组织通常会尽可能地将多余的捐款放入储备，以备不时之需。但是，当新加坡国家肾脏基金会（NKF）的高额储备金滥用事件被揭露后，这引起了公众的质疑，并使其最终被重组[4]。

这3家慈善组织的经历，可谓"资金丰富的烦恼"这个问题的代表。对于慈善组织来说，资金丰富可能是喜忧参半，但是对于捐赠者和其他慈善组织来说这就是有争议的了。

以下是几个困扰着慈善领域的相关问题：

- 多少资金储备量是充足的？
- 每个专项基金都要设定一个财务目标吗？
- 慈善组织应该把多余的善款退还给捐款者，还是转用到其他的慈善目的上？
- 慈善组织应该在多大程度上尊重捐赠者的意愿，以及如何去做？

储备金的水平

未雨绸缪是一种老式的价值观，我们中的大部分人是在这种价值观下长大的。同样，非营利组织积攒储备金的行为，就算不受鼓励，人们也是可以接受的。储备金让一个慈善组织可以承受失败，并且在机会涌现时能及时抓住它。

　　然而，过高的储备金水平就会惹得一些捐赠者和其他慈善组织不快了。他们的考虑是，假设捐赠者的资源是有限的，过多的储备金可能剥夺其他应该得到善款的慈善组织所需的资源。

　　与其探究储备金的绝对水平应该是多少，不如说正确的方法是看看某个慈善组织的储蓄金可以支撑组织存续多久。在此方面，业内就标准问题达成了一致意见，即"储备金率"——储备金可以维持组织运营的月份或年份是多少。然而，目前人们还未就储备金率的组成部分达成一致意见，甚至连恰当的储备金水平是多少也未有定论。

　　储备金率的计算方法是用储备金总量除以净运营支出（在没有进一步筹资的情况下运营一个慈善组织所需的费用）。在实践中，面临的问题有：仅用于特定目的的指定用途基金（designated funds）是否应纳入储备金，以及某些运营支出或收入可能会增加或减少净运营费用的数值，是否要在计算时将其纳入或排除。在这些问题上，众口不一的关键原因是相较宽松的会计方法（请看下表"测算储备金"），保守的会计方法会算出更低的储备金率（这样看起来更好）。监管者倾向于更为宽松的计算方法，而一些慈善组织则会尽其所能地采取完全保守的算法。

测算储备金

　　储备金率衡量的是一个慈善组织在没有进一步筹资的情况下可维持自给自足的时间长度。它的计算公式如下：

储备金率 = 储备金 / 年度净运营支出

对于该公式中各部分的计算方法人们存在着不同见解，如下文所述。

储备金

　　储备金是属于慈善组织的投资资产，需要经受托人在促进慈善组织目标的原则下斟酌决定后方可使用。在资产负债表中，储备金通常计入"总资产""捐赠基金"等项下。

　　许多慈善组织在界定储备金的范围时保守地将"非自由"资金排除在外，即已经承诺或被指定特定用途的资金。批评者指责说，一些慈善组织采取这种排除手段，是为了误导人们对其实际储备金量的认识。他们认为真正的问题是，是否真的存在外部捐赠者的限制，还是只是机构内部对基金用途给予指定。

更为宽泛的一种方式是将所有的类似资产都包括进去，无论被指定与否。慈善组织之后可以再公开说明已经被指定了的资金实际上属于哪种类型的承诺。美国慈善事业研究所下设的"慈善监督网"所遵循的规则是，只要慈善组织"想使用，便可动用"[5]的投资资产，都应算是储备金。在新加坡，国家社会服务委员会将基建资金排除在储备金总量的计算之外。

年度净运营支出

就是一个组织运营所需的净成本。例如，常规运营成本减去任何在无进一步筹资的前提下不会发生的收入或成本项目。而哪些收入与支出的项目应该纳入计算，这取决于你采取的是宽松会计方法（结果比率较高）还是保守会计方法（结果比率较低）：

收入来源	宽松算法	保守算法
1. 一次性捐款	不纳入	不纳入
2. 来自持续捐赠项目的捐款	纳入	不纳入
3. 政府拨款	纳入	纳入
4. 提供服务得来的收入	纳入	纳入
5. 储备资产的投资收入	纳入	不纳入

支出项目	宽松算法	保守算法
6. 直接的慈善支出	纳入	纳入
7. 筹款支出	不纳入	纳入
8. 管理支出	纳入	纳入

注意：当某项收入来源不被纳入，或某项支出被纳入时，计算出的比率更低（为保守计算方法）。相反，若某项收入来源被纳入，或某项支出不被纳入时，计算出的比率更高（为宽松计算方法）。

衡量一个项目是否需要被纳入计算中，应当看未来几年该收入或支出项目持续发生的一般确定性。各项目被纳入或排除的理由如下：

- **一次性捐款**。两种计算方法都排除了这一项，是因为若无进一步的筹款活动，这类捐款不会再有后续流入。
- **来自持续捐赠项目的捐款**。更为成熟的慈善组织通常会建立忠实捐赠者项目

续表

（loyalty donor program），捐赠者会定期通过该项目捐款，而几乎无须组织例行请求。例如新加坡社区福利基金的"分享项目"（Community Chest's SHARE Program）和国家肾脏基金会（NKF）的"生命点滴项目"（Lifedrops Program）[1]。这些项目中的捐赠者一般不会轻易停止捐赠行为，除非有严重的信任危机发生。因此，宽松会计算法认为这种捐赠类型应被视为是持续的，并且有助于减少年度净运营支出。

- **政府拨款和服务收入**。由于即便没有捐款，这两类收入理论上还是会一直存在的，因此两种计算方式都将它们当作减少年度净运营支出的因素。
- **储备资产的投资收入**。由于储备资产的确会产生额外收入（尽管随着资产的贬值，收入会下降），理论上它们也构成了可以减少年度净运营支出的收入来源。因此宽松算法包括了这一收入。然而，资产逐年贬值额越来越难以计算，因此在实践中，许多组织和监管者会采取保守算法，不将此类收入纳入可削减运营支出的因素。
- **直接慈善支出和管理支出**。这两项是日常运营支出的一部分，两种计算方法都将其纳入计算。
- **筹款支出**。严格说来，如果想要判断一个慈善组织若不进行后续筹资可维持多久，进一步筹资的成本就不应纳入计算。这属于宽松算法。而保守算法依旧会包括这一支出数据，因为这样就不需拆分总支出数据，在计算储备金率时会更方便。

英格兰和威尔士慈善委员会指出，有些慈善组织"不恰当地使用如指定用途基金之类的会计惯例，以歪曲其储备金水平表现出来的数值"。[6]这些慈善组织认为他们需要掩盖真实的储备金水平，因为公开储备金会对募集捐款或拨款造成负面的影响。然而，委员会表示在大多数情况下储备金并不是吸引资金的障碍。实际上，从责信的角度来说，积极公开储备金和储备金政策正是捐赠者所期待的。

除了测算机制之外，对于是否存在一个合适的储备金水平，如果存在，具体的数值应该是什么，全世界更是难以达成一致意见。

英格兰和威尔士慈善委员会的调查研究[7]表明，储备金水平的跨度很大，有些慈善组织的储备金为零，而有些储备金极其充裕。英国慈善组织的平均储备金水平维持在 12 个月左右，而行业总储备金的 75% 被仅占 7% 的慈善组织掌控着。委员会决定不推荐任何具体的储备金水平。相反，它建议慈善组织建立正式的储

---

[1] 在中国的例子可见壹基金月捐计划，腾讯月捐计划。

备金制度，并予以公开。这样一来，建有储备金制度的英国慈善组织从 2002 年的 27% 上升到了 2006 年的 40%[8]。

在世界上其他的地方，的确存在一些机构为慈善组织设定了明确的储备金水平。

慈善监督网，美国慈善事业研究所的一项在线服务，对美国的慈善机构进行评估和评级，认为合理的储备金量最多为 3 年[9]。无论其他的测量指标为多少，拥有 5 年储备金量的慈善组织被认为"最不缺钱"，而相应被评为"F"级（最低级，"A"为最高级）。类似地，商业促进会明智捐赠联盟要求非限定性净资产不应超过当前运营预算的 5 倍[10]。

在新加坡，全国社会服务委员会[11] 推荐，储备金额度应限制在不超过 5 年的年度净运营支出数额之内。有趣的是，一项针对储备金超过 1000 万新币（约 690 万美元）的新加坡公共属性组织的调查分析显示，这些机构大部分都超出了 5 年限制[12]。这和英国的情况一样，大型慈善组织占据了储备金总额的大头。

更为极端的做法是规定储备金水平为零。关于这一点，我们可以看看那些誓愿投身贫困的基于信仰的组织。例如，特蕾莎修女仁爱传教修女会（Mother Teresa's Missionaries of Charity）[13] 就没有储备金一说。修女们过的是最贫苦的生活，每位修女只有 3 套衣服，缝缝补补地穿着，直到衣服过于破旧无法修补才更换。这个宗教团体是完全遵照神圣的天命来服务最贫困、最无助的群体。

暂不深究特蕾莎修女这种仅维持糊口生存的极端例子，笔者认为那些直接面向受益人的慈善机构，仅为了当下需求（而非遥远的未来）而持续筹资是有好处的。没有大额的储备金作为支撑，慈善组织的所作所为会更贴近所服务社群的需求。当捐赠者向特定的受益人捐款时，它们就可以对慈善组织进行持续的问责。

不过，想找到一家明确规定"无储备金"的慈善组织可并不容易。笔者所遇见的仅有几个有类似理念的慈善组织，比如社区福利基金[14] 和学校零用钱基金[15]，都认为筹集的善款应该恰好足够当年计划使用。

筹资目标

慈善领域内部认为最好的做法是预先确定筹资目标，并做好内外沟通。

如果成果和成本都是可确定的自然最好，比如说基建基金，或是一个成熟的慈善组织的日常运营基金，但是情况通常没有这么简单。

为一个不确定的需求筹款时，比如一场灾难或危机，设定筹资目标会冒很大风险。

在新加坡的"非典"危机中，政府成立了"勇气基金"为"非典"受害者和医护人员提供援助[16]。最开始，基金没有设定筹资目标。勇气基金在"非典"初期成立，当时并不清楚这场危机会演化到什么程度。因此，按照应对"非典"需要的相关支出来制定一个目标水平几乎是不可能的。在这次事件中，政府确实有能力在短时间内迅速控制住潜在流行病，因此这场战斗并未花光所有的筹款。目前，大约1500万新币（1000万美元），即将近一半的筹款已经变成了储备金，以应对"未来传染病的爆发"[17]。

但是，即便是在所需资金可以合理确定的较为稳定的情况下，一些慈善组织采取的方法还是资金更充足，行善无止境。成立于1991年，为新加坡国立大学和南洋理工大学而建的大学捐赠基金（Universities Endowment Fund）便是一例。

该基金建立时设定了一个可谓"雄心壮志"的目标：10亿新币（约6.9亿美元）。到了1996年，储备金已经达到6.2亿新币（约4.28亿美元）[18]。而后基金被分成两个部分，各负责一所大学。自那时起，这两所大学筹集到的资金就远超其原定目标。截至2007年，国立大学的储备金（包括捐款基金）超过了34亿新币（约23亿美元），而南洋理工大学的超过了16亿新币（约11亿美元）[19]。

然而，两所大学的募资活动丝毫没有减少。这两所大学都没有表明它们的筹资会持续到什么时候。新加坡国立大学的开发部主管周庆全（Chew Kheng Chuan）曾指出学校是"以愿景为主导的"。它们这么做是受到几所美国顶尖大学的启示，这些大学受捐额度高得惊人，比如哈佛大学（350亿美元）、耶鲁大学（230亿美元）和斯坦福大学（220亿美元）[20]，并且它们都还在继续筹资。

超额捐款

筹到了足够的捐款就终止募捐，这种自律是值得称赞的。笔者妻子曾经受托帮助一家为家庭暴力受害者提供庇护所的天主教机构，为购买一辆急需的货车募资。但在她完成了一次私人募捐时，修女们已从其他捐赠者那里筹集到了足够买车的钱。笔者妻子劝说修女们收下这笔捐款，可以用于组织的其他所需，但修女们不希望接受用途不明确的捐赠，并以此为由拒绝了这笔捐款，最后她只好将钱归还给了捐款者。

在勇气基金成立一个半月后，组织收到了将近 1000 万新币（约 690 万美元）的公共捐款，但是关于基金积累的水平外界却争论不休。不久之后，基金的受托人宣布筹集的资金已经足够了，他们应该"停一停，并且不会再发起或设立新的筹款项目。"[21] 然而，捐款势头很难说停就停，最后捐款总额还是多出了三倍多。

公司的股东总是要求企业返还多余的资金，同理，慈善组织应该把多余的捐款返还给捐赠者吗？

返还多余的款项是一件很微妙的事情。勇气基金的确曾归还给两名捐赠者其所要求返还的捐款，总额约 1000 新币（约 690 美元）。但是，这一举措是在捐款还未分配和使用时进行的。即便现在基金想退还其他捐赠者捐款，它也很难确定所有的 22 000 名捐赠者，并联系上他们。

还有一种建议是将多余的捐款转到其他慈善组织那里，但这可能是违背捐赠者意愿的。

捐赠者意愿

在慈善领域里，有一个不可触犯的原则，即要与捐赠行为被做出时的依据保持一致，这个依据又被称为"捐赠者意愿"。当捐赠者的捐赠意愿十分明确时，这个意愿应该得到永远的尊敬。对捐赠者意愿的保护曾经演化出了一段家庭纠纷和诉讼。

巴克信托慈善基金（Buck Trust）是一个经典的案例[22]。贝丽儿·巴克（Beryl Buck）是一名护士，于 1975 年去世。去世前，她明确规定其信托基金应"广泛地……为加利福尼亚州马林县的贫困人群提供医疗照顾，以及出于非营利、慈善、宗教以及教育目的向加州马林县的贫困人群提供帮助。"

可以说，巴克女士根本想不到当初她那不足 1000 万美元的捐款到了 20 世纪 80 年代中期已经升至将近 4 亿美元。负责管理该信托的旧金山基金会（San Francisco Foundation）希望将这笔钱用在整个旧金山湾区的慈善事业上，相比富饶的马林县，可以说那里的需求更大。马林县的代表就这一做法提出诉讼。法院判决认为，巴克女士的意愿非常清楚地表明此基金仅为马林县所用，并支持于

1986 年将巴克信托的管理权进行转移，从旧金山基金会手中转至新成立的马林社区基金会（Marin Community Foundation）。如今，马林社区基金会的资产已达到 10 亿美元。

亚洲海啸也将许多慈善组织置于类似的两难境地。在灾难发生之后的几星期，新加坡人掀起了一阵捐赠衣服、食品以及其他物品的狂潮。这些捐赠物资在各托收中心堆积如山。问题的瓶颈在于运输，需要通过陆海空各类运输途径，将物资运送到那些最需要的人手中。

这些捐赠物资在托收中心滞留了一个多月，期间非政府组织展开了一些讨论，主要是关于某些物资，尤其是易腐烂的食物，是否最好转赠给当地受益人。这些东西很明显是捐赠给海啸受害者的。把这些物资挪作他用，无论初衷是多么高尚，在很多人看来还是不当行为。况且，联系到捐赠者，并征求他们的同意也不实际。在本次事件中，尽管物资在印度尼西亚的港口停泊了很长一段时间，但最终还是被运走了。

在亚洲海啸发生 3 个月之后，另一场地震在印度尼西亚的尼亚斯岛爆发了。第一次地震所引发的海啸夺去了岛上的 122 条生命，导致成百上千人无家可归。第二次地震又造成了 2000 起人员伤亡。在这个案例中，很多非政府组织在第一次地震时因海啸筹集到巨额捐款，到第二次地震时还剩下许多捐款未被分配，因此是可用的。

这些钱可以转移到第二次尼亚斯地震的受害者身上吗？当时，教区危机协调小组（Archdiocese Crisis Coordination Team）（一家笔者参与的天主教慈善组织）就这一问题展开了讨论。因为上次的海啸，我们已经从教民那里筹集了 150 万新币（约 100 万美元）。尼亚斯显然有紧急需求，而且碰巧其主要人口组成为基督教人口。几番讨论过后，我们做出决定，由于教民的捐款明确是为了海啸，我们应尊重资金筹集的这一基础。我们所提供的任何支持都应是针对原先的那场灾难，而若想对第二次尼亚斯地震进行任何资助，都应单独组织一次筹款活动。

因此，关于捐赠者意愿的第一条教训便是，一旦一项特定的慈善事业被明确化了，慈善组织必须坚持遵守，除非其向捐赠者征求意见，请求改变。但是，如果捐赠者已经去世，如贝丽儿·巴克的例子，或者是面向大量公众的募捐，如海啸的案例，这种情况下征求捐赠者意见几乎是不可能的。

紧随其后的第二条教训就是，对于一个慈善组织来说，在设定捐款的使用目的时应该宽泛一些，并且主动确定多余捐款的使用计划。这一点虽然不是必需的，至少也是有益的。

从某种角度来看，勇气基金正是执行了这一点。大众普遍认为这些捐款仅用于"非典"，然而事实是基金的目标明确包括惠及医护工作人员以及被肆虐的传染性疾病影响的新加坡社会。因此，勇气基金在其所限定的范围内很好地将三分之二的捐款用在了与"非典"无关的项目上。

尽管如此，勇气基金一直受到捐赠者和政客们的批评，认为这些支出"违背了募集捐款的初衷"，因此"与勇气基金的精神不一致"[23]。很大程度是因为勇气基金是借着"非典"的名头而建，而且也没有人去研读其复杂的条文。

所以，有关捐赠者意愿的第三条教训是，要就宽泛的捐款目标提前进行清晰的沟通，这和定义这些目标同等重要。美国红十字会为了学到这一课，付出了惨痛的代价。该机构主席伯娜丁·希利博士（Dr. Bernadine Healey）曾为扩大自由基金使用范围的行为辩护："就我所知，美国红十字会从未将其工作描述为仅限于'9·11'事件的遇难者和家人。"[24] 她声称自由基金建立的目的不仅是为了"9·11"受害者，同时还包括"未来恐怖袭击的受害者"。

然而，在"9·11"事件发生后，红十字会通过电视呼吁公众向自由基金献血捐钱，这就给许多捐赠者留下了不同于其自我辩护的印象，尽管当时基金的使用计划并不明确。最终，红十字会迫于公众压力屈服了，而希利博士也在红十字会理事会的施压之下辞职[25]。

事实上就技术而言，红十字会并没有被禁止将自由基金用于"9·11"事件之外的受害者，而且确实也有专家认为，暂时把情感因素放在一边，允许大额捐款使用在直接受害者之外实际上是更好的做法[26]。截至 2004 年末，自由基金将 3.9 亿美元的受害者抚恤金分别赠予 3500 名受益人，平均下来每人得到了 11 万美元。《斯坦福社会创新评论》的凯瑟琳·斯宾塞（Catherine Spence）表示："之前从未有任何慈善组织给出如此高额的人均善款"，而且"这是红十字会首次没有将受害者的经济需求直接纳入受援助资格审核"。[27]

更为讽刺的是，美国红十字会本可不陷入这场组织危机。红十字会之前建立了一个综合的赈灾基金（Disaster Relief Fund），用来为飓风、洪水和其他灾难的受害者提供帮助[28]。有些评论者认为，红十字会错在将自由基金建立成一个独立且特点明显的基金。如果它只通过其常设的赈灾基金来筹集捐款，那么它在使用捐款时就可能有更多的灵活性，就像红十字会过去所做的一样。这样，我们又回到了之前的那条教训，即保持基金的使用目的足够宽泛，这样一来，捐赠者意愿的问题即便只是作为一个认识问题，也不会出现。

让喜忧参半变成喜乐

更多的慈善组织，无论规模大小，都需要考虑储备金的问题。它们尤其要更为主动地建立储备金制度、设定筹款目标和宽泛的筹款目的，同时还要与捐赠者明确地探讨交流这些问题。这样一来，资金丰富的烦恼便不再是一个"烦恼"，相反，它会变成应得的喜乐。

注释：

改编自："The problem of plenty", *SALT*, January-February 2007; and "The problem of plenty", *The Straits Times*, January 29, 2007。

1 www.redcross.org/general/0,1082,0_152_1392,00.html#liberty; Catherine Spence, "At Cross Purposes," *Stanford Social Innovation Review*, Spring 2006; Dr. Marta Dede, "Blood and money: The American Red Cross and the terrorist attacks of September 11, 2001", Case study from Ukeleja Center for Ethical Leadership, California State University Long Beach, Spring 2008, http://csulb.edu/colleges/cba/ucel/educational/documents/martha-dede-2007-2.doc.

2 www.redcross.org.sg/tsunamirelief_faq.htm.

3 Susan Long, "Aid united: Government mandate Singapore Red Cross to set up a committee to coordinate tsunami relief efforts by local NGOs", *The Straits Times*, January 15, 2005. 文章记述了新加坡红十字会建立海啸重建促进委员会（Tsunami Reconstruction Facilitation Committee）以管理浪潮亚洲基金的过程，该委员会组成人员为来自各个 NGO 组织，志愿福利组织，新加坡社区发展、青年和体育部的代表。

4 Siva Arasu,，"How NKF vs. SPH became The People vs. T.T. Durai"，*The Sunday Times*，July 17, 2005. NKF 丑闻在第 19 章有详细的陈述。

5 "Criteria"，American Institute of Philanthropy, www.charitywatch.org/criteria.html.

6 RS3—Charity Reserves (Charity Commission for England and Wales, Version March 2003), www.charity-commission.gov.uk/publications/rs3.asp.

7 集结成册出版的有关慈善储备的研究有：RS3—Charity Reserves；以及 RS13—Tell

It Like It Is: The extent of charity reserves and reserves policies (Charity Commission for England and Wales, Version November 2006), www.charity-commission.gov.uk/publications/rs13.asp。

8 RS13—Tell It Like It Is: The extent of charity reserves and reserves policies。

9 www.charitywatch.org/criteria/html.

10 www.give.org/standards//newcbbbstds.asp.

11 全国社会服务委员会（NCSS）是新加坡社会服务部门的联盟型组织。作为新加坡规模最大、机制最健全的联盟型组织，其指导原则同样也被其他非会员慈善组织引作标准。www.ncss.org.sg/ncss/index.asp。

12 表格在此处并未修改。与原载于《盐》的表格相同。

13 特蕾莎修女仁爱传教修女会是由特蕾莎修女于 1950 年以天主教教区集会的形式建立的。其使命是关爱那些（特蕾莎修女原话）："饥饿、赤贫、流离失所、身有残疾、失明的、患有麻风病之人，关爱那些在社会中感到毫无价值、不为世人所爱、无人关怀的人们，那些已成为社会负担并被人所讥嫌之人。"这个一开始只有 12 名成员的位于加尔各答的小修女会现在已跨越 6 个大洲，拥有 4000 名修女成员。关于特蕾莎修女和她的作为有大量资料可以参考。

14 社区福利基金（ComChest）成立于 1983 年，是 NCSS 的筹款辅助机构。其为"国际联合之路"（United Way International）的成员机构。通过社区福利基金筹集的捐款将以项目捐款的形式下发给 NCSS 的志愿福利组织会员。每年，社区福利基金为不同的社会服务项目筹集超过 4000 万新币（2800 万美元）的捐款。2006 年，该机构筹款额为 4700 万新币（3200 万美元）。www.nvss.org.sg/ncss/donate/comchest_home.asp。

15 学校零用钱基金由新加坡的主流日报《海峡时报》于 2000 年 10 月成立，目的是帮助那些来自贫困家庭的孩子，他们没有合适的早餐或者没有足以维持其一天校园生活的零花钱。每年，该基金能筹得超过 300 万新币（200 万美元）的捐款，可帮助 1 万名学校儿童。www.straitstimes.com/School+Pocket+Money+Fund/School+Pocket+Money+Fund.html。

16 本书第 1 章中提供了有关"非典"以及勇气基金的背景信息。另请参阅 www.couragefund.com.sg。

17 访问 www.couragefund.com.sg/finance_summary.htm，可查阅勇气基金的财务总结和资金分配。

18 Braema Mathi, "NUS, NTU get own endowment funds, with boost from the Tote", *The Straits Times*, December 4, 1996.

19 数据来自新加坡国立大学和南洋理工大学截至 2007 年 3 月 31 日会计年报。

20 所有的数据都基于 2007 年年报。

21 "An open letter to Singaporeans", from Mr. Michael Lim Choo San, Chairman, Board of Trustees, The Courage Fund, May 26, 2003.

22 *San Francisco Foundation v. Superior Court* (1984) 37 C3d 285 [S.F. 24726 California Supreme Court, November 21, 1984].

23 评论引自新加坡官委议员吕俊昳（Loo Choon Yong）在新加坡国会关于非SARS相关支出做出的评价："一些人可能会认为这与勇气基金的精神相违背"，尽管这些是有价值的事业，但是人们依旧认为其有违基金最初得以筹集的意图。请见Lee Hui Chieh, "Courage Fund misused?" *The Straits Times*, March 10, 2006。

24 "Prepared Witness Testimony by Dr. Bernadine Healy to The Committee on Energy and Commerce on Charitable Contributions for September 11: Protecting against Fraud, Waste and Abuse, Subcommittee on Oversight and Investigations," November 6, 2001.

25 Grant Williams, "Red Cross President resigns under pressure from Board", *The Chronicle of Philanthropy,* October 26, 2001.

26 参见 Deborah Sontag, "Who brought Bernadine Healy down?" *The New York Times*, December 23, 2001. 本文指出，红十字会官员内心对于基金的概念的认识"无可指摘"，并表示"将整个自由基金当作受害者家属自动提款机的这种想法是极为'愚蠢'的"。

27 Catherine Spence, "At Cross Purpose," *Stanford Social Innovation Review*, Spring 2006.

28 Grant Williams, "Red Cross President resigns under pressure from Board", *The Chronicle of Philanthropy*, October 26, 2001.

第7章 | 从业者薪酬
工作由心，报酬略少

慈善领域的高管们的报酬是否应该上调，与市场接轨呢？实际上，他们的薪酬早就与市场——资本主义人力市场同步了。

慈善领域和商业领域之间巨大的薪酬鸿沟源于两方面因素：在心灵方面表现为高尚的利他主义精神，在头脑方面表现为慢节奏低要求的工作安排。

在呼吁提高慈善领域责信度和专业性的同时，还应当看到需要提高慈善领域的薪酬水平以缩小头脑方面的差距，但是最好不要损害心灵方面的因素。

报酬，尤其是当其来源于公众资金时，常常成为大众监督和媒体关注的众矢之的。

通常，是那些巨额数字刺激到了人们的神经。报纸上会大肆报道上市公司那些雄心勃勃的首席执行官（CEO）们的薪酬待遇，以及政府官员的薪水。有时，当慈善组织高管们的薪酬和福利超过了其所宣扬的慈善事业的花销时，他们也会成为媒体的焦点[1]。

然而，慈善组织普通工作者的微薄薪酬却没有得到媒体的足够关注。对行业内外的很多人来说，这是一个令人难堪的话题。支持社会工作者的人会认为他们的报酬过低，配不上他们的努力，并认为慈善领域应当适当地"尊重他们的贡献"。[2]一些支持慈善组织员工涨薪的人主张向慈善组织员工支付"与其可以获得的其他工作相当的薪水"，这样能够保证该领域所急需的专业精神，进而在效率和管理方面追上私营领域的步伐[3]。

我发现在谈论这个问题时很容易感情用事，尤其是在面对慈善机构的员工时。但是这个问题也触及了慈善是什么，或者说不是什么这一核心问题。因此，如果我们用头脑来客观地讨论这个有关"心灵"的问题，也许会更为有益。

共同基础

或许我们首先应该确定，慈善行业与商业世界相比，在薪酬上的差距到底有多大——尽管似乎是不证自明的。虽然领域之间在数额上的差距可能有所不同，但我们似乎有着足够多的经验和实证研究来证实，与公共部门和私营部门的同行相比，慈善领域工作人员的整体薪酬水平偏低。

的确，绝大部分关于此话题的论述都认定公共部门和私营部门之间存在落差。这一点从对比调查可见一斑。

一位美国学者发表于《人力资源期刊》（*Journal of Human Resources*）的研究发现，非营利组织员工的平均周薪比盈利组织员工低 11%[4]。文章作者们认为这是因为非营利岗位过度集中于诸如医院、护理和社会服务等低报酬的行业。在英国，大型第三产业机构（员工超过 1000 人的非营利组织）的 CEO 们的年薪若能达到 10 万英镑（20 万美元），便值得庆贺。但这与英国规模排名前十的公司里的 CEO 们 650 万英镑（约 1300 万美元）的年薪相比，仍然是九牛一毛[5]。在新加坡，由于缺乏准确的数据，我询问了两家高管薪酬咨询公司，他们认为慈善组织高管的薪酬相比于商业界里从事类似公司服务的同行平均要低 30% 到 50%。

那么，这样的薪酬差距公平吗？这里就出现了不同的观点。

美国慈善监督机构领航之星在 2004 年所做的一次调查显示[6]，超过半数的受调查者（其中很多都在慈善领域工作）认为慈善领域的从业者没有获得公平的报酬，只有 28% 的调查者认为薪酬合理，剩下的人表示不确定。

与之相反的是新加坡在 2005 年的一次关于公众对慈善态度的民意调查[7]。60% 的被调查者认为慈善机构应该由志愿者或者拿着低于市场标准薪酬的员工来运营。大众观念认为捐赠者的钱应该用于慈善使命和事业，而不愿将其花在行政管理预算上。

同样在英国，传统的观点认为慈善组织"应该由积极性较高而薪酬相对较低的人来运营。[8]" NfpSynergy 公益咨询公司在 2006 年进行的一次调查显示，在 1000 名被调查者中，超过 80% 的人认为向慈善组织高管支付高薪是一种对金钱的浪费[9]。

整体看来，虽然很多慈善行业内部人士和一些行业外人士认为目前的薪酬水平过低，但公众却认为较低的薪水是正常的，并因此认为当前的做法是公平的。

什么市场?

那些认为当前薪酬水平过低的人呼吁非营利领域应当将薪酬上调并与市场保持一致。他们口中的市场，指的是商业市场。换句话说，他们认为非营利领域的薪酬并非是基于市场决定的。

但我认为，非营利领域的薪酬早就是基于市场的了。对于全职员工来说，非营利市场的资本主义化程度一点也不亚于金融服务或者 IT 领域。跟商业世界一样，慈善组织的员工都是在充分了解薪酬水平的前提下，自愿选择加入和留在非营利组织中的。这是典型的"你情我愿"案例。没有人是被迫从事非营利工作的。人们在进入慈善组织工作之前都会被告知薪酬水平，因而他们既然选择加入其中，就证明本身已经充分接受。

事实上，人力资源市场是一个巨大且独立的资本主义市场，它拥有许多不同的领域，而非营利领域恰好是其中之一。在非营利领域中，又会有不同的细分市场。

各个领域和细分市场由一个个组织构成，各自决定其管理者的薪酬。长期来看，供给与需求的规律促使市场参与者流入、流出。事实上，有些慈善机构能为自己的高管开出每年 40 万美元的薪水[10]或 53 万美元的薪水[11]——远超同等规模商业公司所付薪水——这恰恰证明了资本主义人力市场运转良好。这些组织不论其管理方式如何，都是在充分考虑了行业等因素之后，独立地制定了其高管的薪水。

在人力市场中，某一领域中所有组织对特定岗位的集体定价会缩小该岗位的可接受薪酬范围，这只能反映出该岗位的主要普遍特征。这还会导致该领域薪酬竞争力与其他领域的比较。因此市场数据显示，去除上述极端特例后，2007 年美国非营利市场平均向每位 CEO 支付 5.4 万到 29 万美元（平均 11.2 万美元）年薪[12]。

与之相比，美国小型企业（员工数少于 500 名）的 CEO 的年薪早就达到了 29 万美元 [13]。上市公司 CEO 们的薪水当然更是数以百万计。

心灵因素

既然就业市场是在固有的市场力量的推动下运行的，那么为什么慈善领域和商业领域之间有着如此巨大的薪酬鸿沟呢？

业内外的大多数观察者将这一现象归结于高尚的利他主义精神。换句话说，既然是在慈善领域工作，那么工作者们本身也应具有慈善精神。如同志愿者将自己 100% 的时间捐献给慈善领域一样，慈善组织的员工也应该向机构"捐献"出自己的部分劳动，而实现的方法就是领取低于实际工作价值的薪水。

这被看作雇员们在慈善组织工作时所给出的"折扣"。或许更正面的表述是，这是个人由于在心灵工作中获得乐趣所要付出的"溢价"（premium）。这种慈善工作中所谓的"溢价"，能否用心灵因素来完美解释呢？我认为是可以的。在很多领域和组织中，有一些无形因素能用来解释人们为什么愿意放弃别处的高薪，而坚持薪酬较少的工作。这就是弗雷德里克·赫兹伯格（Frederick Herzberg）的激励——保健因素理论（a motivator factor versus a hygiene factor）[14]。激励因素能提高员工对工作的满意度，而保健因素——其中之一便是薪酬——只会造成不满，但它们对于长期满意度的影响可以说是微乎其微。

很多科技公司都用"改变世界"这一大旗来凝聚员工。苹果公司告诉他们的员工，"预测未来的最好方法就是去创造未来"。惠普公司的口号是简洁的"创新"二字。埃森哲公司在创立时的愿景则是"驱动创新，从而改善人们工作和生活的方式"。

地中海俱乐部（Club Med）就是一个通过激励让部分员工接受远低于标准薪水的典型例子。在地中海俱乐部度假的客人一定会注意到那些"GOs"（热忱的组织者们的简写），也就是住在工作场所，向顾客提供一线服务的员工们，并对他们印象深刻。不夸张地说，正是他们使得地中海俱乐部令人难忘。出乎意料的是，他们工作强度大，自主时间少，而薪水也很低。地中海俱乐部成功地创造出一种环境，能够让热爱冒险且多才多艺的年轻男女愿意牺牲惯常的职业标准，仅仅是为了能在这里连续工作六个月，"赚钱少一些，享受多一些"。[15]

这些无形的因素通常与我们追求生命意义的人类本能有关。慈善工作的独特之处，就在于那份崇高感，那份在工作中行善助人、回馈社会的崇高感。

在其他的一些领域，如宗教和政治岗位，人们也会期待员工出于高尚的原因在薪水上做出牺牲。

大多数（虽然不是全部）宗教都要求其信徒戒奢从简，作为他们教义的一部分。2006 年的一次关于新加坡宗教事务薪资的调查显示[16]，很多道教道观和佛教寺庙仅会为其工作人员提供基本的食物、住宿和少量薪水。印度教基金管理局（Hindu Endowment Board）的祭司们根据辈分每月能拿到 500 到 1000 新币（345 到 690 美元）。新加坡天主教的牧师们每月薪水为 500 新币（345 美元），同时由教会提供住宿，作为一项提供全天候服务的职业，如此低的待遇是任何普通人都不会接受的。

即使是公务员薪水领先世界的新加坡公共服务部门，也在力求将部长和高层公务员的薪酬较之对标行业的薪酬减少三分之一。即便如此，批评家们还在质疑这一由六种职业中薪水最高的八个人决定的对标薪酬，本身是否合理[17]。

对于那些受到崇高感驱使的行业来说，对薪酬水平的相对轻视可以为该领域与生俱来的圣洁性提供道德权威。有的时候，这一点对于在职者的高效工作必不可少。将他们的薪酬拉到商业领域的标准可能会腐蚀掉慈善领域的特有价值。

头脑因素

然而，我发现，单是出于崇高感而做出牺牲这一点，还是很难完全解释当今慈善领域和商业领域之间的薪酬差距。还有其他一些因素也在起作用。

首先，那些同时涉足慈善和商业领域的人都会告诉你两者的工作环境有着天壤之别。非营利领域的节奏要慢得多。工作考核标准也相对不明确——有时甚至会被直接忽略。人与人之间在整体上更为和善。

因此，我认为造成慈善和商业领域之间薪酬差距的部分原因就是这些低压力、慢节奏、低要求的环境因素。你可以称其为与心灵因素相对应的头脑因素。

在资本主义人力市场中，根据不同的环境因素给予不同的薪酬是一种很正常的现象。外汇交易员们的薪水很高，那是因为他们的工作时间异于常人，需要做出即时判断，而这些判断可能会带来毁灭性的后果，这给他们带来了巨大的压力，同时，他们的工作并不稳定，而且任期也不长。

如果一个律师在律所工作，为客户辩护，为庭审事务忙碌，工作上的任何不足都可能要由个人承担责任。背负着如此巨大压力的他，自然会比在大公司法务部工作，相对更加稳定、风险更低的法律顾问挣得多。

这种差别在同一个公司里也会出现。那些在直接创造收益的部门工作的人往往比其他部门的人挣得多。通常来说，前线的要求更高，不确定性更大。因此在很多组织中，当一个面向市场的员工，例如公共会计师事务所中的外部审计师，决定退居幕后时，例如转为内部审计，他或她通常会被要求降薪。

头脑的代价

在呼吁提高慈善领域薪酬的同时，人们还在呼吁提高慈善领域的工作质量。长久以来，慈善领域的较低薪酬导致其工作文化和效率都大大落后于商业世界。何以至此呢？

设想一个具有某项专业技能的人员，他本可以挣着每月 12 000 美元的薪水，但是愿意降薪 25%（让我们姑且称之为其心灵因素的价值）在一个慈善组织中获得同样的岗位。假设那家他想供职的机构只愿意支付每月 6000 美元的薪水，那么将会出现两种可能。第一种情况是，机构会选择另一名候选人，虽然他专业能力较低，但原本薪水 8000 美元的他愿意降薪 25%（同样的心灵因素），接受每月 6000 美元的薪酬。第二种情况是，那位每月挣 12 000 美元的候选人选择降薪 50%；前 25% 的降薪是受到心灵因素的影响，而后 25% 的降薪则是受到了头脑因素的影响。也就是说，他认为他将要供职的慈善机构工作要求不会很高，因而值得继续降薪 25%。这两种情况都意味着工作质量和成果与商业机构相比会大打折扣。

当然，慈善领域也不乏这样一些案例——成功人士放弃商业领域的高薪，追随内心的呼唤大幅降薪投身慈善。然而，这种人的数量少之又少，他们也会让人产生误解，以为需要为心灵因素付出的溢价极为高昂。而当适用于大量的普通员工时，心灵因素溢价的平均值则会下降。所以，为了填补大量的工作空缺，通常慈善领域能吸引到的，只能是那些在商业领域已经达到边际值的人，即再也拿不到更高薪水的人。

这里又是供给与需求之间的规律在运作。由于缺少能力合格且愿意对心灵溢价做出高昂估值的人，"拿花生只能雇到猴子" [①] 的古老寓言就成为现实。无论猴子们心地如何善良，这都对提高慈善领域的工作效率毫无帮助。

去脑存心

所以，我的观点是，资本主义人力市场事实上运转良好。人们所获得的薪水正是他们选择这份工作时所愿意接受的。

在慈善领域，心灵因素是吸引人才的关键，绝不能被金钱所取代。一段时间以来，薪酬鸿沟看上去过于巨大（与大多数人期待的鸿沟差距水平相比），尤其是考虑到慈善工作所需要的大量员工。慈善领域相信薪酬的鸿沟是由心灵因素造成的。但久而久之，在心灵鸿沟之外，工作上低质量、慢节奏的头脑鸿沟也已慢慢形成。

在未来，这种情况势必得到改变。慈善领域对责信度和专业性的需求越来越高。这些需求将会推动慈善组织付出合理的薪水以吸引合格的员工，这需要付出高于他们之前工作的薪水。在一些地方已有类似观点，即呼吁提高公共服务人员的薪酬水平，在此背景下，人们也会逐渐接受单纯依靠崇高感来弥补薪酬鸿沟是不够的。

当每一个慈善机构的薪酬水平有所提高，整个慈善领域的薪酬水平也会随之提高。但愿这种涨薪只会减少甚至消灭头脑的因素，而不会减少或抹去心灵的因素。

注释：

改编自："Heart work, less pay," *SALT*, May-June 2007; and "Capitalism is alive and kicking", *The Straits Times*, June 20, 2007。

1　实例可参见 Beth Healy, Francie Latour, Sacha Pfeiffer, and Michael Rezendes & Walter V. Robinson, "Some officers of charities steer assets to selves," *The Boston Globe*, October 9, 2003。

---

① 原文为 "pay peanuts and you get monkeys" 直译为 "拿花生只能雇到猴子"，意译也可翻译为 "微薪养蠢材" 或 "一分价钱一分货"。在英语中 "猴子" 常被用来指笨蛋或容易受骗的人。

2　Peter Manzo, "The real salary scandal", *Stanford Social Innovation Review*, Winter 2004.

3　参见 Lim Wei Chean, "Charities must pay to get good people: SM", *The Straits Times*, November 27, 2007.

4　Christopher J. Ruhm & Carey Borkoski, "Compensation in the Nonprofit Sector", *The Journal of Human Resources*, Vol. 38, No. 4, Autumn 2003.

5　参见 "Charity chief executives break ￡100k barrier", *ACEVO News*, November 1, 2007, www.acevo.org.uk/index.cfm/display_page/news_press/control_contentType/news_list/ display_open/news_1034; and Heather Connon, "It pays to be one of the top 10...,"*The Observer*, April 16, 2006.

6　Suzanne E. Coffman, "Are nonprofit executives paid fairly? IRS actions and September question of the month results", *Guildstar Newsletter*, October 2004, www.guildestar.org/ DisplayArticle.do?articleId=805.

7　Yap Su-Yin, "S'poreans want below-market wages for charity workers", *The Straits Times*, July 23, 2005.

8　Steve Davis, *Third sector provision of employment-related services: A report for the Public and Commercial Services Union* (Public & Commercial Services Union, June 2006).

9　"High salaries 'a waste of money'", *nfpSynergy Press coverage*, June 14, 2006, www. nfpsynergy.net/pressandmedia/presscoverage/150/?PHPSESSID=3f3f6343202a57553107aefc 0b549a05.

10　Pablo Eisenberg, "Excessive executive compensation needs to be stemmed", *The Chronicle of Philanthropy*, www.eisenhowerfoundation.org/pablo/ChroniclePhilanthropy_excessive_ compensation.html.

11　Emily Steel, "He's the highest-paid charity executive around", *St. Petersburg Times*, August 15, 2005.

12　Mark Hrywna, "Special Report: NPT Salary Survey 2007", *The Nonprofit Times*, February 1, 2007. 薪酬幅度基于慈善组织的规模或预算。

13　Jeanne Sahadi, "Small biz can lead to big pay", CNNMoney.com, October 18, 2006.

14　弗雷德里克·赫兹伯格（Frederick Hertzberg）是一位知名心理学家，犹他大学（Utah University）管理学教授。他的保健—激励双因素理论最早于 1959 年发表于《工作的激励因素》（*The Motivation to Work*）一书中。关于 Herzberg 的生平及其理论，可参见：www.thefreelibrary.com/Frederick+Herzberg:+the+hygiene-motivation+theory-a0151189056。

15 www.clubmedjobs.com.

16 Melissa Sim, "Religious leaders' pay: How much is enough?" *The Sunday Times*, September17, 2006. In comparison, Singapore's per capital income is US$29,320.

17 "Narrowing the gap: What's enough?" *The Straits Times*, Insight, March 24, 2007; "Time to temper focus on monetary awards", *The Business Times*, March 27, 2007.

捐赠

第8章 | 企业社会责任
企业的天职就是赚钱？

对于许多组织而言，企业社会责任（Corporate Social Responsibility, CSR）是一个关于"捐或者不捐"的单选题。拥护者常认为这是有利可图的做法（good business）。然而，这引起了企业的天职是否就是赚钱（the business of business is business）的争论。在这一背景下，企业社会责任在现实中被赋予了利己主义的内涵，而不是企业的利他主义。

实际上，证明企业社会责任的恰当论据应该是能力的责任。公司必须认识到其对所处社区的影响力及其所扮演的角色。有此意识之后，在环境控制、道德行为和公司治理方面已有的法律手段方能奏效。然而，要驯服企业这头野兽非常困难，长远之计或许在于变革企业构造。

我毕生任职于同一家公司，在埃森哲公司[1]工作的26年间，促使我和诸多同事留在这里的最大动力就是企业文化，其中包括有所作为（make a difference），以及对未来和社区有着很强的主人翁意识。

我记得早些年间，听到直接领导我的董事总经理谈到"回馈社区"时，深受触动。公司鼓励员工参与非营利组织，成为志愿者，大家也都不计回报。之后，当我自己也成了合伙人，才意识到在我们整个公司的价值体系里，"回馈社区"的概念根深蒂固。作为合伙人，我们的对外捐赠必须有明确的慈善目标和捐赠内容，否则，公司将直接从我们的工资里扣钱，然后以我们的名义代为捐献。当然，公司还有自己的企业基金，可以在员工个人捐赠的基础上，做出匹配捐赠。

如今，埃森哲在社区捐赠方面并没有多么与众不同。这不是因为它做得少了，而是因为有更多的公司加入到了名为"企业社会责任"（或简称 CSR）的时代潮流中来。

CSR 蓄势待发，不再是边缘活动，参与者不再仅限于埃森哲、本杰里、BP、通用汽车和沃达丰等领航者（见下表"优秀企业公民"）。

优秀企业公民 [2]

埃森哲（Accenture）

埃森哲是一家管理咨询、信息技术和业务流程外包的跨国公司，公司年净收入达200 亿美元。

公司利用其员工的商业专长，积极参与社区活动并"改善人们工作和生活的方式"。它意识到参与社区活动可以培养员工的自豪感和工作动力，吸引潜在的新员工，以及改变现有专业人士的职业道路。

其企业公民项目重点在传递有形的成果。该项目不仅通过埃森哲基金会和当地办公室的筹款活动来对外捐款，还包含其他活动，如埃森哲发展伙伴项目（Accenture Development Partnerships），这个经过精心设计的项目旨在帮助埃森哲员工以低薪工作假期的形式参与到在发展中国家开展的国际项目。此外，埃森哲还和非营利组织结成伙伴关系，例如英国海外志愿服务社（Voluntary Service Overseas），并且提供专业志愿服务（pro bono work）。

本杰里（Ben & Jerry's）

两个"讨厌跑步，但热爱美食"的男孩在 1978 年创立了本杰里。本杰里是一家与众不同的冰淇淋生产商。

本·科恩（Ben Cohen）和杰里·格林菲尔德（Jerry Greenfeld）希望创办的企业可以和员工及社区分享收益。今天，公司之所以举世闻名不仅因为它的商业价值，而且因为"为了使世界更宜居"公司发起了大量活动。它发布年度社会环境评估报告，重点在于如何将商业运营与社会使命相关联。

本杰里坚信可以"通过我们日常交易的力量来推动社会变革"。它试图在商业决策中融入对人类需求和环境问题的考量，选择与那些认同其社会价值的企业进行合作。因此，公司在原材料采购中纳入社会良知因素。例如，公司只向那些不给牛使用生长激素（rBGH）的家庭农场采购牛奶和奶油，其配料来源于通过公平贸易认证的供应方，还开

续表

发出了一些有机口味产品。

每年，本杰里都通过由员工主导的企业慈善活动捐款超过 100 万美元。本杰里基金会为全美国的非营利和草根组织提供捐款，致力于通过解决社会和环境问题的深层原因来推动渐进的社会变革。

BP（British Petroleum）

BP 是世界最大的能源公司之一，公司提供运输燃料、光热能源和日用石化产品。

BP 很重视企业的可持续性发展，并从以下几个方面践行这一理念：首先，公司负责任的运营，不单是遵守法律、法规，还在法定要求之上设立自己的标准；其次，公司通过推动政策辩论、支持研发新型清洁能源和运输技术积极参与应对环境变化问题；最后，公司积极推动社会经济发展，表现在：通过税收、就业、技能和产品做出贡献，以及良好的公司治理和对所在社区的发展有所贡献。

BP 每年发布年度可持续发展报告，披露其相关领域的表现。

通用汽车公司（General Motors）

通用是全世界最大的汽车制造商，遍布 33 个国家，拥有 28.4 万名员工。

作为汽车制造商，通用认为企业责任在于保证能源的使用效率和多样化，以及将其对环境的影响最小化。公司的所有设备、产品和员工都采用一套通用全球环境准则（GM Environmental Principles），该准则还用于指导日常贸易活动。

除了能源和环境，通用还尝试在其他社会领域做出改善，如教育、员工培训、员工满意度、人权、安全和劳动力多样化。其工厂属于业界最安全工厂之一，它还在全球商业圈中拥有最多元化的员工。

沃达丰（Vodafone）

沃达丰是全球领先的移动通信运营商，在全球约有 2.52 亿用户。

沃达丰宣称它并不相信企业可以"只负一半责任"，或者挑选自己方便的领域去负责。因此，它立志成为企业社会责任领域公认的领导者，致力于成为在业界最值得信赖的公司之一。

为了兑现承诺，沃达丰建立了仅凭直觉就能做出负责任的行动计划的组织文化，从而将企业社会责任融入到各地分公司的各个层面当中。

公司通过沃达丰集团基金会和地方基金会网络，开展慈善捐款和员工志愿活动。其企业社会责任战略的核心是在新兴市场扩展通信服务覆盖范围。其理由是，这一举措

续表

可通过刺激经济发展为社会发展提供巨大的机会。沃达丰还通过其他方式将自身技术贡献最大化，以改善世界交流的方式。

企业公民

CSR 是由优秀企业做出的承诺，旨在处理其所在社区的经济、环境、道德和文化问题。

这一承诺通过广泛多样的"革新"倡议（"progressive initiatives"）得以实现，包括基本的开明人力资源管理、道德行为和环境责任，以及一些更具慈善性质的行为如开展企业志愿者活动和发展公益事业。

CSR 的综合模型在联合国全球契约（United Nations Global Compact）[3] 中提出。这一契约呼吁公司在其影响范围内去拥护、支持和推行一共 10 条核心原则，其中涉及人权、劳工标准、环境和反腐败。

联合国全球契约自 1999 年世界经济论坛宣布以来，已经成为最大的全球范围 CSR 倡议，汇聚了政府、非政府组织和企业。到 2008 年，拥有约 5000 名参与者，包括来自 120 个国家的 3700 家企业。

好公民，好企业

2006 年，我参加了由新加坡企业社会责任契约（Singapore Compact for CSR）[4] 组织的首届 CSR 会议。许多成功实现目标的企业现身说法，讲述 CSR 给公司带来的实实在在的商业利益。

CSR 行为可以帮助一个公司建立品牌。市场研究发现顾客喜欢购买"负责任"公司的产品。当一个公司下定决心成为当地社区的一部分，而非外来的侵略者，这就朝顾客信任和美誉度迈出了一大步。例如，美体小铺（Body Shop）就得益于顾客对其道德立场的认同，即使有诋毁者声称美体小铺使用的部分原料曾做过动物实验，也无损于公司的市场表现。[5]

CSR 项目还可以激励员工。人们在生活和工作中寻找意义。CSR 为员工营造了"自我感觉良好"的氛围，尤其当他们参与到善款筹集和志愿活动中的时候。例如，软件行业依赖精力旺盛、富有创造力和天赋的个人。为人才而战使得许多高科技公司人才流失严重。Salesforce 软件公司通过率先提供"作为服务的软件"，成功地彻底改变了软件行业。其创始人兼 CEO 马克·贝尼奥夫（Marc Benioff）在其关于企业慈善事业最佳做法的书中解释道：将股权、员工时间和企业利润各拿出 1% 投入慈善事业，这种 1-1-1 模式可以有效吸引、保留和激励最优秀的员工。[6]

许多研究表明，CSR 和良好的财务绩效之间有相关性，尽管学术界对是否有因果关系存在争论。CSR 基金会（Foundation for CSR）检验了关于这一课题的 100 个实证研究，结论是 68% 的研究显示企业社会绩效和财务绩效之间存在正相关。[7]一项常被引用的研究是 1999 年哈佛商学院的纵向研究，其发现："平衡利益相关方"的公司相较于"只关注股东利益的公司"，收入增长率高出四倍，纯收入增长率超出 700 倍，员工增长率为 8 倍。[8]

因此，在 CSR 支持者看来，公司会因行善而运作良好。

企业的天职就是赚钱

虽然有时可能政治不正确，但对 CSR 的批评也可能掷地有声，且论据充分。他们将经济学家米尔顿·弗里德曼（Milton Friedman）的话奉为圭臬，早在 1970 年弗里德曼就说过，"企业有且只有一个经营责任——利用资源，从事可以谋取利润的活动，只要它不违反游戏规则"。[9]

备受推崇的杂志《经济学家》长久以来一直支持这个观点。2005 年 1 月该杂志在题为"好公司"（The Good Company）的大幅报道中提出，CSR 是基于对"资本主义制度的错误诊断"而开出的所谓妙方[10]。它还认为 CSR 说好听点是炒作，说难听点是一种"错觉"，它会同时减少利润和社会福利。它甚至声称，企业慈善事业是一个"道德上可疑的交易"，因为它是"用别人的钱做慈善"。它的做法可以简化为由管理层把钱给到股东，然后由股东自己决定是否做慈善，以及他们想捐给哪些慈善组织。

从某种意义上说，CSR 支持者宣称行善有利于企业赚钱，实际上是对 CSR 批评者的同声附和。两种说法是同一枚硬币的两面，依赖的价值观都是企业的天职就是赚钱。因此，CSR 就成了商业决策：如果可以谋利，就去做；如果不能，就别费心了。在这种论调下，CSR 并不代表利他主义的胜利，仅仅是开明的利己主义。

因而，在一些 CSR 手册里，当企业面临公关危机时，它是一个有效的策略：企业开展高调的 CSR 项目，把大众注意力从争议事件中转移开来，或者去缓和怨言。所以，当烟草公司，如英美烟草（British American Tobacco）和菲利普·莫里斯公司（Philip Morris），宣布开展高调的 CSR 项目，参与医疗保健和其他社区活动的时候，批评者们就会质疑他们的动机。[11] 2006 年，韩国三星公司在面对公众对其一系列丑闻的强烈抗议时，董事长道歉并承诺捐出国内迄今为止最大一笔捐款——超过 8000 亿韩元（8.25 亿美元）给慈善机构[12]。

CSR 怀疑论者以 CSR 的低参与率为证据，指出企业的天职就是赚钱——而且大多数企业并未发觉 CSR 是赚钱生意。比如，世界各地的企业慈善捐赠占税前利润的比例一直徘徊在低位，只占 1% 左右。美国企业最为慷慨，高达 1.6%，相比之下，加拿大有 1.03%，英国 0.95%，新加坡只有 0.22%[13]。

公司能力

不同于对商业价值的考虑，另一种支持 CSR 的理论将能力的责任视为核心。在我看来，这是恰当的，也是真正令人信服的 CSR 的根基。

蜘蛛侠的真身彼得·帕克（Peter Parker）说过的话令人难忘，"能力越大，责任越大"。帕克经历惨痛教训，体会到了如果忽视伴随超能力而来的责任就会造成严重的后果[14]。这一教训不仅仅适用于超级英雄，也适用于拥有强大能力的个人和组织。

公司拥有巨大能力。在一些村庄和小镇，一个或数个企业掌控着大多数乡民的生计。自从纸浆和纸张生产商亚太资源国际控股有限公司（Asia Pacific Resources International Holdings Limited）在印度尼西亚小城镇 Pangkalan Kerinci 开设工厂之后，当地人口就从 200 人增长到 6 万人[15]。

但是比起遍布全球的巨型跨国公司带来的影响，这还是相形见绌。全球最大的零售商沃尔玛，雇佣超过 1900 万人，为世界各地超过 1.79 亿消费者提供日常所需[16]。

有些跨国公司相当庞大，富可敌国。如果你比较世界上最大的 100 个"经济体"的公司销售额和国家国内生产总值（GDP）（见表 8.1），你会发现其中近半

表 8.1 世界排名前 100 的经济体 [17]

排名	经济体	国家/产业	GDP/销售额*（十亿美元）	排名	经济体	国家/产业	GDP/销售额*（十亿美元）
1	美国		13 202	31	南非		255
2	日本		4340	32	希腊		245
3	德国		2907	33	伊朗		223
4	中国		2668	34	爱尔兰		223
5	英国		2345	35	阿根廷		214
6	法国		2230	36	芬兰		209
7	意大利		1845	37	通用汽车	美国/耐用消费品	207
8	加拿大		1251	38	泰国		206
9	西班牙		1224	39	戴姆勒-克莱斯勒公司	德国/耐用消费品	200
10	巴西		1068	40	雪佛龙	美国/油气	195
11	俄联邦		987	41	葡萄牙		193
12	印度		906	42	中国香港		190
13	韩国		888	43	委内瑞拉		182
14	墨西哥		839	44	丰田汽车	日本/耐用消费品	179
15	澳大利亚		768	45	道达尔	法国/油气	175
16	荷兰		658	46	康菲石油	美国/油气	168
17	土耳其		403	47	通用电气	美国/综合性大企业	163
18	比利时		392	48	福特汽车	美国/耐用消费品	160
19	瑞典		385	49	荷兰国际集团	荷兰/保险	153
20	瑞士		380	50	马来西亚		149
21	印度尼西亚		364	51	花旗集团	美国/银行业	147
22	沃尔玛	美国/零售业	349	52	智利		146
23	波兰		339	53	捷克共和国		142
24	埃克森美孚	美国/油气	335	54	哥伦比亚		136
25	奥地利		322	55	新加坡		132
26	壳牌公司	荷兰/油气	319	56	阿拉伯联合酋长国		130
27	挪威		311	57	巴基斯坦		129
28	沙特阿拉伯		310	58	安联集团	德国/保险	125
29	丹麦		275	59	以色列		123
30	BP	英国/油气	266	60	罗马尼亚		122

排名	经济体	国家/产业	GDP/销售额*（十亿美元）	排名	经济体	国家/产业	GDP/销售额*（十亿美元）
61	汇丰控股	英国/银行业	122	81	德克夏银行	比利时/银行业	96
62	富通	荷兰/多元金融	121	82	德意志银行	德国/多元金融	96
63	菲律宾		117	83	惠普公司	美国/信息科技	94
64	美国银行	美国/银行业	117	84	秘鲁		93
65	阿尔及利亚		115	85	瓦莱罗能源	美国/油气	92
66	尼日利亚		115	86	麦克森公司	美国/医疗保健	92
67	能源控股公司	意大利/油气	114	87	IBM	美国/信息科技	91
68	美国国际集团	美国/保险	113	88	NTT	日本/电信服务	91
69	匈牙利		113	89	忠利集团	意大利/保险	91
70	大众汽车	德国/耐用消费品	113	90	家得宝	美国/零售	91
71	西门子	德国/综合性大企业	111	91	巴黎银行	法国/银行业	89
72	埃及		107	92	Verizon通信	美国/电信服务	88
73	乌克兰		106	93	英杰华集团	英国/保险	87
74	瑞银集团	瑞士/多元金融	106	94	康德乐	美国/医疗保健	85
75	新西兰		104	95	法国兴业银行	法国/银行业	84
76	摩根大通	美国/银行业	99	96	本田汽车	日本/耐用消费品	84
77	中国石化	中国/油气	99	97	HBOS	英国/银行业	84
78	安盛集团	法国/保险	99	98	德国电信	德国/电信服务	81
79	伯克希尔—哈撒韦	美国/多元金融	99	99	科威特		81
80	家乐福集团	法国/食品市场	98	100	雀巢	瑞士/食物、饮料和烟草	81

* 表示年度销售额对应企业，GDP 对应国家和组织

根据可获得的最新数据，大多为 2006 年数据。

来源：连瀛洲社会创新中心的分析

数是公司。更直观地说，诸如花旗集团、丰田汽车和 BP 之类的企业，其经济实力都在新加坡之上。沃尔玛的年销售额大于世界排名垫底的 84 个国家 GDP 的总和，包括尼泊尔、文莱、牙买加和波斯尼亚。

公司业已将其巨大能力用于或好或坏之处。现代文明以及世界各地享有的前所未有的财富，证明了资本主义体制的成功，也见证了全球约 63 000 家跨国公司的产生。

难以避免的是，有些企业为了实现其狭隘的财务目标，不惜以不道德甚至非法的手段来施展身手。企业监督网（CorpWatch）[18] 是一个非政府组织，旨在通过教育和社会运动，使企业更负责任。在其网站上，持续揭露世界各地的公司侵犯人权、环境犯罪、欺诈和腐败案件。其调查还引发了一些企业攫取过高利润事件的曝光，如耐克在越南的血汗工厂，以及几个从反恐战争和灾后重建中牟取暴利的公司。

超越志愿的 CSR

大多数人都认为 CSR 是一场优秀企业公民的志愿运动。公司选择履行社会责任，是因为他们看到了当中的商业利益，以及（或）因为他们支持"能力所在即责任所在"的道理。这就可以剔除那些不认同上述观点，或者仅仅对 CSR 阳奉阴违的公司。

如果（志愿的）CSR 不足以消耗企业过剩的能力，那么应该强制企业履行社会责任吗？有两类人很可能会同意，支持资本主义的人和担心资本主义过剩的人。

第一类人是自由企业的绝对拥护者。正如《经济学家》所言，企业的任务就是将利润最大化。政府的任务是对公共利益的适当保护[19]。因此，为了保障公民利益，政府可以通过税收、公共支出和管制的方式来调控。

第二类人包括非政府组织和对无节制的资本主义深感恐惧的监管者。一些NGO 认为（志愿的）CSR 是替企业"漂绿"，帮助其规避能够改善社会和环境绩效的严肃行动，以及掩饰他们的游说活动。他们更希望看到为了社会福利而对企业严加管制。

国际地球之友（Friends of the Earth International）有着世界上最广泛的环保网络，它认为需要通过改变法律框架来建立社会和环境绩效的普遍标准，这样"被企业影响的人也能控制企业的运营"[20]。他们关于企业问责的提议包括公司董事应承担的环境和社会责任，以及当董事未能履行责任而使当地社区居民利益受损的时候，应赋予居民法律权利以寻求赔偿。

在环保领域，大多数发达国家已经有一定程度的规则来管控企业行为，涉及空气污染和水污染、土地保护、濒危物种、有害废弃物等方面。随着气候变化运动有效性逐渐增高，这些法规的效力可能得到加强。欧盟很可能在这方面率先行动，因为欧盟在环境和产品安全标准方面被公认是最严格的[21]。

在商业道德和治理方面，美国遥遥领先，其关注点是证券市场的透明度、财务报告及股东权益保护。同时，美国的国际和本土 NGO 也在推动关于人权和劳工的立法，特别是针对第三世界劳工的劳动剥削。

法律和规制可能更适合用于监督环境保护和道德的行为——更多是关于防止企业发生不法的行为。但是，那些需要企业行善的 CSR 要素，如慈善，也可以强制规范吗？

在某种程度上，歧视性税收和法定强制捐款相当于强制性的企业慈善事业。例如，许多国家通过征收薪资税来形成基金库，随后政府将基金用于资助企业员工技能培训。据世界银行估计，超过 30 个国家向雇主征收全部员工薪资的 0.5%~2%，但有时只向员工收入高于一定金额的企业征收，所得资金进入"技能发展基金"或类似机构。这些计划对增加在职培训有着积极影响。然而同时，却有失公平，因为经常是雇员较多的公司受益更大，规模较小的公司受益较少[22]。

"技能发展基金"由政府管理，极少数情况下基金被强制捐给慈善组织。在新加坡，除非雇员明确选择退出，否则所有雇员每月都需要捐款 0.5~11 新币（0.35~7.60 美元）给各种社区自助团体。这些自助团体通过教育项目、社会服务和员工培训援助帮助低收入人士[23]。

重新定义企业

然而，将优良企业行为法制化可能只是治标不治本。问题的根源在于企业的性质和构成。

乔尔·巴肯（Joel Bakan）是位法学家，也是《公司：利润和权力的病态追求者》（*The Corporation: the Pathological Pursuit of Profit and Power*）一书的作者，他指

出公司实质上是一个被创造出来的法人，目的就是要把股东的利益凌驾于一切之上 [24]。"所以，企业基本上就像一个完全自私自利的人。就像你在任何一门心理学课程引论中学到的，那是精神病患者的定义。"他指出，看上去优雅又仁慈的精神病患实际上更加危险。他认为，CSR 就能把公司装扮得优雅又仁慈。

巴肯认为企业是精神病患者，但是有些企业如本·杰里或埃森哲的行为却并非如此，这两家企业还都有着社会责任和企业慈善的悠久历史和传统，如何调和巴肯的观点和这两家企业行为的矛盾? 我相信，答案在于组织的所有者。如果公司的所有权在一群重视社会责任感的人（通常很少）手中，那么 CSR 是"真正的"存在于该组织中的。因此，本杰里的创始人在创业之初，就秉持与员工和社会共享收益的观点。埃森哲是合伙制，要求新的合伙人必须遵守现行的回馈原则，这些原则伴随每个员工成长，已经在企业内部根深蒂固。

但是，纯粹形式的公司模型，构建于服务狭隘的股东利益的基础之上。在一个股东众多的上市公司里，其关注点很容易偏移到单纯的利润和股东价值。

有些早已存在的企业结构模型，可以避免对股东价值的病态重视。社会企业又作为新兴形式在全球涌现，其所创造的利润专门用于非营利目的。

早在 CSR 成为时尚之前很久，合作社就带着内在的社会使命存在于世。其中一个例子是职工总会平价合作社（NTUC Fairprice）作为新加坡最大的零售商，在全岛拥有超过 220 家门店。[25] 职工总会平价合作社以工会合作社形式成立，其使命是减少新加坡低收入家庭生活费用。30 多年以来，职工总会平价合作社一直履行着这一使命，即使在货物短缺可以囤积的时候，也以常规低价销售生活必备品。合作社拥有自己的企业基金会，也慷慨地回报社区，因而被评为新加坡最慷慨的企业捐款者之一。

"企业 20/20（Corporation 20/20）"是由特勒斯研究所（Tellus Institute）和《商业道德》杂志（Business Ethics）[26] 共同提出的倡议，致力于如何让企业跨越边界得以再造这一愿景。该倡议的前提假设是，公司拥有非凡的潜力去为公共利益服务，但因受制于注重短期回报的设计，而无法完全发挥潜能。因此，"企业 20/20"倡议研发出了一套原理（参见表 8.2），为企业、投资者、政府、劳工和民间社会组织提供一个建设可持续发展未来的总体框架。

显然，要实现"企业 20/20"倡议的愿景，还有很长的路要走，但社会企业和合作社有望率先破局。

表 8.2　再造企业的原则

企业 20/20

再造企业的原则

1. 企业的目标是驾驭私人利益，使其服务于公众利益。

2. 企业应该给予股东合理的回报，但不应损害其他利益相关方的合法权益。

3. 企业发展要有可持续性，不仅满足当代人的需求，还不能有损后代自我满足的需求。

4. 企业应将其财富公平地分配给为企业创立做出贡献的员工。

5. 企业应以人人参与、透明、道德、可问责的方式管理。

6. 企业不得侵犯自然人自我管理的权利，以及其他的普世人权。

企业的社会现实

综上所述，CSR 关注的是企业有道德做好事（being good and doing good）。在企业内部，是否拥护 CSR 的争论，往往归结到行为的成本和收益。

然而，从宏观政策的角度来看，应该从两个不容置疑的现实来考虑 CSR 运动：首先是企业不断增长的巨大能力对世界造成或好或坏的影响。其次是，大多数企业的结构主要是（有些人可能会说专门是）为股东负责。

这两个现实意味着，要想让企业对社会负起责任，有几个办法：让企业主主动承担起伴随着能力而来的责任（只有少数几家会这么做），或者是让公司看到 CSR 的收益大于成本（越来越多企业看到，但还远不是大多数），又或是制定更多的法律和规则来驯服企业这头怪兽（资源密集型的解决方法）。

长远的解决之道在于触及现实的根基进而重塑现实。随着经济全球化和各国之间不断开放，第一个现实，日益增长的企业能力仍会继续。第二个现实，片面注重所有者利益的企业结构有望被改变成对企业多元利益相关方的广泛尊重。在这条路上，再造企业的倡议已经踏上征程，还有前方的榜样（社会企业与合作社）一马当先。

直到抵达终点，这条路上都有风险存在：CSR 让每个参与者都感觉良好——政府、企业、非营利组织、消费者和公众。但这也许只是一剂镇痛剂，可能让你放慢寻找长远解决方案的脚步。

注释：

改编自：“The business of business”, *SALT*, September-October 2006; and “Is the business of business just business?” *The Business Times*, October 17, 2006。

1　对于历史爱好者而言，埃森哲这个名称只是新千年才诞生的。我从 1977 年开始任职于安达信会计师事务所（Arthur Andersen & Co）。1989 年，我所在的管理信息咨询部变成了安达信咨询公司，这是安达信全球组织的一个业务单元。其他的业务单元被称为 Arthur Andersen，从事审核（审计）和税务咨询工作。2000 年 8 月，安达信咨询公司从法律上彻底脱离了安达信公司和安达信全球组织，并于 2001 年 1 月 1 日成为埃森哲公司。

2　有关五家企业公民的信息汇编自不同来源，包括公司的出版物。这些公司的 CSR 相关信息可以从以下网站链接获得：

埃森哲（Accenture）：www.accenture.com/Global/About_Accenture/Company_Overview/Corporate_Citizenship/default.htm；

本杰里（Ben & Jerry's）：www.benjerry.com/our_company/about_us/social_mission；

英国石油（BP）：www.bp.com/sectiongenericarticle.do?categoryld=9020009&contentId=7036305；

美国通用汽车公司（GM）：www.gm.com/corporate/responsibility；

沃达丰（Vodafone）：www.vadofone.com/start/responsibility.html。

3　www.unglobalcompact.org.

4　新加坡企业社会责任契约（Singapore Compact for CSR）是一个三方联盟（雇主、工会和政府），建立于联合国全球契约的基础上，成立于 2005 年。首届 CSR 会议在 2006 年与全国志愿服务和慈善大会联合举办。来自瑞银集团（UBS）和仟湖（Qian Hu）等十几个企业的领导人在台上为 500 多名与会者阐释了他们履行企业社会责任的原因和方法。

5　www.thebodyshop.com; Matthew Gitsham, “The Body Shop's 2005 Values Report — Cleaner, but not sparkling”, The Ethical Corporation, December 6, 2005.

6　详见 Marc Benioff, Karen Southwick, *Compassionate Capitalism: How Corporations Can Make Doing Good an Integral Part of Doing Well* (Career Press, 2004) and www.salesforcefoundation.org/node/49。

7　“Is there really a link between CSR and a company's financial performance?” *Foundation for Corporate Social Responsibility Newsletter*, Vol. 3, No. 28, July 17, 2006。

8　John P. Kotter & James L. Heskett，*Corporate Culture and Performance* (The Free Press,1992)。作者在 1987 年至 1991 年间进行了四项研究，从中得出结论。

9 米尔顿·弗里德曼（Milton Friedman）, "The Social Responsibility of Business is to increase Profits", *The New York Times Magazine*, September 13, 1970。弗里德曼于 2006 年 11 月 16 日去世，《经济学家》称他是过去半个世纪最具影响力的经济学家。

10 "The Good Company—A Survey of Corporate Social Responsibility", *The Economist*, January 20, 2005. Articles in survey series include "The good company" and "The union of concerned executives."

11 *Tobacco industry and corporate responsibility... an inherent contradiction* (Tobacco Free Initiative, World Health Organization, February 2003); "Press release: Tobacco industry accused of corrupting ideals of corporate social responsibility", London School of Hygiene & Tropical Medicine, University of London, December 1, 2002.

12 Choe Sang-Hun, "A gesture of remorse from head of Samsung", *International Herald Tribune*, February 7, 2006.

13 *The State of Giving* (National Volunteer and Philanthropy Center, Singapore, 2005).

14 为蜘蛛侠迷概括梗概：当彼得·帕克第一次获得超能力的时候，他自私地用来赚钱。有一天，他拒绝去抓小偷。后来他才知道，那个小偷随后杀害了自己的监护人——本叔叔。在漫画中，蜘蛛侠在 Amazing Fantasy#15 中首次露面，含泪悔恨说着自己原本可以救叔叔，旁白，"这个瘦削沉默的身影慢慢融入夜幕，终于明白在这世上，拥有超能力就意味着肩负更大的责任"。2002 年的电影中，蜘蛛侠帕克回忆道，本叔叔曾告诉他："能力越大，责任越大。"为历史爱好者概括为能力和责任相关的概念并不新奇。已经有其他人清晰地阐释：（1）温斯顿·丘吉尔，"伟大的代价就是责任"；（2）富兰克林·罗斯福，"在一个民主的世界，在一个民主国家，权力必须与责任相联系……"（3）西奥多·罗斯福，"……我相信权力，但我认为责任与权力相伴……"（4）耶稣基督"谁被赐予的多，将来向谁索取的也多；托给谁多，将来向谁要求的也更多。"（路加福音第 12 章，第 48 节）

15 www.aprilasia.com.

16 www.walmartstores.com/ΛboutUs/.

17 此表在 2006 年由连瀛洲社会创新中心首制，使用当时（2004 年）可得的最新数据。Gabriel Lim 是从 LCSI 来的研究员，从那时就已离职，在 2008 年利用最新数据慷慨地将其更新——大多是 2006 年的数据。此表的几个类似版本由不同的人根据不同数据编制。我见过的第一个这样的表来自于企业监督网（CorpWatch），创始人是 Joshua Karliner。

18 www.corpwatch.org.

19 "The ethics of business", *The Economist*, January 20, 2005.

20 www.foei.org; *Briefing*: *Corporate Accountability* (Friends of The Earth, April 2005), www.foe.co.uk/resource/briefings/corporate_accountability1.pdf.

21 Gerald Davis, Marina Whitman and Mayer Zald, "The Responsibility Paradox", Stanford Social Innovation Review, Winter 2008.

22 Amit Dar, Sudharshan Canagarajah & Paud Murphy，Training *Levies*: *Rationale and evidence from evaluations* (World Bank，December 2003)，http://siteresources.worldbank. org/ INTLM/Resources/TrainingLevis.pdf。例如，在新加坡，雇主须为那些月收入低于 2000 新币（1400 美元）的员工支付其工资 1% 的技能提升税。这些资金将集中用于激励企业提升员工的技能。更多信息见：www.sdf.gov.sg。

23 参见 www.app.mcys.gov.sg/web/comm_comminv_communityrelations.asp。社区自助团体是以种族为基础的，个人根据自己的族类为各自的自助种族团体捐款：马来 / 穆斯林——清真寺的建筑和穆斯林教育基金（2~11 新币），印度人——新加坡印度人发展协会基金（1~7 新币），中国人——中国发展援助基金（0.5 新币），欧亚人——欧亚社区基金（2~10 新币）。

24 "Charming Psychopaths" is a side bar to the article by Deborah Doane, "The Myth of CSR", *Stanford Social Innovation Review*, Fall 2005.

25 www.fairprice.com; the corporate foundation is NTUC Fairprice Foundation Ltd.

26 www.corporation2020.org.

第 9 章 | "善商"
你有多慈善，真是这样吗？

　　捐赠额是否能决定捐赠者的慷慨程度？面对这样的困境，我试图去构建一个善商（charity quotient）框架。

　　在此框架下，慈善程度（charitableness）有两个维度。一是外在表现形式，即捐赠的资金、付出的时间和贡献的自身资源，这些和捐赠者的能力相关。二是内在维度：用于衡量捐赠动机，是出于无私还是自私的缘由。

　　将两个维度并列就确定了四种不同类型的捐赠者：极少捐赠者、价值捐赠者、潜在捐赠者和道德捐赠者。遗憾的是，世界上大多数人似乎都得归入"极少捐赠者"这一类别。

　　一次在高尔夫球道上，我向自己之前所在公司的合伙人伍国平（Ng Kuo Pin）提出一个想法，请他支持慈善高尔夫球邀请赛。他说："你知道，很多人报名参赛不是出于慈善原因，而是为了建立人脉关系。"

　　在打接下来的几个洞时，我们讨论了国平关于某些慈善行为的怀疑论点。

　　他质疑到有些大额捐款就捐赠者来说只能称为小额（相对于他们的财富和盈利能力），还带有附加条件，收到捐款的慈善机构是否应该为此庆贺。我们辩论"慷慨"的定义，以及讨论"不论来自哪里，钱都是一样的"这个说法是否同样适用于慈善机构。

　　我们的讨论最终集中到一个问题上，即你如何评估"慈善程度"？

虽然大家都同意，一个人对慈善有所贡献可以为自身打造积极正面的形象，但尚不清楚别人如何判断此人是否真正在做慈善。

我认为，要回答这个问题很困难，很大一部分原因是，事实上一个人的慷慨取决于有形和无形两方面原因。换句话说，慈善具有两个维度：

- 外部：慷慨程度是如何通过慈善机构和外部世界表现出来的；
- 内部：一个人慈善行为背后的动机。

外在表现形式

通常情况下，我们评论一个人很有善心，是基于我们所见到的，例如当一个慈善家捐出一大笔钱给慈善机构的时候。

我们大多数人会认为比尔·盖茨（Bill Gates）非常慷慨。他已向慈善机构捐款 300 亿美元，还打算捐出余下的大部分财富（约 580 亿美元）[1]。盖茨和妻子梅琳达（Melinda）已经表示，计划在有生之年捐出全部财富的 95%。虽然夫妇俩还没有决定给三个孩子留下多少财产，但是他们将依照沃伦·巴菲特（Warren Buffet）的理念给孩子留下的财产"可用于做任何事，但不够坐享其成"。[2] 几百亿美元的 5% 对于我们大多数人来说远非小数，这并没有任何贬低盖茨慷慨的意思。我儿子注意到了这一点，猜测着盖茨留给自己孩子的财产，然后厚着脸皮对我说："爸爸，我全力支持你向比尔·盖茨学习：把你所有的财产捐给慈善机构，只是你一定也要像他一样，留下一亿美元左右的财产给我。"

博·桑切斯（Bo Sanchez）是一名在俗传教士兼作家，谈到开始做传教士的时候，他如何努力把收入的 10% 捐给慈善事业[3]。现在，他成功地通过书籍和讲座赚到更多的钱，他将其中的 40% 捐给慈善，同时仍过着斯巴达式简朴的生活。他的目的是赚更多的钱，这样就可以将收入的 90% 或者更多的财富捐给慈善机构。

从捐赠者的角度来看，捐款相对价值与绝对价值在《圣经》中寡妇的小钱这一故事中有所说明[4]。故事中，耶稣在圣殿目睹了有钱人显而易见的大额捐款，却高声赞扬只捐了两个小钱的穷寡妇。小钱是那个时代最不值钱的硬币，但这是她所拥有的一切，而富人却只捐献了他们财富的一小部分。

我所在的教会最近组织了一次慈善募捐，在 7000 个捐款信封中有一封脱颖而出，里面只装了 10 美元，上面潦草地写道："我很抱歉，但这是我所有的钱。"他不应该道歉，其实，按比例来说，他比许多人捐的都多。

因此，关键在于衡量一个人慷慨程度的不是捐款的绝对数额，而是相对数额，即相对于其能力而言。

当我们谈论捐赠的慷慨度，它不单单指金钱方面，也指时间贡献。在许多情况下，尤其是对于社会中上等阶层来说，时间更宝贵，更难以付出。然而，这一决定反映了我们的优先排序，甚至一些超级富豪也选择追随本心。比尔·盖茨从 2008 年 6 月开始逐渐淡出微软的日常工作，投入更多的时间参与基金会工作。

完全的捐赠不仅意味着付出金钱和时间，我们还可以献血、捐赠器官或身体的任何一部分。这是真正的捐赠自我。

一个极端捐赠者范例是扎尔·克瑞文斯基（Zell Kravinsky），一位数学家，也是一位美国教授。他积累了价值 4500 万美元的房产财富专门捐给慈善机构。2003 年，他把自己的一个肾捐给了一位完全陌生的人。据说，他还试图做其他捐献，包括骨髓、一叶肺片、"任何其他人可能需要的东西"[5]。

因此，慈善程度的外部表现是我们可见的：一个人在能力范围内付出的时间、金钱和自我的比例，这是有形的决定标准。

内在动机

然而，真正的慈善源于内心。诚然，当一个人捐赠时，很难去窥探一个人的内心或大脑，但捐赠动机必须纳入衡量捐赠者慈善度的标准。

人们捐款给慈善机构有很多的原因，可能是因为他们需要对外宣传（可见的捐款），可能是由于税收减免（以税收为基础的捐款），可能是亏欠劝募者一个人情或希望得到其帮助（互惠捐赠），又或者他们被精心准备的筹款活动打动，捐款可能和动机无关（冲动捐款）。其中许多原因都着眼于捐赠者在给予的同时会有所收获。

但要做到真正的慈善，有人认为捐赠不应以任何有形的回报为基础，而是纯粹利他主义。

对于一些人，尤其是宗教人士，纯粹的付出有时超越了任何自我愉悦的想法。相反，它是一种义务。所有伟大宗教，包括基督教、佛教、犹太教和伊斯兰教都有的一条教义是，那些富裕的人有义务帮助那些不甚幸运的社会成员。例如，基督徒受到训导，自己不过是神所造之物的管家，只应索取自己所需，而将余下的与那些需要的人分享。

当然，也有相反的观点，认为即便是利他主义也同样带来好处：满足感和善良感，获得宗教上的来世回报，或者是减少负罪感。

我认为，无论是出于责任还是简单的利他主义情怀，只要捐赠者的目的不是获得任何物质、社会或政治上的回报，那么他的动机就是纯洁的。在衡量内在维度时，捐赠者目的很重要。因为通常来说，慈善可能回报给捐赠者以某种认可，无论其是否主动追求。

善商

我们能否有效地衡量捐赠的这两个维度，并将其结合起来以产生善商？

在外部因素方面，如果我们可以衡量捐赠的水平，它将介于一个人能力范围内 0 到 100% 之间——他的时间、金钱和整个自我。

在内在维度方面，刻度范围是从完全以自我为中心到纯粹的利他主义。

即使衡量存在困难，如图 9.1 所示，将两个维度并列，为思考慈善程度提供了一个有用的概念框架。

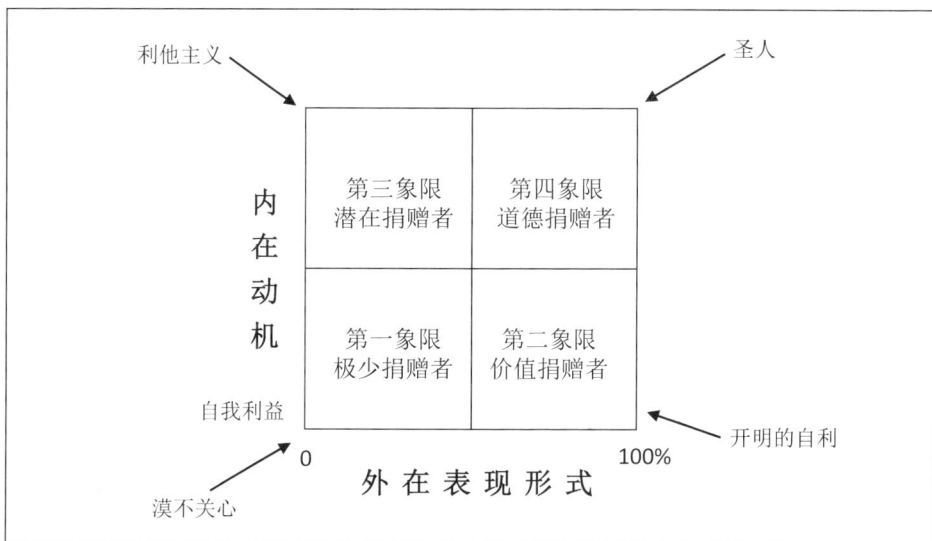

图 9.1 善商图表

在这张图上，存在两个极端。左下角是"漠不关心"（"bo chap"①），指的是既不关心他人也不进行捐赠的人。在右上角是"圣人"，很少有凡人可以达到这个境界，毫无保留的捐出个人所有，且不求任何回报。

在这两个极端之间，图表区分出四大类捐赠者：

第一象限：极少捐赠者。这类人普遍信奉慈善起源于并在很大程度上存在于家庭内部。极少捐赠者也会捐款，但通常只是一点零钱。即便如此，他们也期望有所回报。

第二象限：价值捐赠者。这类人捐出大部分的个人所有，但他们认为捐赠和收获存在联系，或者更贴切地说，捐赠是为了有所收获。他们也是在为开明的自我利益（enlightened self-interests）服务。

第三象限：潜在捐赠者。这类人有心捐赠，但他们还未倾己所能。

第四象限：道德捐赠者。这类人可以出于利他主义原因而尽己所能的捐助。这是所有捐赠者的理想模型。当你进入这个象限，你就是一个真正的捐赠者。

处于第一象限（极少捐赠者）和第二象限（价值捐赠者）的捐赠者主要是基于自我利益的驱动。两者之间的差异在于捐赠者最终捐出的资源占自身全部所有的比例。

在现代社会，人们赞美自我和成就，很多人捐赠是出于开明的自利。我们捐赠是为了有所收获，即使所得可能少于所捐。这种收获可能表现为税收减免、捐赠者特别权利、回馈或获得一个实际的帮助。事实上，在筹款领域充斥着如何增强"化缘力"的技巧，从理解捐赠者动机（不管多么粗糙）到构建一个有益"请求"，其益处恰是开明的自利者希望获得的。

即便是简单的认同，只要是捐赠者渴望的，也归属于捐赠——收获模式（give-to-take approach）。当泰德·特纳（Ted Turner）开始筹小慈善竞赛，以他的10亿美元捐款为联合国吸引更多捐款。在交谈中他说道："他的超级富豪伙伴表示，如果有一份名单列明谁在付出而非攫取，他们会捐献更多[6]。"他的言论促使 *Slate* 杂志编制这样一份榜单[7]，带来了更多的媒体曝光和更多的超级富豪慈善捐赠榜单。

价值捐赠者比极少捐赠者在政治上更容易被接受，原因很明显，即使你可能

---

① Bo chap 为新加坡俚语，通常指一个人对某事爱理不理，抱着不管闲事的态度，口语可翻译为"无眼"。

会质疑他或她的动机，这个人的确是捐赠了很多。

因此，很少有人会承认自己是一个极少捐赠者，这将意味着颂扬自私和无视慈善。也就是说，除非你是作家安·兰德（Ayn Rand），即《自私的美德》（*The Virtue of Selfishness*）[8]一书的作者。她认为，每个人都应该为自己理性的私利而行动，这"意味着他不为别人的福利屈从，不为别人的需求而牺牲自己，减轻他人痛苦不是他的主要关注点，同时给予别人任何帮助都只是一个例外，而非常态"。她的信念是，利他主义可能是一种"罪恶"，背叛了自身的利益。对兰德而言，慈善既不是一大美德，也不是道义上的责任。在 2004 年发生亚洲海啸的那一周，安兰德研究所（Ayn Rand Institute）成立了，该研究所由兰德创立并以她的理念为基础，发布了一份新闻稿，标题为"美国不应该帮助海啸灾民"[9]。

与此同时，第三象限（潜在捐赠者）和第四象限（道德捐赠者）相信利他主义。

有人会说潜在捐赠者是一个矛盾体。一个奉行利他主义的人怎么会捐赠很少？如果从一个人生命的某个时间点来测量，第三象限捐赠者是可能存在的。在沃伦·巴菲特[10]将超过 300 亿美元捐款赠予比尔及梅琳达·盖茨基金会这一历史性时刻，《财富》杂志（*Fortune*）采访了巴菲特，问道为什么他早些时候不这样做。他回答，在此之前他所能捐献的少得多，而且"一个可以让资金高速增长的人，……是管理慈善的好伙伴，这一点已经有 20 年的历史可以证明"。巴菲特的投资公司伯克夏·哈萨韦公司（Berkshire Hathaway）自 1990 年以来，年均回报是标准普尔 500 股票指数长期年均回报的两倍。[11]他还指出，自己和已故的妻子一直计划将财富用于回报社会，他此前曾和伯克夏·哈萨韦公司的股东们谈及这一想法。

成为一个道德捐赠者意味着捐赠者近乎圣人，动机更为纯洁。当然，特蕾莎修女倾其所有的付出是一个道德捐献典范。

可以说，那些匿名捐赠出大部分财产的人，拒绝了任何可能获得的认可和个人利益，这些人属于这一象限。《商业周刊》（*Business Week*）在 2003 年度慈善调查中，挖掘出了几个主要的秘密捐赠者[12]。

其中最主要的是查尔斯·菲尼（Charles Feeney），他秘密捐出自己在 DFS 环球免税店集团（Duty Free Shoppers）的股份，成立了一个慈善基金会，并继续过着俭朴的生活。据这篇报道称，在他的精明管理下，基金会资产价值 37 亿美元，而他的个人净资产只有 150 万美元。直到他捐出股份的 13 年后，1997 年 DFS 环球免税店集团被并购时，他的捐献事迹和捐赠额度才被公诸于众。

善商框架在应用中的一个主要困难在于确定内在因素。

谁知道在人们心中暗藏着什么？一个属于第四象限（道德捐赠者）的秘密捐款者可能是为了免除负罪感，或者仅仅是为了避开税务官，或者更糟糕的是，支持一个暗地帮助恐怖组织的慈善机构。

即使一个人的意图是纯粹的，道德模范最终不会被这个互相联接的世界放过。就如特蕾莎修女的例子，引来公众注意力甚至奉承是不可避免的。比尔·盖茨先生关于儿子比尔·盖茨三世慈善捐赠受到媒体关注一事说道，庞大数额的匿名捐赠"并非我儿子的选择"[13]。

大多数时候，我们倾向于放弃质疑的益处，假定目的是好的。然而有的情况下，特别是和商业相关的慈善事业，商人们要冒着被人指责利用捐赠促进自身商业利益的风险[14]。

我已经构建了个人捐赠背景下的善商模型，同时它也可应用于企业（见下表"企业慈善商数"）。

企业慈善商数

慈善商数模型在企业背景下应用更为容易。这是因为内在动机因素虽然就个体而言难以确定，但是对于企业机构是显而易见的。

一个组织的章程及其成立目的，是已知和公开的。基于我们的研究目的，可以将组织分为两种类型：商业机构，其存在主要是为所有者赚钱；以及社会企业，拥有社会使命的商业经营。从这个意义上说，在数量上占了绝大多数的商业机构是"自私"的，因为其最终利益落在股东身上。社会企业是无私的，因为最终他们的利润有利于慈善机构。

在企业背景下应用善商框架，使得我们能够在纵轴两侧区分以上两种类型的组织。

在横轴上，机构捐献多少的判断方法与人的善商类似。指的是相对于企业收入的企业慈善事业支出额和企业员工在慈善事业上投入的时间量。

结果如图 9.2 所示。

如果一家商业公司从不或很少向社会捐赠（第一象限），那么该公司就持有"企业的天职就是赚钱"的观点，并且它没能在回馈社会中发现任何商业价值。

如果一家商业公司落入第二象限，那么该公司向社会做出大量捐赠。你可以质疑

续表

公司是否应该捐出所有或者大部分收入，因为这有违其章程。一个公司捐赠甚多，很可能是因为它认定这样做对经营大有裨益。这就是为什么许多实践 CSR（企业社会责任）的企业在品牌、协同市场、员工积极性等方面有所获益。因此，对于一个商业公司，这样做符合其章程规定的股东利润最大化，回馈社区只是开明的自利。

另一方面，社会企业是专门为了支持特定慈善机构或所有慈善机构而设立的。有些是慈善机构自己设立的，有些是有善心的商人成立的，还有一些是合作社服务于更大的利益相关者所在的社区。由于社会企业的章程要求其回馈所有收益，这样做只是意味着完成自己的使命，他们自然落入了第四象限。

如果一个社会企业没能捐出所有收益（第三象限），这意味着它走偏了，迷失了方向，没有履行自己的使命。

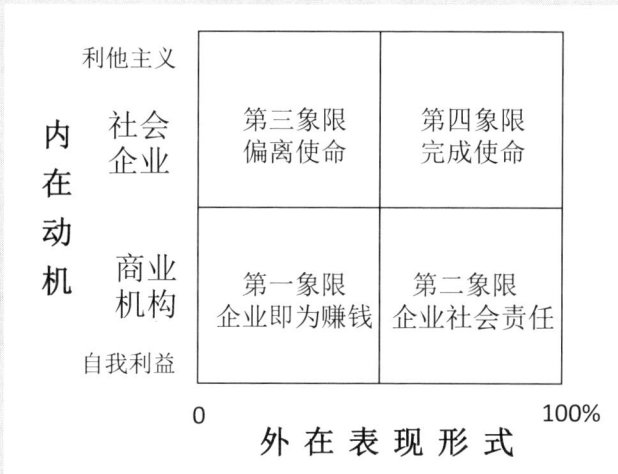

图 9.2　企业慈善商数

我们的位置在哪儿？

所以，在善商图表中，我们处于什么位置？

让我们从"横轴"开始。就捐赠的外在表现形式而言，我们处在什么位置？表 9.1 提供了来自各种渠道的数据，可以帮助我们看到在捐赠时间和金钱方面，一般人，譬如说新加坡人、英国人和美国人，都处于什么位置。

表 9.1　捐赠时间和金钱

捐赠种类　　　　　　　　　　　　国家	新加坡	英国	美国
1. 奉献的时间			
a. 志愿服务率 [15]	15.2%	28.0%	44%
b. 志愿服务的经济价值所占 GDP 百分比 [16]	0.46%	2.97%	2.18%
c. 每人年均志愿服务小时 [17]	12 小时	58 小时	127 小时
d. 每人年均休闲时间 [18]	657 小时	1924 小时	1825 小时
e. 休闲时间和志愿时间比例 (d)/(c)	55 : 1	33 : 1	14 : 1
2. 捐赠资金			
a. 个人捐款占国民总收入百分比 [19]	0.28%	0.73%	1.63%
b. 所有个人和家庭年度捐款额 [20]	2.92 亿美元	190 亿美元	2130 亿美元
c. 所有家庭的年度休闲消费支出 [21]	3.52 亿美元	1900 亿美元	2800 亿美元
d. 休闲消费支出与捐款额比例	1.2 : 1	10.0 : 1	1.3 : 1

正如前面所讨论的，尽管捐赠量对于接受方来说是极其重要的，为了确定慈善程度，我们需要比较捐赠数额和个人捐赠能力。

从概念上来讲，衡量捐赠能力的一个较好标准是可自由支配的时间和收入。经济学家定义的可支配收入为总收入扣除税收和维持适当生活水平所需必需品的支出。同样，我们可以定义可自由支配时间为除去工作时间、个人和家庭必需活动耗时剩下的有效时间。然而，可自由支配时间和收入的数据是不容易获得的。因此，我试图用休闲时间和开支作为替代。

因此，若要以捐赠的时间来衡量慈善程度，我们可以比较一个人为志愿活动投入的时间和其休闲活动的时间。若要衡量慈善捐款，我们可以比较捐款额和休闲消费支出。

美国往往被视作世界上最慷慨的国家 [22]，而且统计数据通常也证明了这一点。例如，美国志愿服务率高达 44%，而英国只有 28%，新加坡只有 15%。美国个人捐款占了国民总收入的 1.63%，这是英国捐款率的两倍以上，是新加坡 0.28% 捐款率的近 6 倍。

然而，在所有国家，甚至包括美国，在捐赠能力方面还有很多研究工作可以做。

就时间而言，美国人休闲时间是志愿服务时间的 14 倍。在英国，休闲时间是志愿服务的 33 倍，而在新加坡，这一比例是 55 倍。

在金钱方面，捐款额和休闲消费支出的比例似乎要好得多。在美国和新加坡，家庭休闲花费只比捐赠额略多一些。应该指出的是休闲消费支出的数额普遍被低估，因为没有将各种奢侈品开支计算在内，这些可能被归类为食品、交通和家居用品等方面的家庭开支。

将时间和金钱放在一起考虑，各国的普通人似乎都落在"横轴"的左侧，即我们都属于极少捐赠者（第一象限）或潜在捐赠者（第三象限）。

要确定人们属于"纵轴"的哪一侧更加困难，因为捐款的内在动机是主观的。在这方面，很多关于志愿者和捐助者的调查通常不是很有用，因为调查往往是肤浅的，要求受访者在诸如"回馈社会"等自我感觉良好的选项上打钩。针对筹款人的调查和专家对捐赠者和志愿者的动机的深入研究，勾勒了一个更为准确的图景，也更加有用，即使其研究可能并不总是严格的定量研究。

nfpSynergy 是总部设在英国的非营利部门智库和咨询机构，在其研究当代捐赠者的报告中指出，当前趋势是"新一代捐赠者们要求更高、更看重回报、更不愿承担责任"，成功的筹款需要设计"现成的、标准化的捐款套餐"。[23] 类似的，nfpSynergy 对志愿者的分析指出，"尽管志愿者们经常谈及利他主义的动机（对慈善使命的信仰以及有所作为的愿望），一些志愿者管理者仍指出一个令人担忧的变化，要去满足更为复杂的动机和与志愿服务相伴的激励回报。"[24] 这表明了两个主要趋势"自私志愿者增加"和"志愿服务产品化"。

美国专家普林斯（Prince）和 法尔（File）对大额捐赠者以及他们的动机做了一项研究，指出了"慈善动机的七种类型"（"seven faces of philanthropy"）。[25] 表 9.2 将该书作者对捐赠者的分类做了重新排列，依据是其在善商图表纵轴上所处的位置。

前两种或前三种类型可能会落在善商图表的上半部分，而其余的将落在下半部分。这意味着最多有 38% 的人更多是出于无私的原因而行善，而 62% 的人期望或者已经通过行善获得回报。

尽管研究尚无定论，且略显悲观，我们暂可得出这样的结论，我们中的大多数人属于"极少捐赠者"象限。然而好消息是，向上和向右移动的潜力是非常高的。

同时，你认为自己在善商图表中处于什么位置？

表 9.2　七种类型的大额捐赠者

捐赠者类型	信念	比例 / %
利他主义者（Altruists）	这是对的	9
信仰宗教者（Devouts）	这是上帝的旨意	21
家族传承者（Dynasts）	这是家族传统	8
知恩图报者（Repayer）	出于忠诚和责任感而回馈社会	10
热衷社交者（Socialites）	这很有趣	11
投资慈善者（Investors）	这有助于减少个人所得税和房产税	15
泽被乡里者（Communitarians）	这有助于企业良知和社区繁荣	26

来源: Russ Alan Prince and Karen Maru File,《慈善动机的七种类型》(*The Seven Faces of Philanthropy*)

注释:

改编自: "The Charity Quotient: How charitable are you, truly?" *SALT*, No. 24, January-April 2008。

1　比尔·盖茨的剩余财富报告来自《福布斯》最新年度亿万富翁列表: Luisa Kroll, "The world's billionaires," *Forbes*, March 5, 2008。

2　Patricia Sellers, "Melinda Gates goes public... about living with Bill, working with Warren Buffet and giving away their billions", *Fortune*, January 7, 2008.

3　Bo Sanchez 在 2007 年 12 月 1 日的一次会议上的演讲, "Christ@Work 2007" in Singapore on December 1, 2007。关于 Bo Sanchez 更多信息, 请登录 www.Preacherinbluejeans.com 以及 www.bosanchez.ph.

4　《圣经》中关于寡妇的小钱的故事, 见马可福音第 12 章, 第 38~44 节。同时还可见路加福音第 20 章 45~47 节以及第 21 章, 第 1~4 节。

5　Peter Singer, "What should a billionaire give—and what should you?" *The New York Times Magazine*, December 17, 2006; Jerry Schwartz, "Zell Kravinsky doesn't get it", *The Oregonian*, November 28, 2003.

6　Maureen Dowd, "Ted Turner urges 'ol' skinflints' to open their purse strings wider", *The New York Times*, August 23, 1996.

7　David Plotz, "Competitive Philanthropy: The History of the Slate 60", *Slate*, February 20, 2006.

8　安兰德（Ayn Rand）：《自私的美德：利己主义的新理念》（Signet，1964）。这本书是安兰德和纳撒尼尔（Nathaniel Branden）文章和论文的合集。主题包括将利己主义定义为道德的理性守则、利他主义的破坏性和称职政府的本质。安兰德的哲学被称为客观主义，安兰德研究所网站（www. Aynrand.org），也被称为客观主义进步中心，旨在推动其哲学发展。

9　"美国不应该帮助海啸灾民"是一篇社论对页版文章，由安兰德研究所（简称 ARI）研究员大卫（David Holcberg）撰写，发表于 2004 年 12 月 30 日。这篇文章被几家刊物转载，引起了一些批评。随后在 2005 年 1 月 7 日 David Holeberg 写的 "就政府援助海啸灾民一事中 ARI 立场的澄清"，于 2005 年 1 月 8 日发表在《资本主义》杂志（*Capitalism Magazine*）上，表示他先前的文章是 "不恰当和不能正确代表 ARI 研究所的立场"。这篇澄清文章缓和了研究所在捐款上的立场，但也重申了政府唯一的法定角色是保护个人的公民权利，而不是支持利他主义。

10　Carol J. Loomis, "A Conversation with Warren Buffett", *Fortune*, June 25, 2006.

11　Matt Krantz, "Berkshire Hathaway: Almost a screaming buy at more than \$100 000 a share", *USA Today*, November 17, 2006.

12　Michelle Conlin and Jessi Hempel, with David Polek and Ron Grover, "Philanthropy 2003: The Secret Givers", *Business Week*, December 1, 2003. See also Maureen Dowd, "One Life To Give", *The New York Times*, November 26, 1997, on a rare encounter with Charles Feeney.

13　同注释 12。

14　例如，当 2002 年比尔·盖茨向印度捐款 1 亿美元用于抗击艾滋病时，有人质疑这是公关策略，目的是 "加强自己公司的品牌，并防止人们放弃微软操作系统改为 Linux 操作系统"。参见 "It was 70% generosity and the rest business," rediff. com, November 15, 2005 at www.rediff.com/money/2002/nov/15mess.htm; and Doc Searles, "SuitWatch: Views on Linux in Business," *Linux Journal*, November 14, 2002 at www.linuxjournal.com/xstatic/suitwatch/2002/sw31.html。

15　三个国家的志愿服务率来源于 *The State of Giving* (National Volunteer & Philanthropy Center, 2005)。

16　新加坡志愿服务的经济价值来源于 *the State of Giving* (National Volunteer & Philanthropy Center, 2005)。英国和美国的数据来源于 "Private philanthropy across the world", Johns Hopkins Comparative Nonprofit Sector Project, http://www.jhu.edu/cnp/pdf/comptable5_dec05.pdf。

17　个人年度平均志愿服务时间计算如下：志愿者人均年度服务时间 × 志愿服务率。新加坡的数据来自 *The State of Giving* (National Volunteer & Philanthropy Center, 2005。英国的数据来自于 Elisha Evans and Joe Saxton, *The 21st Century Volunteer* (nfpSynergy, November 2005)：第 4 页显示，1997 年全国志愿服务调查中每个志愿者每周志愿服务 4 个小时，由此计算个人年均志愿服务时间为 4 × 52 × 28% = 58 小时。美国的数据来自于 *Giving & Volunteering in the United States* (Independent Sector, November 2001)：调查估计每位志愿者每月服务 24 小时，由此计算个人年均志愿服务时间为 24 × 12 × 44% = 127 小时。

18 新加坡每人年均休闲时间来自于 URA 的 2004 年生活方式调查 *URA Survey of Lifestyles 2004* (Urban Renewal Authority of Singapore, 2004)：该调查采集了五个人口统计区域的休闲时间，并由此计算出全国平均水平。英国数据来自于 Elisha Evans and Joe Saxton, *The 21st Century Volunteer* (nfpSynergy, Nov 2005)：第 19 页显示，英国公民平均每周花费 37 小时用于休闲活动，每年的休闲时间即为 37 × 52 = 1924 小时。美国数据来自于 "American Time Use Survey—2006 Results", Bureau of Labor Statistics, U.S. Department of Labor, June 28, 2007：数据显示超过 96% 的男性每天花费 5.6 小时，女性花费 4.9 小时用于休闲，我将其平均为每人每天花费约 5 小时。

19 个人捐款占三个国家的人均国民总收入的百分比的数据来自于 *The State of Giving* (National Volunteer & Philanthropy Center, 2005)。

20 新加坡的所有个人和家庭的年度捐赠数据来自于 *The State of Giving* (National Volunteer & Philanthropy Center, 2005)；英国数据来自于 *U.K. Giving 2007* (National Council for Voluntary Organizations and Charities Aid Foundation, 2007)，该数据是基于 2005/2006 年；美国的数据来自于 *Giving USA 2007, The Annual Report on Philanthropy for the Year 2006* (Giving USA Foundation, researched and written by the Center on Philanthropy at Indiana University, 2007)：本文使用的数据是 2005 年个人和家庭的捐赠。

21 新加坡所有家庭的年度休闲消费支出数据来自于 *Report on The Household Expenditure Survey 2002/2003* (Singapore Department of Statistics, 2003)；本文又加入了 2003 年的其他娱乐项目的数据，包括娱乐待客、烟酒、个人护理、私人物品、度假花费、业余爱好支出，这样总金额为每家 523 新币。英国数据来自丁 "Family Spending", Office of National Statistics, U.K., www.statistics.gov.uk，2006 年英国家庭平均每周的开支为 456 英镑，其中 58 英镑用于娱乐及文化。美国数据来自于 "Consumer Expenditure in 2005", Bureau of Labor Statistics, U.S. Department of Labor, February 2007；本文只采用了娱乐支出，其他休闲支出如旅游、奢侈品等可能是包含在其他类别，并且不能被分离出来。

22 Bhagyashree Garekar, "Why America is charity central", *The Straits Times*, November 18, 2007.

23 Joe Saxton, Michele Madden, Chris Greenwood & Brian Garvey, *The 21st Century Donor* (nfpSynergy, September 2007).

24 Elisha Evans and Joe Saxton, *The 21st Century Volunteer* (nfpSynergy, November 2005).

25 Russ Alan Prince and Karen Maru File, *The Seven Faces of Philanthropy* (John Wiley & Sons, 1994).

第10章 | 规划性捐赠
向逝者募捐

　　理论上，在人们即将离世时，应该最乐意把自己的财产捐给慈善事业。现实中的挑战在于如何在还来得及的时候让人们做出捐赠。美国的大学和医疗机构率先开始尝试从捐赠人那里获得遗赠，这被称为"规划性捐赠"（planned giving）。

　　规划性捐赠在亚洲尚未发挥其应有的重要作用，这可能是由于遗产税较低，以及亚洲文化避讳谈及死亡。但是这种新型捐赠来源潜力巨大。因此，应该被积极推动，甚至可以围绕它创建一个小型产业。

　　几年前，我曾和温斯顿·唐（Winston Tan）共进午餐。他之前是位投资银行家，做得相当成功，这次与我分享银行业的故事和理念。在他看来，唯独银行家明白一个非常简单的道理，并且已经围绕这一理念成功建立了一个完整的产业——这就是金钱的时间价值（the time value of money）。

　　话题最终转向新加坡的慈善事业以及如何提高慈善捐赠的水平[1]。他运用银行家的洞察力建议道，"采取阻力最小的方法，在金钱的价值对捐赠者意义最小的时候，鼓励他们捐赠。"

　　"比如什么时候呢？"我问道。

　　"比如，当他们即将去世的时候。"温斯顿简洁回答道，又补充说，"当然，得让他们在去世之前承诺捐赠！"

遗赠和规划性捐赠

当然，这个概念并不新鲜。在"规划性捐赠"这一概念的支持下，将遗产捐赠给慈善机构长期受到推崇。"规划性捐赠"一般是指慈善遗赠，以及事先计划，通常在捐赠者死后生效的慈善捐赠。一些慈善遗赠广受媒体关注。最引人注目的一例是麦当劳创始人雷·克罗克（Ray Kroc）的遗孀，琼·克罗克（Joan Kroc）的遗赠。2003 年 10 月，享年 75 岁的琼·克罗克留下了 19 亿美元遗产给几个慈善机构。救世军（Salvation Army）收到其中最大一份——超过 15 亿美元，这是单个慈善机构收到的最大数额的一笔捐款，超过救世军 2002 年收到的所有捐款总和。这笔钱将用于发展全美的社区中心。这种社区中心类似于琼·克罗克去世前两年，在圣地亚哥以她和丈夫的名义开设的社区中心。救世军意识到"这次捐赠带来的独特的筹款挑战"，并发表了一份声明，强调这次捐赠所得可能不会用于现行的项目和服务，也不用于行政费用，因此，仍然需要其他捐赠者的持续支持[2]。

另一个有趣的慈善遗赠例子来自于英国百万富翁约翰·乔治·怀特（John George White）[3]。他立下遗嘱，捐赠 200 万英镑（400 万美元）给慈善事业，只给家人留下 4 万英镑（8 万美元）。主要受益者之一，皇家阿历山得拉与阿尔伯特学校（Royal Alexandra and Albert School）甚至与他从无联系，对这份捐赠感到非常惊讶。

当然，并非所有的遗赠都以让受益组织惊喜的形式出现。事实上，大多数往往不是惊喜，因为是由非营利组织自己提议的。尤其是在美国，高等院校和医疗相关慈善机构对此最为积极。这些机构会特意请求应届毕业生、病人和其他潜在捐赠者在其遗嘱或人寿保险计划中将机构自身列入受益人名单。

经过多年发展，更为复杂的规划性捐赠工具也相继出现，以满足特定捐赠人的需求。这些工具包括生活收入捐赠（Life Income Gifts）：在捐赠者将资产转让后，还可以获得日常生活所需收入；以及集合收入基金（Pooled Income Funds）：来自不同捐赠者的类似捐赠被集合在一起进行投资。一个有趣的创新是由新加坡智障人群运动组织（Movement for the Intellectually Disabled of Singapore）发起的一项计划[4]。这是一个公益信托，家长可以做出捐赠或承诺捐赠，那么他们患有智障的孩子在父母死亡后可以继续得到照顾。

推销规划性捐赠

当慈善机构在潜在捐赠者中提议做出规划性捐赠时，他们当然不会说这个捐赠时机更为方便。他们也不会说，对于捐赠者而言，在即将离世时，钱财的使用价值是最小的。更不会说，人在去世之前才最清楚哪些东西可以捐出来。

相反，他们试图说服捐赠者的理由是，利用各种规划性捐赠工具可以获得的切实利益，以及可以留下一项家族传统这一无形利益。

如上所述，种类繁多的规划性捐赠工具已经逐渐发展到可以适应捐赠者在收入、安全感、税收和捐赠时机等方面的需求。这些捐赠工具都涉及一个重要方面，即税收优惠，从这些捐赠中可以获得多种税收优惠。

在那些征收遗产税的法域，去世之时或之前（在遗嘱中写明的）慈善捐赠不征收遗产税。由于规划性捐赠在遗产认证（probate）之前就转移了财产，这就减少甚至省去了遗产认证费用[①]。如果增值资产（例如股票价值已上涨）被捐出，那么就可以为捐赠人节省一笔适用于增值资产的资本利得税。事实上，财务规划专家可以根据税法设计规划性捐赠，使得所得税、遗产税和资本利得税的总和接近所转让的金额，同时捐赠者可获得日常生活所需收入。

规划性捐赠的无形利益关乎留下一项家族传统。捐赠时，捐赠者通常会获得对其捐赠的认可。如果是通过设立捐赠人服务基金（donor-advised funds）或者成立基金会而做出捐赠，就可以让捐赠者的子女参与其中并深受教育。子女们可以就选定捐赠对象出谋划策，同时继承家族的慈善捐赠传统。

规划性捐赠的潜力

规划性捐赠可能十分重要。

英国遗产预知公司（Legacy Foresight）估计该国慈善机构的遗产收入高达16 亿英镑（约 32 亿美元）[5]。这占到慈善机构获得的所有自愿收入（voluntary income）的 12% 左右。那些规模最大的慈善机构（拥有超过 1000 万或 2000 万美

---

① 以美国为例，遗产认证由法庭做出，需要耗时一到两年，当事人需要支付律师费、管理费、法庭各项支出费用和资产评估费，这样 100 万美元的遗产经过认证可能就要花费 5 万美元。

元收入的机构），遗产收入占其所有自愿收入的 20% 以上。有趣的是，在英国年度筹款对标分析报告中发现，被研究慈善机构的遗产收入占其自愿收入的 36%。[6]

在美国，2006 年慈善遗赠总额大约为 230 亿美元，是当年捐赠总额的 7.8%[7]。其未来前景很有希望更为明朗。专家估计，在未来 50 年中，超过 41 万亿美元将从一代传递到下一代，其中相当大比例（保守估计在 6 万亿美元）将全部捐赠给慈善事业[8]。

在亚洲，关于规划性捐赠的官方或行业数据没有多少。个人感觉遗产捐赠在亚洲相对低迷。例如，在新加坡仅仅有几家大慈善机构以相当低调的方式推行，如社区福利基金、全国肾脏基金会和国家文物局（National Heritage Board），同时本地大学追随美国同行的成功例子，设有专门面向校友的遗产捐赠项目。

但是考虑到规划性捐赠起点较低，社会财富数量较高且增长很快，规划性捐赠在亚洲有着巨大的发展潜力。2006 年亚太地区的高净值人士（拥有 100 万美元及以上的金融资产）共计拥有 8.4 万亿美元的资产[9]，这占全球总量的 22% 以上。更为重要的是，亚洲财富增长迅速，其年均增长率为 8.5%，超过了 6.8% 的全球速率。

以新加坡为例，高净值人士手中的财富总额为 3200 亿美元。据全国志愿服务与慈善中心估计，每年财富的代际转移轻易就超过 20 亿新币（14 亿美元）[10]。综合考虑这些数据，即使只有 10% 捐给慈善机构，每年个人免税捐款总额将增加一倍。

死亡和税收

那么，为何规划性捐赠在亚洲未能发挥其应有的重要作用？我大胆猜测原因有二，遗产税和我们对待死亡的态度。

遗产税鼓励慈善捐赠。遗产税的税率越高，激励作用就越大。美国政府在 2004 年的一项研究发现，永久废除联邦遗产税将会减少全部慈善捐赠总额的 6% 至 12%[11]，而更大的影响是会使遗产捐赠减少 16% 至 28%。

在亚洲大部分地区，遗产税制度格外宽松，也许是过于宽松了。一开始，大多数亚洲国家没有遗产税：新加坡、中国、印度、印度尼西亚、马来西亚和泰国。对于那些有遗产税的国家，如菲律宾，税率低至 5%~20%，而日本、韩国采取累进税率，逐渐增至50%。相比之下，英美的遗产税率分别增至40%和45%[12]。因此，大多数亚洲国家对遗产捐赠有边际税率或零税率优惠，从税收角度而言规划性捐赠没有多大吸引力。

也许遗赠水平低的更主要原因在于，死亡在亚洲人的成长过程中是一个禁忌话题。虽然在大多数文化中同样如此，但由于各种迷信观念，亚洲文化对死亡特别敏感。例如，中国人不喜欢谈论死亡，因为它往往与不幸和噩运相联。特别是在临近死亡的时候，谈论死亡可能是死亡的预兆，并且带来死亡。如有必要，传统中国人以间接方式论及它，如用委婉语"结束旅程"或"该回家了"。

亚洲人对待死亡的态度使大家很难公开讨论遗嘱和人寿保险事宜。保险公司认为，亚洲人普遍投保额不足。2006年亚洲人寿保险费用为人均155美元，而在欧洲和北美的人均保费分别是亚洲的7倍和11倍[13]。

这种对于死亡的闭口不谈和消极应对导致的部分后果是，提倡规划性捐赠的慈善组织仅将规划性捐赠的项目信息放在其网站上，再无其他作为。

让世界更美好

要提高这些区域的规划性捐赠水平，我们可以做些什么？

公众教育和提高意识当然有所助益。死亡可能是一个敏感话题，但社会创业家如米猜·威拉瓦亚博士（Dr. Mechai Viravaidya）和沈锐华先生（Jack Sim）已经展示了如何克服其他禁忌话题（分别是避孕套和厕所）[14]。亚洲寿险业的生存和发展证明了或许现在与死亡打交道越来越不成禁忌。

为了扩大覆盖面，需要更积极地推广规划性捐赠。还要让潜在捐赠者积极参与进来。有一个让捐赠者参与的办法是通过看门人（gatekeepers）吸引他们，例如保险代理、财务规划师、私人银行家和房地产律师。这些人有天然的机会去探讨这些事情，并提出关于捐赠的问题。根据当代慈善研究所（PhilanthropyNow）的查尔斯·麦克林（Charles Maclean）所言，面临的挑战是，首先需要唤醒这些看门人，因为他们往往只会提出由客户发起的问题[15]。其中原因包括他们害怕失去客户，担心因与慈善相关而失去代理费，以及他们自己没有参与规划性捐赠。

规划性捐赠也可以制度化。需要填写受益人姓名的保险和养老金表格可以增加简单的复选框或者提示以便于提名慈善机构。当然，还应该有与此相应的意义说明，例如留下全部或部分财产给慈善事业可以为家族留下一项传统并且规避遗产税。

慈善界齐心协力推动规划性捐赠于己有益。英国提供了一个很好的模式，一个完整的规划性捐赠生态系统。据我观察，至少有 4 个慈善机构联盟致力于推动规划性捐赠事业。这个数字还不包括那些更大规模的专事筹款的机构，它们有专门做规划性捐赠的队伍或部门。英国大型慈善机构也都有专做规划性捐赠的高管或团队。还有专注于遗产和遗赠的咨询公司、律师事务所和软件公司。

较之英国，美国规划性捐赠行业的规模更大。英美提供的模型，我们都可借鉴至亚洲。

注释：

摘自 "Living rites," *SALT*, November-December 2004。

1　当时，我是全国志愿服务与慈善中心主席，促进慈善捐赠是我们使命的一部分。

2　"Press release: Mrs. Joan Kroc gifts $1.5 billion to the Salvation Army to build community centers," The Salvation Army, January 20, 2004.

3　"Millionaire's 'surprise' legacy," *BBC News*, December 21, 2007, http://news.bbc.co.uk/2/ hi/uk_news/wales/south_east/7155718.stm.

4　Arlina Arshad, "Trust scheme for special-needs children from 2007", *The Straits Times*, October 27, 2006. MINDS website is at www.minds.org.sg.

5　"Fundratios 2007—Summary Report", The Center for Interfirm Comparison with the Institute of Fundraising, at www.cifc.co.uk/Fundratios07.html.

6　数据来自 www.legacyforesight.co.uk，2008 年 3 月 31 日。英国遗产预知公司（Legacy Foresight）是由慈善协会资助的关于遗产收入的研究计划。

7　*Giving USA 2007, The Annual Report on Philanthropy for the Year 2006*, (Giving USA Foundation, researched and written by the Center on Philanthropy at Indiana University, 2007).

8　这个数字散见于 2003 年以来的各种出版物。参见 Betsy Brill, "Preparing for the intergenerational transfer of wealth: Opportunities and strategies for advisors," *Journal of Practical Estate Planning*, April-May 2003。另见注释 15。

9　*Asia Pacific Wealth Report 2007* (Capgemini and Merrill Lynch, 2007).

10　这一数额是由全国志愿服务与慈善中心根据 2004 年新加坡国内税务局提供的遗产

税数据估算得出。它最初发表于本章改编自的文章："Living Rites", *SALT*, November-December 2004。

11 Robert McClelland and Pamela Greene, *A CBO Paper: The estate tax and charitable giving* (Congressional Budget Office, Congress of the United States, July 2004).

12 美国遗产税税率因最近的税法变动而显得独特。自 2003 年以来，最高税率从 49% 每年降低一个百分点，从 2007 年到 2009 年最高税率为 45%。如果美国国会没有改变美国税法，到 2010 年所有遗产将被征税 10%；到 2011 年返回遗产税的最高税率为 55%。大多数专家预计，在那之前国会将修改税法。请参见第 18 章关于美国遗产税的进一步讨论。

13 "World insurance in 2006: Premiums came back to 'life'," *Sigma*, No.4/2007, May 24, 2007.

14 请参见第 15 章描述沈锐华和米猜·威拉瓦亚博士的工作。

15 Charles Maclean, "$41 trillion at stake", *Philanthropy World*, Volume 9, Issue 1, August 12, 2004; Charles Maclean, *Financial Advisors as Guiding Stars to Philanthropic Giving?* (PhilanthropyNow, May 2008).

第 11 章 | 社会精英捐赠
精英捐赠还是精小捐赠？

你可能会认为，相比不太富裕的人群，社会精英更有能力，更应该捐赠钱财给慈善机构。然而，许多研究表明实际情况恰恰相反。从绝对数值这个意义上来说，精英可能会比那些低收入者捐款更多，但就收入比例而言，精英捐得更少。精英对于无法捐赠更多的解释与低收入者相似（"我负担不起"）。显然，当这类理由出自精英富豪之口时，会显得不那么可信。

同时，还有许多其他精英在捐赠方面堪称典范。他们的精英同行应该效仿他们，更好地贡献一己之力。他们不应坐等邀约，回馈社会不是退休以后的事。精英做出捐赠的时间就是现在，而非一拖再拖的以后。

麦志华（Mak Chee Wah）是财务外包公司 Melioris 的 CEO，业余时间他喜欢击剑，并开办了一家剑术学校 Z-Fencing。2004 年在一次休闲午餐上，他向我感叹道，面向脑部失调儿童的设施和资金缺乏支持。他有一个女儿患有一种脑损伤疾病。

我问道："为什么不成立一个支持小组以联络各方，并帮助其他有类似情况的家庭呢？"

"或许，等我退休时。"这是他的第一反应。但是，他看到了这种需求存在。

五个月之后，麦志华利用全国志愿服务与慈善中心的一些种子资金，建立了一家非营利慈善机构，叫做"了不起的宝贝"（Amazing Kidz）。该机构的使命是帮助有脑损伤孩子的家庭[1]。

在新加坡精英阶层中，麦志华的案例堪称典型。我猜测他的最初反应和后续行动可能与别处的精英没有两样。当受邀做出贡献时，他们通常会积极响应。这是好事。

但通常，能得到邀请的都是"慈善达人"（the usual suspects），而这往往更关乎私人关系（也就是谁来发出邀请），而不是慈善目的。精英是不是应该把公民社会纳入议程，更加积极主动地做出贡献？

回馈

精英捐赠有一个充分的理由，他们应该为自己所得到的财富心怀感激。我们今日得以生活在这样的世界，得益于前人和周遭之人。因此，我们有责任为后人和周遭之人同样为之。"回馈"听起来可能是陈词滥调，但这一直是数代以来，文明世界得以建立的基础。毋庸置疑，大部分精英之所以成为精英，是一路艰辛的结果。从某种意义上说，这类成功人士正当地"赚得"自己的财富和社会地位。但是，是谁给他们提供了生活中出人头地的教育呢？更大的问题是，教育体系是怎样建立的？

在恩典思维（privileged attitude）与应得心态（entitlement mentality）之间有着细微的区别。前者对生活中的福祉心怀感恩，并旨在造福他人。后者理所当然地享用着由他人提供之物，纯然享受而无半点回馈。

2008 年，巴菲特是世界上最富有的人，他说自己之所以成为富豪，不是因为"任何特别的美德或者辛勤的工作，仅仅是因为我出生在合适的时间地点，并拥有合适的技能"。[2] 因此，他认为，当财富已聚集起来，他要做的唯一正确的事就是"将财富还给社会"。

精英更应该回馈社会，毕竟他们拥有那么多的资源和天赋，也更应该心怀感激。凭借其丰富的技能和方法，他们可以回馈社会更多。

精而小的捐赠（e-Lite Giving）

可悲的是，虽然精英们有更大的能力和更多的理由去做慈善，许多研究却表明结果恰恰相反。

根据 2003 年美国的税收数据,克劳德·罗森伯格(Claude Rosenberg)和蒂姆·斯通(Tim Stone)经过分析得出的结论是,中产阶级及以下比富裕阶层(中上阶级和中等富裕)慷慨两到三倍[3]。如果富人跟不太富裕人群一样捐赠了相同比例的收入,那么根据作者保守估计,至少会有 250 亿美元以上的捐款,而捐款总额将增加 17%。

在英国,公益咨询公司 nfpSymergy 得出了类似的结论[4]。虽然收入在前 10% 的捐赠者所捐赠的绝对价值是收入在后 10% 捐赠者的两倍,但如果考虑到相对捐赠能力,这一数据会变小。按所占收入百分比计算,收入最高者捐赠只占收入的 0.8%,而收入最少者却占到了 3.8%。

在新加坡和加拿大的调查中发现了类似的模式。在新加坡,全国志愿服务与慈善中心调查显示,收入较高者捐款占收入的比例较之收入较低者少了 5 倍之多[5]。加拿大想象组织(Imagine Canada)发现,收入最低的捐赠者捐款占其收入的 1.7%,而这个数字逐渐减少,到最高收入者时只有 0.5%[6]。

对于富人心理以及如何使他们捐赠更多的研究已有许多。总部设在英国的独立智囊政策研究所(Institute for Policy Research),开始涉足这个领域的研究时,假设的前提是相比那些低收入者,富人对慈善捐赠有不同的态度和动机[7]。研究发现,事实可能并非如此。两类群体捐赠的理由大致相同:"我想有所回馈""慈善使命触动了我"和"我就是被这样教育长大的。"富人不做捐赠的理由或许和不太富裕的人类似,但是由他们说出就显得不太可信了:"我没有多余的钱捐赠""这不是我的责任""我不信任慈善机构""我不感到内疚""我不是很有钱,我只是比较宽裕"以及"我已捐出了多余的零钱"。

奢侈品协会调查了美国富裕阶层的慈善捐赠和动机[8]。捐赠给非营利组织的两个首要原因是,有机会在世界重要区域做出改变,和看到真实可信的巨大需求存在。不做捐款的两个首要原因是,怕不能留给自己和家庭足够的钱,以及对非营利组织的不信任。

我与这些调查结果曾经有交集。在我为慈善事业筹款时,有时我会为一些成功企业家的回应感到失望。在我看来,他们积累的财富已经足够支撑自己、家人和几代以后生活花销的几倍有余。然而,几乎每个人都"还没准备好"为慈善机构或基金会捐赠可观却负担得起的一部分。

罗伯特·弗兰克(Robert Frank)的一本新书《富豪国》(Richistan)[9],讲的满是暴发户的故事，可能有助于解释为何他们中的许多人似乎从未准备好捐赠。一个人越是富裕，就越是担心自己的财富。这些人"觉得无论已经拥有多少，他们仍然需要现有财富的两倍之多"。其很大一部分动因来自超奢生活方式的潜在竞争，这已将"炫耀性消费推至新高"。尽管如此，弗兰克仍然希望有一天，富人可以认识到自己的钱财"不是一份礼物，而是一种责任"。然后，他们可能会用"自己的财富帮助解决社会最深层的问题"。

这一认识有望更早到来，而非更迟。回馈社会不应是退休以后的事。精英已经"进入"社会，即使他们可能没有达到生活的最终目标。捐赠的时间应该就是现在，而非一拖再拖的以后。

对于最成功的专业人士和商人，捐赠最强的动机之一是一种与生俱来的欲望：希望有所作为以及留下传统。这是斯蒂芬·科维（Stephen Covey）所说的第 8 种习惯。他声称，每个人内心都向往，把握当下，在生命中有所贡献。

发挥优势的捐赠

这并不是说，没有富人进入这一领域。当然，像比尔·盖茨、杰夫·斯科尔（Jeff Skoll）以及其他一些大慈善家都是领航者[10]。但是，人们并不需要成为一名亿万富翁，才能有所作为。

最鼓舞人心的例子是特雷西·加里（Tracy Gary），她在 21 岁时继承了 130 万美元的信托基金[11]。之后，她把大量财富捐给慈善机构，设立"激活遗产"（Inspired Legacies）这一非营利组织，致力于将捐赠者、财务顾问和慈善机构联接在一起。并将经营激活遗产赚得的 10 万美元中的 40% 捐赠出去。此外，特雷西·加里还先后创办或联合创办了 18 家非营利组织。她的著作《受到激发的慈善事业》（*Inspired Philanthropy*），为他人提供了如何为社会留下自身遗产的指导。

另一个令人振奋的精英例子是"责任财富"（Responsible Wealth），该非营利组织只面向最富有的 5% 美国人开放（包括拥有 100 万美元及以上资产的富人）[12]。该集团是美国"公平经济联合会"（United for a Fair Economy）的一个分支，旨在提高人们对财富和权力集中的风险意识。责任财富发起倡导活动反对税收和企业责任领域的不公平法律和政策。他们倡导反对的事项包括，企业总裁薪水过高、企业对少数族裔不公平对待以及废除遗产税——正是这些政策让他们的成员得以聚集财富。因此，从某种意义上讲，这些富豪活动家们为了减少日益加深的经济不平等和创造更大范围的繁荣，不惜牺牲自身利益。

来自优势的捐赠

正如这些非凡的精英所示，如果我们捐赠的时候，不仅仅用钱说话，而是凭借我们独特的天赋和位置发挥自身优势，我们能够更加有所作为。

麦志华能够很容易地创建一个非营利组织，部分原因是他此前曾帮助建立了两家公司。在教人如何做慈善方面，特雷西·加里是在分享她自己的经验。"责任财富"的成员们利用自己的"经济特权去对抗经济特权"[13]。

有时，我会遇到有人问我关于志愿服务机会的事。有趣的是，大约有一半我认识的高级志愿者，只是寻求直接和最终受益人在一起的简单工作，如儿童、老人或残疾人。当我建议他们可以运用自身专业知识服务于非营利组织的管理，以提高组织的运营能力，有些人说，他们想在自己的工作之外寻求变化。

我曾经认为，这只是简单的萝卜白菜各有所爱。我通常会建议去他们思考，倘若能利用自己的长处，他们能带来多大的影响和贡献。财务专家可以为非营利组织财务带来的变化，或公共关系专家可以为非营利组织的媒体覆盖量带来的改变，其影响力远远超过多一双手带来的劳力价值，例如清洁地板，虽然同样有益和必需。

不过，我也逐渐认识到，深入慈善机构一线工作的价值：帮助灾民建房、清理养老院等，让一个人能够触及慈善工作中的人性和现实根基。因此，尽管充分利用我们的天赋可能会更有成效，我同样认为参与一个组织不同层面的工作可以帮助我们构建综合视角，即使最开始，一些工作可能被认为并不符合某人的社会地位。

精英捐赠

因此，精英们有更多的理由，也有更多的资源去捐赠。因为有很多精英并没有做出相应的捐赠行为，所以更多的精英站出来。当他们采取行动，凭借优势做出捐赠，为了更大的善而充分利用自己的天赋、资源，就会产生更为深远的影响。

注释:

改编自: "Elite or e-lite giving?" *The Straits Times*, April 15, 2005。

1 很遗憾的是,Amazing Kidz 于 2007 年 8 月关闭。该组织服务了超过 100 多个有残疾人的家庭,但是一直为筹款发愁。它无法获得公共属性组织(IPC)身份(允许捐款免税),部分原因是由于对慈善组织的监管政策收紧。他最终如监管者所建议的那样,与更大的一家慈善机构合并。

2 Carol J. Loomis, "A conversation with Warren Buffet", *Fortune*, June 25, 2006.

3 Claude Rosenberg and Tim Stone, "A new take on tithing", *Stanford Social Innovation Review*, Fall 2006. IRS data is for the year 2003.

4 Joe Saxton, Michele Madden, Chris Greenwood & Brian Garvey, *The 21st Century Donor* (nfpSynergy, September 2007).5 *Individual Giving Survey 2006* (National Volunteer & Philanthropy Center, 2006)。对新加坡而言,这个数据不是很准确,因为样本范围仅限于月收入范围高于 10 000 新币的人群。

5 *Individual Giving Survey 2006* (National Volunteer & Philanthropy Center, 2006). The data is not very conclusive for Singapore because the monthly income range was only up to $10 000, and the sample size was limited at the upper range.

6 Michael Hall, David Lasby, Glenn Gumulka & Catherine Tyron, *Caring Canadians, Involved Canadians: Highlights from the 2004 Canada Survey of Giving, Volunteering and Participating* (Imagine Canada, 2006).

7 Laura Edwards, *A bit rich? What the wealthy think about giving* (Institute for Public Research, May 2002).

8 "Luxury Institute Philanthropy Survey: America's wealthy would be even more generous if they could have greater trust in nonprofits and greater engagement with financial advisors", *Market Wire*, October 9, 2006. News release is available from www. luxuryinstitute.com.

9 Robert Frank, *Richistan: A journey through the American wealth boom and the lives of the new rich* (Crown Publishers, 2007).

10 超级富豪的捐赠在第 14 章中有所阐述。

11 Jim Grote, "Extreme Philanthropy", *Financial Planning*, October 1, 2007; David Ian Miller, "Finding my religion: Born into great wealth, Tracy Gary finds happiness in giving her money

away", *San Francisco Chronicle*, September 12, 2005; www.inspiredphilanthropy.org; www. inspiredlegacies.org.

12　Sandra Rothenberg & Maureen Scully, "Rolls-Royce Radicals", *Stanford Social Innovation Review*, Winter 2007; www.faireconomy.org/issues/responsible_wealth.

13　同注释 12。

第12章 | 国际捐赠和非政府组织
慈善无国界

国际捐赠日渐增多。一个关键原因是，在日益全球化的世界，现代科技和媒体有助于教导发达国家公民，去了解那些贫穷国家居民的困境，包括全球化势力的受害者。

因此，国际非政府组织得以迅速发展。它们提供渠道，将捐赠、志愿者和各种想法汇聚其中，共同解决发展中国家的人道主义、环境和发展问题。

然而，随着非政府组织走向国际，他们面对的是来自政府的障碍。一些政府觉得非政府组织削弱了国家的作用，并突出政府的不足之处，对来自国外的非政府组织就更是如此。

但是，政府有理由担心慈善组织被用来洗钱和为恐怖主义融资。在"9·11"之后，世界各国的政府力图对慈善组织施加重压，以确保它们不会成为资助恐怖主义的渠道。慈善组织认为，这些措施过于严厉，怀疑这是对慈善组织和政府关系进行大范围调整措施的一部分。

在我们这个日益全球化的世界中，社会使命和慈善捐赠也在走向全球。

各国政府和人民都在对外捐赠。国际智库哈德逊研究所（Hudson Institute）发现，2003 年美国私人向发展中国家的捐款超过 620 亿美元，是美国政府官方发展援助（Official Development Assistance，ODA）的 3.5 倍有余[1]。有趣的是，南安普敦大学（University of Southampton）针对英国海外捐赠的研究显示，公众认为由英国慈善机构所做的海外援助比政府所做更为重要[2]。事实上，2/3 的英国成年人认为，国际慈善组织对发展中国家的减贫做出了重大贡献，而只有不到 1/5 的人认为发达国家政府也有同样的贡献。然而，在 2005 年，英国政府的官方发展援助实际超过了私人海外慈善捐赠的 4 倍。同时，2004 年和 2006 年之间，向海外人道主义事业捐赠的新加坡人增长了 4 倍[3]。2004 年的亚洲海啸引发了亚洲自身的国际捐赠海啸。该事件发生后的 14 个月内，各国政府、企业和个人"敞开善心和钱包"，捐赠了超过 120 亿美元[4]。事实上，近年发生的危机和灾难，如卡特里娜飓风，克什米尔地震和"9·11"恐怖袭击，都得到了前所未有的全球响应和捐赠。

国际捐赠的增加使得一些组织相应成立，如慈善援助基金会（Charities Aid Foundation）[5]，帮助捐赠者对接海外慈善事业。这也使得非本地慈善组织和支持者们在英美等主要捐助国设立筹款工具。这些工具有一些是慈善机构的国外分支，还有一些是名为"某某之友"（"Friends Of"）的组织。因此，总部在菲律宾的"关爱运动"（Gawad Kalinga movement）有一个设在 Ancop 名下覆盖 20 个捐赠区域的国际筹款机构网络[6]。而苏纳拉基金会之友（Friends of Sunera Foundation）是一家英国慈善机构，最初设立目标是为苏纳拉基金会筹集资金，并提高人们对该基金会的意识，苏纳拉基金会是一家斯里兰卡慈善信托，致力于改善残疾人的生活[7]。

在国际捐赠方面，不只是捐钱，还有更多的人捐赠出他们的时间。无国界医生组织（Médecins Sans Frontières 或是 Doctors Without Borders）[8]是一个独立人道医疗救援组织，以在饱经战火和遭受地方性疾病的发展中国家提供紧急援助而闻名。该组织在 1971 年由一群法国医生成立，旨在以国际医疗伦理的名义，保持中立不偏之立场。每年，它都能动员世界各地约 3000 名志愿医生。此外，还有一个更大的志愿者群体，服务于组织的其他行政职能。在 1999 年，该组织因其出色的工作获得了诺贝尔和平奖。

自"无国界医生"问世以来，有许多其他专业团队受到"无国界"标签的激发应运而生。有"无国界工程师""无国界教师""无国界乐队"，甚至还有"无国界魔术师"。最近一次统计显示，有 30 多个名为"无国界"的非政府组织。

贡献专业技能的不仅限于专业人士。例如美国和平工作队[9]，是肯尼迪总统在 1961 年成立的，鼓励学生为了和平，通过生活和工作在发展中国家为美国效力。

从那时起，已经动员不同年龄、种族和职业的超过 19 万名美国人，在 139 个东道国工作，涉及的事业涵盖艾滋病教育、信息技术和环境保护等领域。

与之类似，英国海外志愿服务社（Voluntary Service Overseas）[10] 成立之初是为了给英国学校毕业生提供海外经验，现已演变成一个国际发展慈善组织，在多个国家设有办事处并建立合作伙伴关系，通过国际发展项目提供多样化的志愿服务机会，已为发展中国家提供超过 3 万名经验丰富的志愿者。

亚洲曾经是从发达国家接收捐赠和志愿者的重要地区，如今也在向外传递爱心。亚洲海啸期间，有 1/5 的人道主义援助来自亚洲国家。在新加坡，海啸可能已经成为让新加坡人为海外提供志愿服务的"思维变革催化剂"[11]。在 2004 年至 2006 年间，参加海外人道主义工作的志愿者百分比增长了近 8 倍 [12]。

为何是国际捐赠

国际捐赠增加有几个原因。

很大一部分原因是技术和其他全球化力量使得世界变得越来越小。媒体和互联网的广泛覆盖有助于及时报道遭受自然灾害、饥荒和疾病，以及受到全球化势力剥削的人们的困境。

在今天的地球村，人们已经较少考虑潜在受益者的地理距离，而更加关注国家之间生活条件的显著差异。大多数志愿者和捐助者认为，在一个需求比本国更加迫切的贫穷国家，他们能带来的影响更大。

慈善的很大一部分内容是较富裕的人捐赠给那些不太富裕的人。因此，国际捐赠援助主要是从西方流向东方，从发达国家流向发展中国家。

来自贫穷国家的移民也是国际捐赠的一个推动力。在新社区行善的同时，他们也希望在原籍国有所作为。根据世界银行统计，在 2006 年，侨民社区给发展中国家的汇款超过 2060 亿美元。其中的一部分代表了社会为公益事业的投资，如学校、社区中心或卫生所的建设和资助，导致了对"侨民慈善事业"的兴趣和研究的增加 [13]。

在某些方面，国际捐赠自有其特殊的魅力。当知名艺人，如奥普拉和安吉丽娜·朱莉，公众人物如比尔·克林顿和曼德拉参与宣传发展中国家的需求，他们带来了大量的关注者。通过遍布全球的慈善音乐会，例如 BAND AID，LIVE AID

和 LIVE 8，由诸如鲍勃·吉尔道夫和保罗·大卫·休森带领，来自第三世界的需求得以触及年轻观众和通过其他方式可能触及不到的人群。

国际非政府组织的成长

在全球范围内，跨越国界的私人捐赠是通过相关组织，一些国际非政府组织或民间社会组织[14]，到达东道国的受益人和慈善事业。这些组织往往把重点放在人道主义议题、可持续发展和发展援助。

这类组织数量迅速增长。国际协会联盟（Union of International Associations）[15]是一个记录非政府组织活动的独立机构，2005 年其记录在列的国际非政府组织超过 51 000 个。

国际非政府组织活动的规模也同步增长。2006 年，国际协会联盟记录了非政府组织团体在 212 个国家举行的 8800 多场国际会议[16]。一个突出案例是世界社会论坛（World Social Forum）[17]，这是每年在达沃斯举行的世界经济论坛的对手会议，已成为反抗全球化不良影响的运动。其成员们聚集在一起协调全球倡导活动，共享和优化策略，并相互告知有关运动和问题。2005 年 1 月，在巴西阿雷格里港举行的第五届世界社会论坛，是迄今为止规模最大的，有来自 135 个国家的 155 000 名与会者参与了 2500 项活动。

边界检查

然而，正如许多国际非政府组织所发现的，边界并不总是容易跨越。追求跨越国界的事业往往充满了复杂性和执政理念带来的障碍。

一个基本原因在于公民社会的性质。公民社会行动者识别社会问题和缺口，之后通过发起倡导行动来敦促政府来解决这些问题，或是试图提供他们自己的解决方案。

开明的政府，特别是发达国家政府，认为公民社会、政府和私人企业是现代国家不可分割和相互依存的 3 个支柱。然而，一些政府却认为非政府组织暗中侵蚀国家权力，并突出它的不足之处，尤其是当这些公民社会行动者是外国的非政府组织时。

对国际非政府组织的普遍争论是，他们不是所在国家的组成部分，而是本国政府代表他们的人民并且必须为政府行为的后果承担责任。非政府组织反驳道，其合法性不在于代表权，而在于他们的专业性，民众普遍认为他们更有透明度，或者只是超越国界的道德责任，如人权[18]。

批评者认为，国际非政府组织是在援助和帝国主义之间走钢丝。非政府组织被指责为"扭曲意识形态或是宗教渗透，并且经常服务于特殊利益"。这些特殊利益往往被认为在其资助国，这里有"可以让非政府组织工作人员和政府官员转换身份的旋转门"[19]。

俄罗斯的公民社会文化非常有限，可能是觉得这有种帝国主义的味道。20 世纪 90 年代改革开放后，大量非政府组织成立，并引进了外国资金。近年来，俄罗斯试图控制非政府组织。在 2006 年颁布了一部"非政府组织法案"，该法案被视作沉重的负担，甚至造成严重后果，尤其是对外国非政府组织。例如所有非政府组织必须提交一年两次的报告，详细介绍他们的日常活动和开支，甚至包括办公用品花费。因而，一些非政府组织认为，"如果一家非政府组织不能被直接关停，繁文缛节、竭力控制、接连检查，和阶梯式的财政负担同样能扼杀它[20]"。

这种偏执可以很极端，2008 年 5 月 2 日，当纳尔吉斯飓风摧毁了缅甸的伊洛瓦底江三角洲，军事统治者拒绝外国援助人员进入，即使他们勉强接受了一些捐赠物资。[21] 尽管报告称 250 万人受到灾害和当地有限资源的严重影响，每天都有更多的本可避免的伤亡，更加不合情理的人类苦难，军政府还是选择与世隔绝。最后，经联合国秘书长呼吁和东盟调解，最终在缅甸遭受飓风袭击的 3 个星期后，当地政府允许一些国际援助工作者进入，当时估计已有超过 10 万民众死亡或失踪。

非法钱财

不过，政府也有其正当的考量：慈善可能成为洗钱和恐怖主义融资的渠道。

为了防止犯罪分子滥用金融体系，"八国集团"国家于 1989 年建立了反洗钱金融行动特别工作组（Financial Action Task Force on Money Laundering）[22]。特别工作组发布了 40 项建议以及"不合作国家和地区"的黑名单。尤其是黑名单被有效地用来向国家施加压力，改变其法律和做法，以减少或消除洗钱现象。

2001 年，在纽约"9·11"恐怖袭击事件后，意想不到的慈善机构"肮脏"

角色引发关注。联邦调查局发现，慈善机构有"系统性漏洞"，成为恐怖主义"巨大的筹资机制[23]"。《经济学家》报道称，追查基地组织资金情况的专家认为，慈善机构是恐怖分子最大的资金来源[24]。

基地组织在东南亚的分支是"伊斯兰祈祷团"（Jemaah Islamiyah）。他们拥有 500~1000 名恐怖分子的小型网络，已经针对一些易受伤害的目标制造了几起自杀式袭击，如旅游场所，造成一定程度的破坏。由美国国家亚洲研究局（The National Bureau of Asian Research）资助的一项研究指出，"伊斯兰祈祷团"的许多资金都来自于慈善机构，是不知情或者故意取得的[25]。"20 世纪 90 年代中后期，该组织已经成功地在一些伊斯兰慈善机构的领导层安插了高层职员。印度尼西亚情报官员估计，15%~20% 的伊斯兰慈善组织的资金都流入了有政治目的的组织或者恐怖组织。

金融行动特别工作组已发现诸多实例："慈善筹款机制常常被用于为恐怖分子融资提供掩护"。特别工作组还发现，一些非营利组织还进一步为恐怖分子和非法武器运输提供掩护和后勤支持[26]。特别工作组在 2001 年 10 月增加了反恐怖融资 8 项特别建议。2004 年，又增加了关于现金跨境运送的第 9 条建议。有关非营利组织的特别建议要求在财务透明度、项目验证和理事责任上改进做法。它还强调各类监管机构、私人部门监督组织和制裁在反恐战争中的作用。

在"9·11"之后，一些国家的政府就本国范围内的慈善机构应该如何管理自身业务，尤其是国际援助，制定了准则和法规。英格兰和威尔士慈善委员会发布了《操作指南：慈善机构和恐怖主义》（Operational Guidance: Charities and Terrorism）[27]。加拿大制定了《慈善机构（安全信息）登记条例》（Charities Registration（Security Information）Act），并发布了《国际化背景下的慈善组织》（Charities in the International Context）[28]。美国发布了《反恐融资指导：在美慈善机构自愿最佳做法》（Anti-Terrorism Financing Guidelines: Voluntary Best Practices for U.S.-Based Charities）。

上述指导原则通常包括严格的财务监督、高标准的信息披露和透明度，以及指导慈善组织对捐款接收方的身份和资质进行尽职调查的全新规定[29]。

"9·11"之后更严格的制度引发了非营利部门的强烈反应。国家志愿者组织委员会（National Council for Voluntary Organizations）批评英国政府采纳"恶法"，并称这一做法"无效且适得其反"[30]，它指出，真正的恐怖分子滥用慈善组织已经

"极为罕见"。并认为，政府应在现行监管框架内工作，而不是补充规制，并敦促政府推进慈善机构主导的反恐行动。

美国反恐方针也遭到了美国非营利组织的抗议，认为政府在强制执行本应是"自愿的准则"。他们也不认为这些准则真正代表了"最佳做法"[31]。

一些非政府组织得到美国政府的拨款和资助用于海外工作，同时也被告知，在这个"新世界"，他们必须充当"美国政府的左臂右膀"，帮助保护国家安全和实行外交政策目标[32]。人们质疑重新调整美国官方发展援助，是不是美国政府对非营利部门广泛改革的一部分。

这一动向的明显暗示是 2004 年"非政府组织监督"（NGO Watch）成立，这是由两个服务于美国政府的最具影响力且资金最充足的智库发起成立的[33]。"非政府组织监督"的使命被描述为"突出非政府组织和国际组织运作的透明度和责信度问题"。从某种意义上说，"非政府组织监督"模仿了那些审查并报道企业和政府部门行为的监督类非政府组织[34]。

"非政府组织监督"的成立始于一次会议，该会议名为"非政府组织：未经选举且正在崛起的少数派"[35]。会议活动的重点是"揭露国际非政府组织的资金、业务和议程，特别是他们试图限制美国在国际事务中的自由行动和影响国外企业的行为"。

因此，"9·11"也成为慈善事业的转折点。政府并没有遏制催生国际非政府组织的日益增长的国际同情。他们正在做的是一系列检查，有些人担心这更能制约这些国际非政府组织的运作和发展。时间会告诉我们这一切将如何进展。

新加坡心跳

随着新加坡进入第一世界的行列，其正在成为一个公民社会和进步政府相互平衡和制约的范例，两边都试图推进自己的议程。

从历史上看，新加坡政府已经相当成功地缔造了一些观察家所说的"公民社会的补充作用——许多帮手重新接管政府之前选择放弃了的福利功能"[36]。在这样的环境中，许多本地社会活动家得出的结论是，要暗中行动才能改变政府政策[37]。

新加坡与国际非政府组织第一次主要合作是在举办新加坡 2006——国际货币

基金组织（IMF）和世界银行的年度会议以及相关活动。这是新加坡历史上规模最大的国际会议，有 23 000 人参加。

年会的固定部分是国际非政府组织的参与，包括他们举行的抗议。新加坡起初只允许在指定的室内区域和平抗议（新加坡法律禁止户外示威）。新加坡还拒绝 27 名激进分子入境，并将其中一些驱逐出境。虽然一些激进分子获得过国际货币基金组织和世界银行的认可，但是据说其中一些此前参与了"西雅图、坎昆和热那亚国际会议上的暴力活动"。之后，新加坡批准了 27 名激进分子当中的 22 人入境 [38]。

这些行动招致了负面舆论。世界银行主席声称禁止激进分子是"对一个明确承诺的食言"，该承诺正是主办会议的一部分。大约 160 个组织签署了一份请愿书，支持抵制本次会议。当会议如期举行，许多公民社会组织论坛活动被取消。有些抗议确实发生在室内，但他们被消声了 [39]。

对抗议事件的处理破坏了原本许多与会者认为组织有序的一次会议 [40]。虽然新加坡安然度过，但是其形象也遭到轻微损害。

公众形象对于新加坡来说至关重要，因为它是一个全球城市，现在又热衷于成为"慈善枢纽" [41]。自 2004 年以来，经济发展局，其部分目标是拓宽新加坡的商业枢纽地位，有意让新加坡成为"非营利组织的亚洲中心" [42]，其他政府机构也涉足其中，这已然演变成让新加坡成为全球慈善中心的愿景。

遗憾的是，这份雄心遭到来自慈善法规的阻碍，法规被视作歧视国际慈善机构和国际捐助。

任何注册慈善机构如果希望筹集流向新加坡境外的资金，都需要从慈善委员会（Commissioner of Charities）处获得每个筹款活动的许可。此外，直到最近，慈善机构都必须支出在新加坡筹集资金的 80%。这挫败了那些为境外活动筹资的初衷。在特殊情况下可以获得豁免，但这些海外捐赠不可获得减税。为了突显这一点，2000 年无国界医生组织在新加坡注册了一个分支，却在两年后决定不再继续运营，因为它得出结论，无法战胜限制筹款的条件。其亚洲业务目前得到日本、澳大利亚和香港的支持。

为应对这样的反馈，财政部部长在 2007 年财政预算案中宣布变革，支持慈善部门 [43]。变化之一是废除了私人向外国慈善事业捐款的 80∶20 规则。但是，从公众中募集的善款仍然适用这一规则。

慈善委员会也和其他政府机构合作，实现了对"合格资助者"和"合格国际慈善组织"的"弱干涉管理"[44]。合格国际慈善组织的标准包括无政治派系和承诺至少满足有一个目标有利于促进新加坡经济。弱干涉管理此前主要涉及一些慈善组织注册规则的灵活性。

虽然放宽这些规则是正确的导向，但是它们似乎主要针对选定的国际组织——"标志性的知名机构，它们是国际性或区域性组织的分支，不仅自身经济独立，也有利于提高我们值得信任的形象和后勤支持定位"[45]。因此，政府对国际组织数量的目标是适度的。2004 年，新加坡拥有 33 个国际非营利组织，包括基金会、人道主义组织和行业协会。到了 2008 年，共有 60 个。政府的目标是到 2015 年，数量可以增长至 150 个[46]。

这很可能远远不够，一个全球性慈善中心还需要丰富的慈善活动，以及来自新加坡的捐赠。80∶20 规则的放宽仅适用于私人捐款，而不适用于公众筹款，海外捐款抵税仍然缺乏，海外筹款需要政府许可，这些意味着"从新加坡募集的善款应主要用于资助有益当地社区的慈善活动这一原则"实际上并未改变多少。一些国际慈善机构认为，这些限制和"官僚障碍"，继续使得慈善机构为国际事业筹资困难重重[47]。

尽管有这些政策障碍，普通新加坡人仍然非常愿意为有需要的邻国人民做出贡献。这在 2004 年的海啸危机中得到充分证明。新加坡红十字会计划从公众手中募集 100 万新币（69 万美元），但很快就募集高达 8800 万新币（6100 万美元）——打破了筹款纪录，尤其是考虑到捐款都没有享受税收减免[48]。然而，一些非营利领域工作人员认为大部分政府以及非营利部门的资源，都是"按照政府希望的方式"用于海啸事业[49]。

新加坡政府的做法是将"人道主义援助作为外交政策和外交工具的表达"，这和其他国家的做法并不矛盾。你可以说，新加坡在海啸后世界主要大国展开的"同情力竞争"方面，很好地展示了其"软实力"[50]。

然而，一些新加坡人呼吁国际慈善应该脱离国家政治和经济议程，重点应放在受助人和他们的需求，人们应该获得自由"主动带头并与政府并肩工作，而不是去代表政府"[51]。

但愿假以时日，新加坡和其他国家，会认同这一理念：第一世界国家及其公民，不必以慷慨度来计算和衡量。那也就是新加坡心跳不受约束地跳动的时候。

注释:

摘自: "Charity without borders", *SALT*, November-December 2006; and "Charity without borders," *The Straits Times*, November 29, 2006。

1 *The Index of Global Philanthropy* (The Hudson Institute, 2006) at www.gpr.hudson.org/ files/ publications/GlobalPhilanthropy.pdf.

2 John Micklewright and Sylke V. Schnepf, "Giving to Development: Who gives to overseas causes?" (paper presented at the NCVO and VSSN's 13th Researching the Voluntary Sector Conference, July 2007).

3 *Individual Giving Survey 2004* and *Individual Giving Survey 2006* (National Volunteer & Philanthropy Center, 2004 and 2006)。数据是有关海外人道主义作为捐赠接收部门的调查问题: 2004 年, 5% 的捐助者和 1% 的志愿者; 2006 年, 分别为 21% 和 8%。

4 Chris Herlinger, "Where the world hit hardest: world's response best ever, but thousands yearn for housing", *National Catholic Reporter,* February 3, 2006.

5 CAF International is at www.cafonline.org; CAF USA is at www.cafamerica.org. 慈善援助基金会的使命是通过给捐助者和慈善机构提供广泛的金融服务以促进捐赠、社会企业和基金有效利用; 其重点是跨境捐赠。

6 www.gawadkalinga.org/gk_ancop_directory.htm, www.ancopusa.org, and www.gawadkalinga.org. 有关 "关爱" 组织的更多信息, 请参阅第 13 章。

7 www.friendsofsunera.org and www.sunerafoundation.org.

8 www.msf.org. 美国的网站是 www.doctorswithoutborders.org。

9 www.peacecorp.gov.

10 www.vso.org.uk.

11 Daven Wu, "Beyond our shores", *SALT*, July-August 2005.

12 *National Volunteerism Survey 2006* (National Volunteer & Philanthropy Center, 2006)。受调查者的比例显示 2004 年到 2006 年之间, 志愿者在海外的人道主义努力百分比从 1% 上升到 8%。

13 Paula Doherty Johnson, *Diaspora Philanthropy*: *Influences, initiatives and issues* (The Philanthropic Initiative Inc. and The Global Equity Initiative, Harvard University, May 2007).

14 "公民社会组织" ("Civil Society Organization"), 甚至是 "公民部门组织" ("Citizen Sector Organization") 被认为是更具建设性和更准确的词汇, 因为它们避免 "非" 字, 而一些非政府组织事实上接受来自政府的资助。

15 非政府组织的统计数据是按年度和类型分类的国际组织数据, 从国际协会联盟获得。

参见 "Appendix 3: Table 1: Number of international organizations by type (2005/2006)" at www.uia.org/statistics/organizations/types-2004. pdf.

16 "Press release: International meeting statistics for the year 2006", Union of International Associations, August 2007.

17 www.forumsocialmundial.org.br.

18 Lisa Jordan, "Civil society's role in global policy making", *Alliance*, March 2003, www.globalpolicy.org/ngos/intro/general/2003/0520role.htm.

19 Joseph Mudingu, "How genuine are NGOs", *New Times*, August 7, 2006; Sam Vaknin, "NGOs: the self appointed altruists", *Eco-Imperialism*, March 2005.

20 Elena Panfilova, "Freedom of civil society organizations in Russia", *Transparency Watch*, August 2006, www.transparency.org/publications/newsletter/2006/august_2006/spotlight; Yevgeny Volk, "Russia's NGO law: An attack on freedom and civil society," *WebMemo*, No. 1090, May 24, 2006, www.heritage.org/research/RussiaandEurasia/wm1090.cfm.

21 Aung Hla Tun, "Myanmar faces new cyclone worries", *International Herald Tribune*, May 14, 2008; "Forcing help on Myanmar", *The Economist*, May 22, 2008; "Singapore: Myanmar junta scared foreign aid workers will expose its 'incapability'," *International Herald Tribune*, May 30, 2008.

22 参见 www.fatf-gafi.org。八国集团（G8）也被称为七国集团和俄罗斯，是由加拿大、法国、德国、意大利、日本、俄罗斯、英国和美国政府组成的一个国际论坛。八国经济之和占了世界经济的 65%。

23 Jeremy Scott-Joynt, "Charities in terror fund spotlight", *BBC News*, October 15, 2003, http://news.bbc.co.uk/2/hi/business/3186840.stm.

24 "The iceberg beneath the charity", *The Economist*, March 13, 2003.

25 Zachary Abuza, *NBR Analysis,Volume 14, Number 5. Funding terrorism in Southeast Asia:The financial network of Al Queda and Jemaah Islamiyah* (The National Bureau of Asia Research, December 2003).

26 *Combating the abuse of non-profit organizations*: *International best practices* (Financial Action Task Force Secretariat, OECD, October 11, 2002).

27 *OG 96*: *Operational Guidance—Charities and Terrorism* (Charity Commission for England and Wales, last update August 29, 2007).

28 *Charities in the international context* (Canada Revenue Agency, last update May 26, 2007).

29 *Anti-Terrorist Financing Guidelines: Voluntary best practices for U.S.-based charities* (U.S. Department of the Treasury, first issued November 2002, updated September 29, 2006).

30　Nolan Quigley & Belinda Pratten, *Security and civil society: The impact of counterterrorism measures on civil society organizations* (NCVO, January 11, 2007); "Press release: Terrorism—charities part of the solution, not part of the problem, says new report," NCVO, January 19, 2007.

31　"Letter from Council on Foundations to Office of Terrorist Financing and Finance Crime", Council on Foundations, February 1, 2006. The letter responses to invitation for public comments on the revised *Anti-Terrorist Financing Guidelines, Voluntary best practices for U.S.-based charities* issued on December 5, 2005.

32　Traci Hukill, "U.S.: AID chief outlines change in strategy since 2001 terrorist attacks", *UN Wire*, June 30, 2003, http://comunica.org/pipermail/cr-afghan_comunica.org/2003-June/000043.html.

33　www.ngowatch.org. "非政府组织监督"是由美国企业公共政策研究所（American Enterprise Institute for Public Policy）和联邦法律和公共政策研究协会（the Federalist Society for Law and Public Policy Studies）发起成立。

34　例如 www.wombwatch.org, www.judicialwatch.org, www.governmentwatch.org, www.corpwatch.org, www.transnationale.org.

35　Jim Lobe, "Bringing the war home: right wing think tank turns wrath on NGOs," *Foreign Policy in Focus*, June 13, 2003. 会议由美国企业研究所（American Enterprise Institute）和澳大利亚智库，公共事务研究所（the Institute of Public Affairs）主办。

36　*Constance Singam and Tan Chong Kee, "Available spaces, today and tomorrow" in Constance Singam, Tan Chong Kee, Tisa Ng and Leon Perera, in Space Social Building Singapore (Select Publishing, 2002).*

37　*Goh Chin Lian, "Singapore's quiet lobbyists: Civil groups tell Goh Chin Lian that making their views heard in Singapore requires working patiently behind closed doors", The Straits Times, October 28, 2006.*

38　*Chua Mui Hoong, "Tough S'pore can show softer side", The Straits Times, September 15, 2006; Pei Shing Huei, "Govt 'had decided to lift ban before the World Bank statement'," Times Straits The, September 21, 2006.*

39　David Boey, Li Xueying, and Peh Shing Huei, "Singapore: We will honor obligations as host", *The Straits Times*, September 15, 2006; "Update: Civil society groups announce boycott of WB-IMF annual meetings in Singapore," *Bank Information Center Update*, September 15, 2006, www.bicusa.org/en/Article.2948.aspx; "CSO access in Singapore", *Civil Society Newsletter of the IMF*, November 2006, www.imf.org/External/ NP/EXR/cs/eng/2006/111706.

htm#access.

40 Andrew Duffy, "Eye on Singapore", *The Straits Times*, September 26, 2006; Goh Chin Lian, Li Xueying, "Spore, through foreign eyes", *The Straits Times*, September 16, 2006.

41 *Pok Soy Yoong, "A master stroke of a blue ocean strategy", The Business Times, February 17, 2007.*

42 Theresa Tan, "S'pore woos nonprofit organizations", *The Straits Times*, May 31, 2004.

43 "Turning S'pore into global charities center", *The Straits Times*, February 16, 2007.

44 *COC's Guidance on Regulation of Grantmakers and COC's Guidance on Regulation of International Charitable Organizations* are available at the Charity Portal, www.charities. gov. sg/charity/index.do. 需要对资助方采取低干涉管理的理由是，此前没有针对资助方的单独法规，它们因此一直受到针对普通慈善组织的一般性严格法规的规制。

45 Christie Loh, "A bit more give and take for charities?" *Today*, October 30, 2006.

46 Matthew Phan, "Tax incentives, training center to draw global bodies", *The Business Times*, February 14, 2008.

47 Chew Xiang, "Geography that gets in the way of charity", *The Business Times*, April 12, 2008.

48 政府针对此次公众集资活动豁免施行 80：20 法则。

49 *Tan Chi Chiu, "Charity begins at home?" Social Space 2008.*

50 *Lee Kuan Yew, "Competition in compassion", Forbes, April 15, 2005.*

51 *Tan Chi Chiu, "Charity begins at home?" Social Space 2008.*

第13章

志愿精神

需要免费劳动力，但也有附加条件！

非营利组织内外都普遍认为，志愿者仅仅是提供免费劳动力。这种观点低估了志愿服务的真正价值。

归根结底，一切都可归功于互动（engagement）——个人志愿者和非营利组织与社区之间的互动。许多社区项目和国家计划，若无志愿者参与，就难以有同样重大的意义或影响程度。

事实上，招募和管理志愿者的价值远超其所带来的经济价值。而与直觉相反，有时多花点钱招募志愿者，比使用带薪员工更为值得。

有时候，在志愿机构工作时，我的脑海里会弹出一个信号。粗体字写着：**需要免费劳动力**，然后在下面用小字写着：有附加条款和条件。

免费但要妥善维护

3 年前，我参加了一次志愿者例会，这是一个赴斯里兰卡进行海外援助的组织。出乎众人意料，志愿者经理一开始就发问："你们认为我们的客户是谁？"他所表达的意思是，不认为志愿者（那些在场的人）是自己的客户——受益者才是。因此，他的主要工作是担心远方的受益者，这也是使命所在，而我们这些志愿者只需听从指令。

显然，令他气恼的是早先志愿者给理事会的一些反馈，说他的组织需要 CRM（客户关系管理）。CRM 是一个商业术语，指的是公司需要更好地理解和重视他们的客户，并积极管理好与这些为公司贡献收入的人之间的关系，因而做好这一点至关重要。

虽然志愿者经理明显是想控制预期（"对不起，在异乡不要期望从我们这儿获得太多信息或帮助，毕竟你们是自愿去的，了解风险和不确定性"），会议的基调如此糟糕，以至于一个志愿者缓缓举起了手，并询问管理者，是否自己可以被视为"二级客户"。

平心而论，志愿者经理可能对这帮"养尊处优"的新加坡志愿者接二连三的提问感到应接不暇，而这批志愿者则对他们将要到达的未知领域感到焦虑。

事实上，当志愿者变得执拗，他们可以成为组织的压力。最近，我听到一个用于不少志愿者的术语："志愿恐惧"（volun-terrors），面临最极端压力者则被称为"志愿恐怖分子"（volun-terrorists）。

那么，当一个组织遇到需要妥善维护的志愿者的时候，应该怎么办？

当这个问题在我参加的一次会议中被提出的时候[1]，其中一个小组成员，也是我的好朋友罗伯特·赵（Robert Chew）立即回答道："怎么办，当然是开除他们！"罗伯特的本能反应体现了在公司中管理业绩不佳者的典型人力资源方案。毕竟在商业世界里，如果维护雇员的成本大于其所能提供的价值，就没有理由让他继续留任。

免费但有价值

这些事件反映了一个共同观点，在非营利部门内外，志愿者仅仅是提供免费劳动力。非营利组织使用志愿者，只是因为他们支付不起有偿劳动。

这种观点低估了志愿服务的真正价值。

对我们这群人来说，顿悟来自于全国志愿服务与慈善中心的一项研究，该研究旨在量化志愿服务在新加坡的价值[2]。研究的动力之一是，我们认为对于一个主要由经济驱动的国家，证明志愿服务的经济价值非常重要。

结果有点令人失望。以市场价值来算，每年新加坡志愿者"无偿劳动"的贡献相当于 7.46 亿新币（4.78 亿美元），不到国家国内生产总值的 0.5%。相比之下，美国志愿者的贡献相当于其国内生产总值的百分比超过 2%，英国的贡献近乎于3%，澳大利亚高达 7%。

有趣的是，研究还比较了在 24 个接收志愿者的机构（VHOs）中使用志愿者的成本与其创造的经济价值[3]。评估是基于 VIVA（价值投资和价值审计）比率，这是将志愿者工作和对其的投资成本相比的货币价值评估。如果该比率为 1∶1，意味着该组织维持平衡。

即使 VHO 不支付志愿者任何工资，仍然有招聘和管理成本。事实上，开明的 VHO 组织有专职的"志愿者协调员"或"志愿者经理"，夯实的志愿者管理经验，从而确保能适当地招募、融合和保留志愿者为组织服务。

在这项研究中，大多数 VHO 有着超过志愿者招募和管理成本 6%~480% 不等的回报率，这意味着，新加坡的 VHO 相当高效。然而，有两个 VHO 有负回报，也就是说，招募和管理志愿者成本超过了劳动力贡献的同等市场价值。

这引发了激烈的内部辩论。倘若 VHO 组织知道自己的真实成本，使用有偿劳动力不是一个更好的选择吗？如果单纯从经济学的角度来看，答案是"对的"。

但是，如果你考虑志愿服务对非营利组织、所服务社区以及他们所希望获取的支持者的广泛影响，这可能不是正确答案。辩论使我们得出的结论是，我们在报告中专辟一章解释志愿服务的非经济价值是有意义的。

非经济价值

那么，志愿者除了提供免费劳动力，还有什么价值？归根结底，这一切都和互动有关，个人志愿者与 VHO 和社区的互动以及 VHO 和社区的互动。一个积极互动的志愿者代表 VHO 的个性延伸到了其致力于服务的社区。

毫无疑问，志愿者提供服务不是为了任何金钱回报，否则他们也不会参加志愿活动。关于志愿动机和管理的研究提供了一个图谱，描述了志愿者付出帮助后获得的各类回报。范围从单纯解闷、拓宽他们的视野到改变别人的生活所带来的巨大个人满足感[4]。

对于 VHO 而言，志愿者是他们的人才，是他们可能支付不起或者通过其他方式无法获得的人才。然而，除了置换为经济价值，志愿者的参与给社区带来的好处远超其成本考量。

接连发生的自然灾害，如亚洲海啸和卡特里娜飓风，随后的救援和灾后重建工作，体现了成本未必是志愿者参与的主要动因。这些灾害发生以后，许多慈善机构参与灾民安置房建设。有些组织通过提供资金来建设房屋，而少数几个组织如仁人家园（Habitat for Humanity）、避难所（Shelter）和慈善援助组织（Mercy Relief）[5] 则是动员来自其他国家的志愿者前往灾区，以帮助建立新的家园。

奔赴灾区的志愿者通常需要自付旅费和食宿，以及贡献建筑材料的成本。根据不同的地理位置，费用会有所不同。每个志愿者每周通常需要花费 500~1500 美元。然而，批评者通常争辩说，如果这笔钱用在当地劳动力身上，贡献会更大。不仅是当地劳动力成本远远低于从外国赶来的处境优越的志愿者，而且还有争论说后者往往对建筑和当地环境经验不足，使用当地劳动力还可以让当地流离失所的灾民有所收益。正因如此，志愿者们要冒着被贬为"有窥视欲的志愿游客"的风险[6]。

但是，问问任何一个从灾区返回的志愿者，很快就可以让人看到这种人道主义旅程的价值。其对志愿者态度带来的影响，无法在幻灯片放映和奇幻宣传册里被充分捕捉到。许多我认识的志愿者都为灾区留下了大量物品，远超其所付出的志愿工作或金钱。经常听到志愿者分享说自己经历了一次改变人生的体验，达到了自我觉醒的更高层次。有些汇报说他们散尽带去的所有财物，重新注入满腔的使命感和投入未来项目的决心，回到家中[7]。更为重要的是，许多人意识到，在没有志愿经验的时候他们并不是那么乐意为慈善事业贡献时间和金钱。但是，他们到了灾区并投身其中后，他们更愿意为了相关使命尽己所能地付出时间和金钱。

有研究支持了这一点，即参与过志愿活动的人更愿意捐款，并且捐赠额比普通捐赠者多得多。全国志愿服务和慈善中心的一项调查发现，志愿者的捐款额会比普通捐赠者[8]高出63%之多。在美国，"独立部门"（Independent Sector）的一项调查表明，参与志愿服务的家庭的捐款额是非志愿家庭[9]的两倍以上。英国的 项全国性调查同样也发现，那些有志愿经验和捐款经验的受调查者若参与了某家机构的志愿活动，他们会更愿意向该机构提供捐赠，主要缘由是他们更了解、更在乎这个慈善机构[10]。

动员社区

除节约成本外，志愿精神还鼓励背景各不相同的人团结起来。志愿精神所催生的社区精神不仅惠及了每一个志愿者组织，还促进了整个慈善领域以及所有社区的发展。nfpSynergy 公益咨询公司的一项研究报告，《21 世纪志愿者》(*The 21st Century Volunteer*) 认为，"志愿活动是制造社区社会资本的工厂"，因为它建立了 "信任和互惠的纽带，这对于民主政体和市场经济的有效运转起着至关重要的作用。[11]" 志愿活动将个人和慈善组织联结在一起，传授合作的准则，并延伸到政治和经济生活中。

想象一下，如果在独立日或国庆日大游行[12]中，所有的游行队伍和工作人员都是有偿的，情况会变成怎样？如果像举办商业演出一样庆祝国庆日，这或许还是会令人兴奋，但是人们将再也无法体会到这些活动本应为大家带来的国家荣誉感和团队精神。

2000 年，在悉尼，我参加了人生中第一次奥运会。出乎意料，当时我在机场遇见一名志愿者，她把我送到下榻的酒店。从她口中，我了解到她只是 47 000 名志愿者中的一位。志愿者大部分是澳大利亚本地人，他们之所以报名志愿者，仅仅是因为能成为国家这一历史时刻的一部分，举办奥运会的一分子为他们带来的喜悦与骄傲。这个女孩，以及路途中我们所遇见的其他志愿者，实际上是澳大利亚，以及奥林匹克运动最真实、最优秀的大使。

5 年前，我参加了人生中第一次马拉松——渣打马拉松（Standard Chartered Marathon）[13]。沿途有许许多多的人为我呼喊助威，这让我惊喜不已，备受振奋。组织者戏称这些人为 "鼓跑者"。有些是来为朋友或爱人加油鼓劲儿的，但也有很多是来为所有的参赛者加油的，他们相当自得其乐。许多 "鼓跑者" 穿着搞笑绚丽的外套。他们欢呼呐喊，演奏乐器，用各种工具敲敲打打，努力制造更多噪声，将气氛炒得更热烈，给人们 "地球上最伟大的比赛"（"greatest race on earth"）的体验。这些人是志愿者，而作为一名参赛者，我由衷地感谢这些陌生人，在这 42 千米的挣扎中给疲惫的我鼓劲儿。

"解决"（SOLV, Stop Oregon Litter and Vandalism, 停止俄勒冈州垃圾和破坏）的案例很好地体现了可持续的社区动员（参见下页表 "社区动员案例研究"）。[14] 虽然该机构仅有 26 名成员，"解决" 每年却可以动员 10 万名志愿者，"通过志愿行动来共建社会，共同保护我们的珍宝，俄勒冈州"。

社区动员案例研究
"成为解决者，帮助俄勒冈杜绝乱扔垃圾和破坏公物"

"解决"（SOLV, Stop Oregon Litter and Vandalism）是一家非营利组织，旨在通过能够增强美国俄勒冈州宜居性的项目和计划来动员政府部门、企业和志愿者。机构创立于1969年，由时任地方长官的汤姆·麦考尔（Tom McCall）发起，致力于解决乱扔垃圾和破坏公物的问题。

凭借开创"问题解决者"（SOLVer）的风气，"解决"成功地在这个国度引入了个人与所有权的概念。它尽其所能地利用自身网络在公民中构建正确心态——热爱和关心自身社区，着眼于成为解决方案而非问题的一部分。

时至今日，"解决"的愿景和战略目标已发展成为通过更广泛的努力来改善社区和环境，进而"保护我们的珍宝，俄勒冈州"。"解决"每年为俄勒冈州超过250个社区提供资源，集中在清洁、美化和改善类项目。它每年能够动员大约十万名志愿者。令人惊讶的是，如此大规模的志愿者动员仅由26名员工的精简团队完成，领导他们的是极富个人魅力的执行主任，杰克·麦高恩（Jack McGowan）。

"解决"的项目模型印证了当下志愿者们对于短期活动和自我满足感的需求。如同麦高恩所说："短期志愿活动可谓是一份满足灵魂的快餐。"特别是它可以提供各种各样的志愿项目，志愿者们可以根据自己的能力选择所长。从"一日志愿者"活动到内容更广、持续时间更长的各种项目，诸如"俄勒冈河流领养计划""水域健康团队计划"以及"解决者地球日大扫除"等，通过举办这些活动，"解决"可以鼓励各社区的公民们联合起来，完成他们共同的志向"在美好的土地上做有益的改善"。有益的改善包括，清理河流和非法的垃圾填埋、恢复湿地、清除街头涂鸦等，所有这些都使得俄勒冈"在志愿者的努力下，变得越来越美好"。

"解决"的成本预算将近200万美元，但是其回报远超这个数额。密歇根大学的一项研究表明，政府每拨给"解决"一美元公共资金，"解决"就可以用这一美元为国家带来价值64.8美元的志愿服务。

撇开经济价值不谈，正是因为"解决"兢兢业业地鼓励市民参与到俄勒冈州的环境保护事业中来，才使得俄勒冈获得了"世界清洁海滩之都"的美誉，这都要归功于1984年的海滩清洁计划，在全球开创了海滩清洁的先河。这一理念已经在世界上74个国家传播开来。

多年来，鉴于其杰出的贡献和成就，"解决"以及麦高恩本人获得了许多本州和国家颁发的奖项，内容涉及志愿服务（"总统志愿服务奖"）、社区建设（"为美国骄傲奖"）、领导力（"年度政治家"）、治理（"有效治理奖"），以及环境改善（"最佳环境项目"）。

除了吸引人们参与，团结人民，通过志愿行动，社区自身也得以转变。慈善组织"关爱"（Gawad Kalinga）[15]，在菲律宾语中是"给予关怀"的意思，可以说是一个有关社区转变的经典案例。一切从 1995 年开始，那年正在"基督之侣"（Couples for Christ）工作的托尼·麦乐多（Tony Meloto）创立了一个与穷人一同工作的部门，地点设在巴公思朗（Bagong Silang），那是位于马尼拉的一个超大的棚户安置区。麦乐多与志愿者们以及当地的受益人一起，在这个污秽遍地、赤贫之地为最穷苦的人建造住房。在这一过程中，他们将一个贫民窟改造成了一个可以独立运转的居民区，不仅拥有安全、坚固、漂亮的居民楼，并且还具有共同价值，一种社区意识，以及更崇高的目标。

随着巴公思朗村的繁荣昌盛，"关爱"为他们的新村确定了新的重建内容。健康、教育和生计等因素被囊括进来，希望通过为村民提供技能教育和相关资源，帮助他们改变自己的生活。这些村庄的情况和它们的成功，是许多希望可以为改善国家贫困状况贡献力量的菲律宾人梦寐以求的。菲律宾有 8400 万人口，其中将近一半生活在贫困线以下，40% 的城市家庭生活在贫民窟中。于是，捐款大笔大笔地涌入，志愿者也蜂拥而至。自那时起，"关爱"新村开始在菲律宾境内蓬勃发展。

"关爱"成为了一项全国运动，设定了"777"目标：7 年内（2003—2010 年）在 7000 个社区建立 700 000 所住宅。截至 2008 年初，"关爱"已经成功入驻了超过 900 个社区。无论这项野心勃勃的项目能否按时完成，这项运动正坚定地向菲律宾人民的共同愿景靠近："实施简单的计划，让无土地者得土地，无家可归者得庇荫，饥饿无食者得饭食，从而为每个菲律宾人带来尊严与和平，让祖国成为一个无有贫民窟、不复有寮屋的国家。"

"解决""关爱"，以及其他的社区志愿者项目向世人展示了在建立社区，乃至改变社区的过程中志愿者的强大力量。因此，对于志愿者和社区来说，回馈社会的行动都是受益匪浅的。

倘若遇到些阻碍，你大可以说，志愿者不光是免费的劳动力，他们还是一个自由社会的灵魂。

注释：

改编自 "Free labor wanted," *SALT* May-June 2006, and "The true value of volunteers," *The Straits Times*, June 5, 2006。

1　*The V-Room Panel*: *Challenges of Raising and Getting a Return on Volunteer Capital*, at the National Volunteerism & Philanthropy Conference 2003.

2　2003/2004 年进行的《志愿服务价值研究》(*The Value of Volunteerism Study*)，本章相关数据均引自该报告第 5 章。

3　NVPC 以及许多志愿部门的组织都将"安置"或使用志愿者的组织称为 Volunteer Host Organization，又称 VHO。

4　Elisha Evans and Joe Saxton, *The 21st Century Volunteer* (nfpSynergy, November 2005)。该报告列出了志愿者从事志愿活动的动因，并详述了通过志愿服务建设社会资本的价值。

5　想了解有关这些组织的更多信息，请登录 www.habitat.org, www.england.shelter.org.uk 和 www.mercyrelief.org。

6　讨论志愿服务的文章有: Tion Kwa, "Voluntourism: More tourist than volunteer", *The Straits Times*, July 28, 2007; Elizabeth Eaves, "Unusual Trips and Tours," *Forbes*, January 28, 2007; Vincent Crump, "Voluntourism: a guilt trip?" *The Sunday Times*, December 23, 2007; "Voluntourism scams do-gooders", *Daily Telegraph*, September 10, 2007。

7　想了解参与到住宅房屋建设的志愿者的故事，请登录 www.acct-sg.org/html/volunteer. html 和 habitat.org/faces_places/vol/list.aspx。

8　计算结果来自《个人慈善调查》(*Individual Philanthropy Survey*)，捐款数为平均每人 155 美元，每位志愿者 253 美元。差值计算结果为 98 美元，或 63.2%。

9　*Giving & Volunteering in the United States* (Independent Sector, 2001)。对于家庭捐赠来说，平均捐赠额为志愿者家庭 2295 美元，非志愿者家庭 1009 美元。差值为 2295/1009=227% 多。

10　Natalie Low, Sarah Butt, Angela Ellis Paine and Justin Davis Smith, *Helping out: A national survey on volunteering and charitable giving* (Office of the Third Sector, Cabinet Office, prepared by National Center for Social Research and the Institute for Volunteering Research, 2007)。

11　Elisha Evans and Joe Saxton, *The 21st Century Volunteer* (nfpSynergy, November 2005)。

12　世界各国都会庆祝自己的国庆日或独立日。在新加坡，国庆大游行是一年中最重要的盛事。除了各社团组织的盛装游行外，国庆日还有各种演出节目助兴，整日的活动随着最后的烟火表演达到高潮。由于举办地点不同，每年现场参与游行的新加坡民众人数从 30 000 到 60 000 名不等，其余民众则从电视直播观看。尽管游行是由新加坡军方组织，但如果没有来自企业、公共机构和志愿者的广泛支持，游行不会如此成功。

13 www.singaporemarathon.com 新加坡渣打马拉松是"地球上最伟大的比赛：为一个充满生机的地球而赛"系列比赛中的一个（www.thegreatestrace.com）。该系列比赛有四场，分别在内罗毕（"最高海拔赛"）、新加坡（"岛国赛"）、孟买（"历史古城赛"）和中国香港（"港口赛"）。

14 www.solv.org.

15 www.gawadkalinga.org, www.rmaf.org.ph/Awardees/Citation/CitationGawadKal.htm.

社会创新

第14章 | 慈善
第二次慈善革命

如今的慈善家都是在听取安德鲁·卡内基[1]（Andrew Carnegie）的建议：在有生之年便捐掉财产，否则，拥巨富而死者以耻辱终。

他们的巨额捐赠引发了公众的各种想象，然而，真正引领当前慈善革命风潮的，是他们在慈善方式上的大胆与创新。与前辈相比，新一代慈善家们更加雄心勃勃（几乎想要解决世界上所有问题），更具资本性（挑战风险资本运行方式的极限），更加私人化（直接在自己感兴趣的领域投入时间和才能），以及更有协作性（最大程度建立合作关系）。

当代慈善先驱安德鲁·卡内基在其1889年所著的《财富的福音》[2]（*The Gospel of Wealth*）中提到："我们这个时代的问题是如何恰当地管理财富。"

在他看来，"短期财富分配不均的真正解决办法就是，富人在有生之年将自己的财富捐献到公共利益之中"。卡内基言行一致，一生致力于将自己所有的财产捐赠出去。

第一次慈善革命

直到20世纪初期，慈善主要还是帮助当地的穷人。卡内基和同时代的约翰·戴维森·洛克菲勒[3]（John D. Rockefeller）（详见下页表"慈善革命家"）一起，开创了一场慈善革命，开始建立拥有亿万美元资产的基金会。

慈善革命家 [4]

先驱

安德鲁·卡内基是美国的移民，成立了卡内基钢铁公司。公司在 19 世纪 90 年代发展成为世界上规模最大、效益最好的工业企业。1901 年，他把公司卖给了美国钢铁公司，此后余生都致力于大规模慈善。他捐赠和支持了大量的机构和慈善事业，特别是地方图书馆、世界和平与科学研究机构。直至去世前夕，他捐赠金额已累计超过 3.5 亿美元。

约翰·戴维森·洛克菲勒建立了标准石油公司，发展成为垄断巨头，之后又拆分成如今常见的那几家石油公司。由于标准石油公司以及汽油的重要性，洛克菲勒成为美国第一个亿万富翁，也经常被视为历史上最有钱的人。

洛克菲勒其人在事业上有多成功，就在慈善上有多慷慨。他创立了几家机构，包括在 1913 年成立的洛克菲勒基金会。在 20 世纪 20 年代之前，该基金会一直都是世界上最大的资助型基金会。洛克菲勒还聘请弗雷德里克·泰勒·盖茨（Frederick T. Gates）做他的全职慈善顾问。

终其一生，洛克菲勒为慈善共捐赠 5.3 亿美元，大部分投入到医疗和教育领域。他将约 5 亿美元的剩余资产留给了他的儿子，小约翰·洛克菲勒（John Jr.）。而他的儿子及后世子孙都继承了洛克菲勒家族的慈善传统。

新美国英雄

泰德·特纳是媒体大亨，他成立了 CNN，第一家专业主流的全天有线新闻频道。此外，他还创建了 WTBS，是有线电视中实践超级电视台概念的先驱。他因经常发表有争议性的言论而为人们所熟知。

1990 年，他创建了特纳基金会，主要关注环境和人口增长问题。1997 年，特纳承诺要在他当时 30 亿美元的总资产中捐出 10 亿美元给联合国。联合国基金会就是专门为管理特纳的捐款而成立的。联合国基金会致力于建立和实现公私合作，以解决世界上最迫切的问题，以及通过倡导和公共拓展计划来为联合国获取更广泛的支持。

比尔·盖茨是世界上最大的软件公司——微软公司的联合创始人和主席。从 1995 年到 2007 年，他一直高居福布斯全球富豪榜榜首，是世界上最有钱的人。2008 年，他的个人净资产约为 580 亿美元。

2000 年，盖茨和他的妻子建立了比尔及梅琳达·盖茨慈善基金会。到 2007 年，该基金会已经成为世界上最大的基金会，总资产 300 亿美元，未来还将得到盖茨和巴菲特更多的捐赠。2006 年，基金会对外捐赠拨款 15.6 亿美元。再加上巴菲特的捐赠，在未来几年这一数字有望翻倍。

基金会的信条非常宏大："基于所有生命价值平等的信念，比尔及梅林达·盖茨基金会致力于在全球消除不平等和改善生活质量。"它将 60% 的资金用于解决全球卫生问题，集中在六个方面：传染病、艾滋病、肺结核、生殖健康、全球健康战略和全球健康技术。

沃伦·巴菲特通过利用伯克希尔·哈撒韦公司的敏锐投资而获得巨额财富，他是这家公司最大的股东和 CEO。2008 年，他被福布斯富豪榜评为世界上最富有的人，拥有净资产约为 620 亿美元。

20 世纪 60 年代中期，巴菲特成立了巴菲特基金会（后来改名为苏珊·汤普森·巴菲特基金会），专注于生殖健康、计划生育、堕胎合法化以及防止核武器扩散。2006 年，基金会总资产逾 4.5 亿美元。

2006 年 6 月，他公开承诺要将自己的全部财产捐献出来，其中 83% 捐给比尔及梅琳达·盖茨基金会，他是该基金会的第三方托管人。他捐出的伯克希尔公司股权在 2006 年价值 370 亿美元，未来的价值可能还会更高。

皮埃尔·奥米迪亚是网上在线拍卖网站，eBay 的创始人和主席。1998 年 eBay 上市之后，奥米迪亚和他的妻子帕姆（Pam）共同建立了非营利组织奥米迪亚基金会。2004 年他关闭了该基金会并成立了奥米迪亚网络（Omidyar Network），既投资非营利项目，也投资能够创造社会价值的营利项目。非营利性基金和营利性基金各有 2 亿美元资本。奥米迪亚网络的使命是："使个人在全球范围中可以实现自我赋权。"该组织已经在多个领域进行了投资，包括小额信贷、高新技术和以社区为基础的项目，它期待所有的营利性投资都有风险适中的回报。

杰夫·斯科尔是 eBay 的第一位主席。在 34 岁的时候，他用 eBay 上市过程中赚取的 3400 万资金建立了斯科尔基金会，自此之后，他成为美国历史上最年轻的慈善家之一。该基金会反映了斯科尔的核心信条，那就是每个人都有责任改变"富人"与"穷人"之间的压制性平衡。基金会主要通过关注发展中的社会创业家精神来缩小这一差距。

拉里·佩奇与谢尔盖·布林在斯坦福大学读书的时候是同班同学，他们共同创建了谷歌（Google）并管理至今，谷歌是因特网搜索和在线广告巨头。在 2004 年首次公开募股时，谷歌市值约为 230 亿美元。到 2008 年 3 月底，它的市值已超过 1000 亿美元。

自成立以来，谷歌创始人就不断提醒员工他们的工作应该"不作恶"。这一信条现已改为积极肯定的口号："行正道（Be Good）"。在 2007 年和 2008 年，《福布斯》将谷歌评为最佳雇主。

2004 年，谷歌设立了一个营利性慈善事业部门 Google.org，起始资金为 10 亿美元。谷歌聘请了一位创新多才的企业家拉里·布里安特（Larry Brilliant）来管理基金会。其使命是帮助解决全球贫困、全球公共卫生和全球变暖等问题。

乔治·索罗斯是匈牙利裔投资家和作家，有亿万资产。他的量子基金（Quantum Fund）是世界上最成功，管理最好的投资基金之一。他以"打垮了英格兰银行的人"而闻名世界，当时他斥 11 亿美元巨资去投机英镑。2008 年，他的净产值合计约为 90 亿美元。

从 1979 年开始，索罗斯就一直活跃在慈善领域，对他相信的事业予以资金支持。迄今为止，他已经捐赠出 40 亿美元，其中大部分是通过索罗斯基金会和开放社会研究所捐出的，开放社会研究所致力于在全球超过 50 个国家中，通过扶持民主治理、人权以及经济法律和社会领域的改革来推动开放社会的发展。

非美国慈善家

理查德·布兰森是维珍集团（Virgin group）的主席，出众耀眼。他在 20 世纪 70 年代创建了维珍，将这个新品牌发展成为一个国际知名品牌大集团，下属有一系列企业，涉及航空、手机和唱片业等领域。他最近建立的企业之一是太空旅游公司——维珍银河——只要顾客付费，就会被带到亚轨道空间进行飞行体验。

2008 年，布兰森的净资产估计为 44 亿美元。2006 年，在克林顿全球倡议行动（Clinton Global Initiative）上，他承诺在未来 10 年内，将维珍集团在航空和火车领域的收益，估计约 30 亿美元，投资于清洁技术。该项投资初始的关注点是制造生产"纤维素"乙醇，这种生物燃料是从农业废弃物和速生庄稼中提取的，燃烧之后不会排放温室气体，但是目前尚未得到市场验证。布兰森坚信：就像一步一步建立维珍集团一样，这一举动也是在一步一步地做好事，解决气候变化问题。

穆罕默德·本·拉希德·阿勒马克图姆是迪拜酋长。他的最大功绩是将狭小的波斯湾发展成为航空、商业和旅游中心。经过他的努力，迪拜的国内生产总值从 1994 年的 80 亿美元增长到 2006 年的超过 400 亿美元。2007 年，《福布斯》估算他的个人财产约为 160 亿美元。

2007 年 5 月，他建立了穆罕默德·本·拉希德·阿勒马克图姆基金会，并向基金

续表

会捐赠了 100 亿美元。基金会关注方向是人类发展，致力于在中东建立一个 "知识型社会"。

李嘉诚是最富有的亚洲人。在 2008 年，他的总资产估计约为 265 亿美元。他拥有两个主要的集团：长江集团与和记黄埔。因此，他是世界上最大的集装箱码头经营商、香港电力的最主要供应商、全球手机供应商和重要的房地产开发商。

李嘉诚基金会建于 1980 年，在各项医疗和教育项目上的投入已超过 10 亿美元。2006 年 8 月，他宣布未来将把自己三分之一或更多的个人财产（当时估值为 188 亿美元）捐赠给基金会，他将基金会称为自己的 "第三个儿子"。

他们还改变了慈善的本质，从救济施舍变成有组织的慈善机构，进行专业化的管理，以便对所服务社群产生更大影响。他们投资和建立了一些机构，例如图书馆、学校和科研组织。

从此以后，这样的慈善性捐赠在全球稳步发展起来，但是主要在美国和其他发达国家，因为在这些地方财富新贵越来越多。

基金会是很多富人捐赠的渠道，在美国其数量已从 1944 年的 505 家激增至 2005 年的 7.1 万家。而他们的资产规模也在同样地迅速增长，从 180 亿美元增长到巨额的 5500 亿美元。然而，每年基金会拨款捐出的 360 多亿美元，只占美国全年慈善捐赠总额的 12% 而已（2006 年，美国慈善捐赠总额约为 2950 亿美元）[5]。

就在过去的 10 年，基金会得到迅猛发展，数量翻了一番，资产也增加了一倍多。正因如此，很多观察者将过去这段时间称为慈善的黄金时代。

慈善竞赛

黄金时代的动力是什么？或许正是这些年来报纸头版头条关注的巨额捐赠。

某种程度上，这种现象可以追溯到 1997 年。当时，美国有线电视新闻网络（CNN）的创始人泰德·特纳[6]（Ted Turner）对联合国承诺捐赠一笔价值约 10 亿美元的巨款。特纳也对那些与他同时代的齐啬富豪们提出挑战，要他们打开钱袋子。特纳建议，富人们与其为登上福布斯世界富豪榜[7]而奋斗，还不如每人捐出 10 亿美元，然后慢慢消失在排行榜上。他的这番言论促使极具影响力的在线网络杂志 *Slate* 开启了一份年度捐赠榜单[8]。这引起了更多媒体对此事的报道以及其他慈善名单的出现。

3 年之后，比尔·盖茨[9]向比尔及梅琳达·盖茨基金会注入了 165 亿美元的巨额资金。2006 年，沃伦·巴菲特[10]发表了一次惊人演讲，表示他将为该基金会捐赠 300 亿美元资金，当时，它已经是世界第一大基金会，坐拥 300 亿美元资金。

在过去 10 年，一些超级富豪相继设立了各种基金会，他们大部分是美国人，有很多是来自信息技术行业的巨头，就像 eBay 的皮埃尔·奥米迪亚[11]（Pierre Omidyar）和杰夫·斯科林[12]（Jeff Skoll），还有最近加入的谷歌（Google）创始人拉里·佩奇（Larry Page）和谢尔盖·布林（Sergey Brin）[13]。还有一些如乔治·索罗斯[14]（George Soros），他们在金融和其他传统领域赚钱，然后捐赠出去。

尽管最近出现的慈善家所做的捐赠与盖茨、巴菲特不可等量齐观，但仍是百万、亿万级别的捐款。远比我们这些普通人捐出的零钱要多得多。与第一次慈善革命情况类似，当代的大部分巨额捐赠也都来自美国。然而近年来，美国以外的富豪们开始在慈善领域效仿美国同行。

英国企业家理查德·布兰森爵士[15]（Richard Branson）在 2006 年 9 月走上前台，带着约 30 亿美元的承诺捐赠，这些钱都是他在航空和火车行业获得的收益，在未来 10 年内将用于解决全球变暖问题。

2006 年 5 月，迪拜酋长穆罕默德·本·拉希德·阿勒马克图姆[16]（Sheikh Mohammed bin Rashid al-Maktoum）捐出了 100 亿美元，成立了自己的教育基金会，目的是提升中东的教育、研究、创新和企业家精神的水平。

而在亚洲，香港杰出企业家李嘉诚[17]在 2006 年 8 月承诺，将至少捐赠自己财产的三分之一到他的李嘉诚慈善基金会，捐款价值约 188 亿美元。

第二次慈善革命

有些人认为，尽管当前这些捐款额度很大，但并不会使早期慈善家的捐款显得渺小。

说得清楚一些，当时卡内基和洛克菲勒所捐赠的 3.5 亿美元和 5.3 亿美元就相当于如今的 30 亿美元和 60 亿美元（根据通货膨胀的调整）[18]。

更重要的是，全球经济在不断发展。在他们各自的时代中，按照年度 GDP 的比例来衡量可以看出，卡内基的捐赠占 0.44%，洛克菲勒是 0.59%。与此形成鲜明对比的是，沃伦·巴菲特的 370 亿美元的巨额捐款只占当年 GDP 的 0.3%，约相当于洛克菲勒所占比例的一半。

美国约翰霍普金斯大学公民社会研究中心主任，莱斯特·萨拉蒙表示：在追随经济发展和随之而来的社会挑战方面，"慈善没能兑现自己的承诺"[19]。他表示：慈善捐赠肯定是有所发展的，但却跟不上非营利需求的增长速度。这些需求逐渐得到了其他资源的援助，例如政府拨款和服务收费。

无论这些捐赠的绝对数量有多少，我的观点是：这些新一代捐赠者正在改变慈善捐赠的本质。如今的慈善家，在继续按照传统方式进行捐赠的同时，越来越不满足于只是填写支票和参加剪彩仪式。他们通过创新的方式来参与慈善，这激发了很多人的想象力。

尽管他们的捐赠方式多种多样，我们还是可以从中提取一些共同点：

- 更雄心勃勃
- 更资本化
- 更私人化
- 更有协作性

高影响力的慈善

这些新一代慈善家的工作计划既大胆创新又有全球视野，几乎想要找到并实施解决全球所有问题的办法。他们直面热点问题，诸如贫穷和全球变暖等私人企业和政府都不愿意或无法充分解决的问题。

特纳向联合国承诺捐赠的 10 亿美元要用于解决全世界迫在眉睫的问题，以及扩大对联合国的支持。

比尔·盖茨投身慈善是为了纠正"这个世界上惊人的不平等，包括健康、财富和机会等方面的巨大差距，使得上百万人陷于绝望的生活中"。[20] 他的宏大理想是要战胜医疗市场中正在困扰贫困消费者的市场失灵，方法是让自己的钱代表穷人的需求去刺激相关医药和治疗方案的供应。例如，他的钱为制药公司提供了市场激励，促使他们投入部分资源为穷人研发和生产药品。

盖茨投出的钱必然能一石激起千层浪。比尔及梅琳达·盖茨基金会每年提供8 亿美元资金支持解决全球健康问题。这几乎相当于联合国世界卫生组织全年的预算。

同时，社会专家相信，以穆罕默德·尤努斯的格莱珉银行为代表的小额信贷，也是发展中国家的穷人实现经济自强的一个有力工具。这一领域才刚刚起步，需要更多的资本支持，意识到这一点，奥米迪亚携手塔夫斯大学（Tufts University）于 2005 年发行了一个小额信贷基金。奥米迪亚为该基金捐了 1 亿美元，是在小额信贷领域最大的一笔私人资本配置。奥米迪亚的目标是"在未来 10 年中，通过放出贷款再收回贷款这一循环，为全世界的贫困人口提供至少 10 亿美元的小额信贷。[21]"

解决全球变暖问题得到越来越多新一代社会企业家的支持。理查德·布兰森对清洁技术的最初关注点就是要生产"纤维素"乙醇，这是一种生物燃料，可以从农业废弃物和速生庄稼中分离得到，燃烧时不会排放温室气体。

谷歌基金会（Google.org foundation）首期项目的目标之一就是要研发一种非常节省燃料的插电式混合动力汽车发动机，依靠乙醇、电力和汽油驱动。

慈善资本主义

很多新一代慈善家都是在商业领域大展宏图的成功企业家，理所当然的，他们会希望将资本主义的理念和方式应用到社会舞台上。不仅仅是简单的将企业管理规则应用到慈善计划和执行中，他们有时还会想一战到底，例如挑战风险资本模式的极限，也就是所谓的"风险慈善"。

这一风险模式首次提出是在 1997 年里程碑式的一篇文章中，该文刊登在《哈佛商业评论》（Harvard Business Review）上[22]。文章作者认为，传统慈善表现平平，新慈善将通过输入风险资本技术而受益。这些技术包括运用绩效考核，对选定机构投入精而多的风险资本，紧密参与机构运营以确保产出成果，以及在恰当的时候退出。

在美国，如今有数百个风险慈善团体活跃着，还有一些在欧洲。其中最大的团体就是总部位于西雅图的社会创新合作伙伴（Social Venture Partners），他们在美国 23 个城市都设有附属机构[23]。这一组织由 1700 多个独立合作伙伴组成网络，通过项目拨款和投入大量时间的战略志愿支持，让至少 250 个非营利组织从中受益。

由于采取了资本主义方式，对一些新慈善家而言，营利组织与非营利组织之间的界线就日益模糊了。

以奥米迪亚网络为例，它设有两个基金，一个进行以营利为目的的投资，另一个则进行慈善捐款。"投资团队"可以自由选择要投资营利项目还是非营利项目，团队的主要投资标准就是投资能否促进组织完成它的社会使命。

Google 的起始资金为 10 亿美元，还经常会回避自己的非营利身份。它会为自己的任何盈利支付税金，这就让基金会可以资助初创企业，可以和风险资本家结成伙伴关系，甚至可以去游说国会。它的创始人佩奇和布林对股东承诺，他们会为社会带来巨大的影响，解决世界性难题，所得成就甚至会令谷歌本身也"黯然失色"。

布兰森的维珍燃料（Virgin Fuels）创办目的就是解决气候变化问题，它是一家常规企业，寻求"通过好的投资来做好事"，但是布兰森会用他在别的投资中所得利润的一部分来资助这个企业。

这样看来，布兰森和谷歌持有共同看法，即加快绿色技术发展的最好办法就是让正常的市场竞争机制发挥作用。他们认为自己是在通过注入初始资本帮助这块领域启动，并深化其利用自身获利的再投资。

高参与度的慈善

新富们想要确保自己捐出的钱能得到合理使用，所以他们也想亲身参与到慈善中。在比尔·盖茨看来，你捐钱的时候，也要跟你在挣钱的时候付出同样多的努力[24]。

很多刚进入慈善领域的人，尤其是来自互联网行业的人，大约 30 多岁到 40 多岁，与那些在 60 多岁开始做慈善的先锋实业家相比，他们都很年轻。正是由于年轻，他们就想要贡献自己的时间和青春活力去指导、引领和管理。

这一点在风险慈善家身上得到充分展现。风险模式的核心理念就是要将资助看作投资，伴随着对（社会）投资回报、经营效率和管理监督的预期。这与传统慈善拨款的理念形成了鲜明的对比，传统上捐赠者通常将资助视为赠予，而且显然不会干涉受资助方的运作。

新慈善家关注的领域通常反映了他们的个人兴趣，并且经常会充分利用自己的才能来做慈善。乔治·索罗斯深受自己早期在纳粹和共产主义统治下的经历影响，还有哲学家卡尔·波普尔（《开放社会及其敌人》一书作者）所著作品的影响。他已在 60 多个国家倡导过社会政治变革，尤其是在中欧、东欧和苏联。他曾独自或与他人合作撰写了几本书，基本都是以开放社会为主题的。他创立的组织和基金致力于解救被国家判处终身监禁的政治犯，为没有法律依据就被判刑的犯人争取获得释放，防止肺结核和艾滋病的传播，创造公开辩论，以及推动新闻自由。

杰夫·斯科尔多才多艺，除了是 eBay 的创始人，还是一位电影制片人。他创建了"参与制造"（Participant Productions）媒体公司，为既有商业价值又能提升社会价值的故事片和纪录片提供资金。其中一个杰出例子是奥斯卡得奖影片，《不可忽视的真相》（*An Inconvenient Truth*），这部电影大大提高了人们采取行动防止全球变暖的意识。

网络化慈善

慈善资源的聚集是伴随着社区基金会的建立而同步发展的。通过社区基金会，使得中间层的捐赠者可以在较大型基金会中以较低成本创办本质上属于自己的"基金会"，或是捐赠者服务基金（donor-advised fund）。

第一个社区基金会是 1914 年在克列夫兰（Cleveland）建立的[25]，如今，在美国已经有超过 700 个社区基金会，在全世界约有 1000 个。

然而，大多数基金会还是按照传统方式运作，管理自己的项目，自行处理项目拨款。然而，多个基金会可能同时在资助一个项目，原因在于传统上是由受资助方来寻求资金。

当基金会在追求社会变革方面变得积极主动、雄心勃勃，他们也在寻找共同协作的新方式。他们结成伙伴关系，不仅是在基金会之间，还在与商业伙伴、政府和受资助的非营利组织结成伙伴。

即使是全球最大的基金会也在与外界寻求合作，以实现他们宏大的全球使命。

比尔及梅琳达·盖茨基金会自身就拥有足够的资金来运行自己的任何项目，但它也重视多部门的高效协作。为此，该基金会精心设立了一系列激励性的投资合作伙伴关系。例如，它与洛克菲勒基金会结成联盟，一同在非洲推行绿色革命，以期减少饥饿、发展农业。事实上，基金会在全球健康领域资助的项目中，大约有 80% 是与战略伙伴共同执行的。

为了更好地利用资金和经验，各类网络也正在形成。佩姬·洛克菲勒·杜兰尼（Peggy Rockefeller Dulany）发起的全球慈善圈[26]（Global Philanthropists Circle）聚集了来自 20 个国家的近 50 个超级富豪家族，他们共同交流思想和经验，主要目的是为了找出针对国际贫困和不平等问题的解决方法。通常这都会涉及利用关系、影响力和金钱。

美国前总统比尔·克林顿（Bill Clinton）在 2005 年创建了一个无党派项目——克林顿全球倡议，这是一个聚集了全球领导人的组织，每年召开一次会议，思考和实施一些解决世界问题的创新方法，例如在全球公共卫生、贫困和宗教种族冲突方面[27]。这一组织并不对外资助，只是将有想法的人和有途径帮助实施这些想法的人联系在一起。该组织的第二次年度会议促成了 262 个承诺意向，涉及资金总价值超过 73 亿美元。

第二次风向

第二次慈善革命会将世界引向何处？

首先，人们对此期望颇高。巨额捐款的可能性吸引了众多期盼的目光。

目前，只有很少一些亿万富翁涉足其中。但是如果巨额捐赠的出现概率像雪球般越滚越大，那么带来的资金和影响力将是惊人的。正如在 2008 年 5 月，福布斯亿万富豪榜上有 1000 多位亿万富翁，估计总资产净值为 4.4 万亿美元，这是所有美国基金会总资产值的 6 倍多[28]。

联合国秘书长特别顾问杰夫·萨克斯（Jeff Sachs）认为："要是这些富人每年能通过基金会捐赠 5% 的资产"，那就相当于 2200 亿美元，能够帮助非洲摆脱贫困，使其无需等待八国集团仍未到位的援助[29]。

但是非洲的贫困问题只是世界问题的一小部分，而解决了这一问题还是有许多其他需求亟待满足。事实上，解决问题仍然需要来自政府的资金，而慈善捐赠不能完全替代它。例如，美国的社会福利支出是 GDP 的 18%，而慈善捐赠总额只是 GDP 的 2%，两者对比鲜明。

其次，创新慈善方式从商业世界汲取不少灵感。事实上，慈善和商业之间的界线正在模糊。从长远来看，商业与慈善能否融合成一个无缝的世界？应该这样吗？对此，我尚无答案。然而有希望的是，走向融合世界的每一个转变都会平稳顺利，而非混乱不堪。

再次，巨额捐赠次数越来越多、数额越来越大，这引发了人们对这些机构责任的担忧。正如基金会对受资助方进行问责，立法者和公众也在对基金会问责，要求他们提供可评估的结果，并对过高的管理成本做出解释。美国国会对基金会及其运作方式越来越关注，更为严格的立法建议已被提出，"将会极大地改变联邦政府和基金会之间的关系"[30]。

最后，如果将目光放长远一些，超越捐赠目标、方式和数量，你会发现捐赠的宏伟目标——正如许多慈善家已经表达过的那样——大都是相同的：造福社会和人类。

或者，他们只是听取了安德鲁·卡内基的忠告："死后留下巨额遗产的人，离去时无人哀悼、不受尊敬、没有挽歌……拥巨富而死者以耻辱终。[31]"

注释：

摘自："The second philanthropic revolution", *SALT*, September-December 2007。

1 安德鲁·卡内基参考资料：

- 纽约卡内基机构（Carnegie Corporation of New York）网址：www.carnegie.org

-《安德鲁·卡内基自传》（*Autobiography of Andrew Carnegie*），电子书网址：www.zilliontech.com/knowledge/ andrewcarnegie.html。

2 安德鲁·卡内基，"Wealth," *North American Review*, No. CCCXCI, June 1889。随后在英国出版，命名为《财富的福音》（*The Gospel of Wealth*），卡内基随后采纳用作自己的书名。

3 约翰·戴维森·洛克菲勒参考资料：洛克菲勒基金会网址：www.rockfound.org。

4 每位慈善家的参考资料都列在此前或此后的尾注中。另外，关于他们的信息还摘自以下公共资源：

- 慈善家族（Families of Philanthropy）网址：www.familiesofphilanthropy.com

- 慈善类型（Faces of Philanthropy）网址：www.facesof philanthropy.com

- *Slate*，网络杂志网址：www.slate.com，有慈善系列信息。

- 福布斯富豪榜网址：www.forbes.com

5 捐赠数据均来自：

- *Foundation Yearbook 2007* (The Foundation Center)

- *Philanthropy in the 21st Century*: *The Foundation Center's 50th Anniversary Interviews*

(The Foundation Center, 2007)

- *Giving USA 2007*: *The Annual Report on Philanthropy for the Year 2006* (Giving USA Foundation, researched and written by the Center on Philanthropy at Indiana University, 2007).

6　泰德·特纳参考资料：

- 泰德·特纳网址：www.tedturner.com/enterprises/home.asp
- Maureen Dowd, "Ted Turner urges "ol' skinflints" to open their purse strings wider," *The New York Times*, August 23, 1996.

7　《福布斯》每年出版一份世界富豪名单，登录 www.forbes.com 查看最新名单。

8　David Plotz, "Competitive Philanthropy: The History of the Slate 60," *Slate*, February 20, 2006; "The Fine Art of Giving", *Time*, December 16, 1996.

9　比尔·盖茨参考资料：

- 比尔及梅琳达·盖茨基金会网址：www.gatesfoundation.org
- Carol Loomis, "The global force called the Gates Foundation", Fortune, June 25, 2006 "Crafting partnerships for vaccinations and healthcare—The Bill & Melinda Gates Foundation", *Global Giving Matters*, December 2003-January 2004 feature, www.synergos. org/globalgiving matters/features/0401gates.htm
- "Press release: Microsoft Announces Plans for July 2008 Transition for Bill Gates", Microsoft Corporation, June 15, 2006 at www.microsoft.com.

10　沃伦·巴菲特参考资料：

- "Warren Buffet gives away his fortune", *Fortune*, June 25, 2006; Carol Loomis, "A Conversation with Warren Buffet", *Fortune*, June 25, 2006
- "Special report Philanthropy: The new powers in giving," *The Economist*, July 1, 2006
- 还可在线浏览巴菲特自传网址：www.wwpidoo.com/biography/buffett/index.htm。

11　皮埃尔·奥米迪亚参考资料：

- 奥米迪亚网络网址：www.omidyar.net
- Bill Breen, "Q&A: Pierre Omidyar—Empower Seller," *Fast Company*, Issue 113, March 2007
- "eBay and Omidyar Network Founder Launches $100 Million Microfinance Fund in Partnership with Tufts University", Tufts University, November 4, 2005 at www.tufts.edu/ microfinancefund/。

12　杰夫·斯科尔参考资料：

- 斯科尔基金会网址：www.skollfoundation.org

- Participant Productions 网址: www.participantproductions.com
- Tom Watson, "Skoll at Oxford: A Changing Time for Philanthroy," *on Philanthroy*, April 2, 2007 at www.onphilanthropy.com.

13 拉里·佩奇与谢尔盖·布林, 谷歌公司参考资料:
- 谷歌公司网址: www.google.org
- Jessi Hempel, "Google's Brilliant Philanthropist," *BusinessWeek*, February 22, 2006
- Katie Hafner, "Philanthropy the Google way: Doing good while making money," *International Herald Tribune*, September 14, 2006.

14 乔治·索罗斯参考资料:
- 乔治·索罗斯网页: www.georgesoros.com
- 开放社会机构与索罗斯基金会网络网址: www.soros/org。

15 理查德·布兰森参考资料:
- 维珍集团网址: www.virgin.com
- "Branson pledges $3B to fight global warming", *CNNMoney.com*, September 21, 2006
- Amanda Griscom Little, "Branson With The Stars", *Grist*, September 28, 2006 at www.grist.org.

16 穆罕默德·本·拉希德·阿勒马克图姆参考资料:
- 官方网页: www.sheikhmohammed.co.ae/english/index.asp
- 穆罕默德·本·拉希德·阿勒马克图姆基金网址: www.mbrfoundation.ae
- "Press release: Sheikh Mohammed bin Rashid Al Maktoum Launches Foundation to Promote Human Development with US$ 10 Billion Endowment," World Economic Forum, May 19, 2007 at www.weforum.org.

17 李嘉诚资料参考:
- 李嘉诚基金会网址: www.lksf.org
- Parmy Olson, "Li Ka-Shing can't take it with him", *Forbes*, August 25, 2006.

18 Gavyn Davies, "Who has the biggest heart in human history?" *The Guardian*, July 6, 2006. 关于卡内基和洛克菲勒的捐赠在今天价值多少美元这个问题, 人们的估算结果一直在不断变化。戴维斯算出来的分别是 30 亿美元和 60 亿美元。慈善家族(www.familiesofphilanthropy.com)则估算出分别是 72 亿美元和 140 亿美元(140 亿美元应该同时包括了洛克菲勒和小洛克菲勒的捐赠)。2006 年《财富》的估算则分别是 72 亿美元和 126 亿美元。价值的不同应该是由于对通货膨胀率的估算不同, 也有可能是估算包括了如果这些钱用于投资可能获得的合理收益率。

19 Mark Hrywna, "Giving Hits Record $295 billion", *The Nonprofit Times*, July 1, 2007。该文

章收录于 *Giving USA 2007* yearbook published by Giving USA Foundation。

20 "Remarks of Bill Gates, Harvard Commencement", *Harvard University Gazette Online*, June 7, 2007, www.news.harvard.edu/gazette/2007/06.14/99-gates.html.

21 David Kirkpatrick, "Ebay's founder starts giving", *Fortune*, November 28, 2005.

22 Chris Letts, William Ryan, and Allen Grossman, "Virtuous Capital: What Foundations Can Learn from Venture Capitalists", *Harvard Business Review*, March 1997.

23 社会创新合作伙伴网址: www.svpseattle.org 和 www.svpi.org。

24 "Doing well and doing good", *The Economist*, July 29, 2004.

25 克利夫兰基金会建立于 1914 年，是世界第一个，美国第三大社区基金会。网址: www.clevelandfoundaton.org。

26 全球慈善圈网址: www.synergos.org/philanthropistscircle。

27 www.clintonglobalinitiative.org.

28 2005 年（可获得的最新数据年份）美国基金会资产基础为 5500 亿美元，按照历史年平均增长趋势 8% 推算，2007 年这一数值将增长到 6410 亿美元。根据 2008 年 3 月福布斯富豪榜的数据计算，亿万富翁总资产为 4.4 万亿美元，就是指 2007 年的资产总值。因此，亿万富翁的财产是基金会总资产的 6.9 倍（44 000 亿美元 /6410 亿美元）。

29 Leyla Boulton and James Lamont, "Philanthropy 'can eclipse G8' on poverty", *Financial Times*, April 8, 2007. 杰弗里·萨克斯参考了 2007 年亿万富翁总资产值数据，计算得出一个数据，5% 的基金会总支出为 1.75 亿美元。我参考了 2008 年 3 月最新的福布斯富豪榜上亿万富翁总资产值数据，将基金会总支出更新为 2200 亿美元。

30 "The birth of philanthrocapitalism", *The Economist*, February 25, 2006. 文章着重强调了由参议员查理斯·格拉斯利（Charles Grassley）提议的严厉新法，该法旨在防止非营利组织滥用资产。请详阅第 4 章，其中有关于美国和他国家慈善改革的深入讨论。

31 Andrew Carnegie, "Wealth," *North American Review*, No. CCCXCI, June 1889. 之后在英国以《财富的福音》一名出版。

第15章 | 社会企业家精神
创新社会变革

社会企业家通过创新的方式，引发系统性、大规模的社会变革。

对于社会企业家的研究多在寻找并强调其与商业企业家的相似之处。然而，两者之间有一处关键的不同，决定了其模式及影响力的差异——金钱。当商业企业家获得成功之时，会有大量的金钱涌入，进而扩大他的业务规模和银行存款。而对于社会企业家，扩大规模通常意味着需要捐赠者人继续慷慨解囊。

如果将成功的社会企业家和成功且乐善好施的商业企业家放在一起对比的话，例如威廉·休利特（William Hewlett）和大卫·派克德（David Packard），毫无疑问后者的积极影响力更大。然而，当今世界同时需要这两类企业家，而且他们可以共生。

长久以来，像苹果电脑公司（Apple）创始人及总裁史蒂夫·乔布斯（Steve Jobs）[1] 这样的企业家，一直在改变着世界，同时也在改变着他们自己的银行账户。然而近来，一种被称为社会企业家的企业家类型，逐渐获得迟来许久的世界性认可。

社会企业家通过创新的方式，引发系统性、大规模的社会变革，但不能同时收获相应的财务收益。对他们来说，成就来自于推动范式改变，而非在社会竞技场上推卸责任。正如畅销书《如何改变世界——社会企业家与新思想的威力》（*How to Change the World: Social Entrepreneurs and the Power of New Ideas*）的作者戴维·伯恩斯坦（David Bornstein）所说："社会企业家能在他人只能看到问题的地方发现资源。他们将村民们视作解决问题的方法，而非被动的受益人。他们在开始工作时便信任其所服务社区的能力，并在工作中解放其资源。[2]”

向社会企业家致敬

在他的书中，伯恩斯坦描述了 9 位卓越的当代社会企业家（见下表“改变世界的人们”）。这些杰出人物中的大多数都是爱创家的益创者[3]（Fellows of Ashoka），爱创家是一个拥有 1800 多名优秀社会企业家的全球性网络。

作为爱创家：公众创新者（Ashoka: Innovators for the Public）的创始人，比尔·德雷顿（Bill Drayton）期待社会企业家的崛起能为公民领域（政府和非营利机构）带来“生产力的奇迹”[4]。他认为社会企业家不会满足于授人以鱼，也不会满足于授人以渔。“社会企业家的脚步不会停歇，直至整个渔业得到了彻底的改造。”因此，德雷顿计划对这样的社会企业家进行识别和投资，来加速并扩大这场改变社会的革命。

此外，还有一家相对年轻的机构，也在向社会企业家致敬，那就是施瓦布社会企业家基金会（Schwab Foundation for Social Entrepreneurship）[5]。该基金会由世界经济论坛主席及创始人克劳斯·施瓦布（Klaus Schwab）及其妻子于 1998 年成立，旨在突显和鼓励能够“大规模带动社区变革的社会企业家”个人和团体。截至 2008 年，该组织的网络中已拥有 140 名社会企业家。

基金会每年会在世界各国设立“年度社会企业家奖”。2006 年在新加坡的首次颁奖典礼是与新加坡《海峡时报》联合举办的。世界厕所组织的创始人沈锐华[6]是该大奖的第一位获奖人。

改变世界的人们

贾韦德·阿比迪（Javed Abidi），印度。半身瘫痪的贾韦德是印度残疾人运动的领袖。在他的战略领导和不懈努力下，残疾人权益已在印度受到立法保障。目前，他在努力将这些权益落实到经济和非经济领域当中。

杰卢·比利莫利亚（Jeroo Billimoria），印度。杰卢是一位社会科学讲师，她成立了一个名为“儿童热线”（Childline）的 24 小时免费热线电话，能够帮助印度数百万弱势儿童联系到儿童救助机构的庞大网络。随后她将儿童热线的案例推广到国际上。最近，她成立了一个名为"阿福童"（Aflatoun）的全球性网络，通过社会和理财教育来帮助贫困儿童。

薇拉·科尔代罗（Vera Cordeiro），巴西。 薇拉是一位医院工作者，她建立了新生：儿童保健协会（the Saude Crianca Renascer Association），为来自低收入家庭的儿童提供住院期间和出院初期的紧急医疗救助。该模式在巴西其他 14 个公立医院也得以推行，救助了超过 2 万名儿童。

比尔·德雷顿，美国。 德雷顿曾担任麦肯锡公司咨询顾问和美国环保署（Environmental Protection Agency）助理署长，在任期间，他曾推行过碳排放交易及其他一系列改革。作为一个在青年时代便投身公益事业的人，他在 1980 年建立了爱创家组织。

詹姆斯·格兰特（James Grant），美国。 詹姆斯曾任联合国儿童基金会（Unicef）执行主任。他设计并主导了一项全球性运动，来防止儿童由于可轻易避免的疾病造成的不必要死亡。截至 2000 年，这项革命性运动已拯救了大约 2500 万年轻人的生命，他还在全球范围内大力倡导维护儿童合法权益的活动。

维洛尼卡·霍萨（Veronica Khosa），南非。 维洛尼卡曾是一名护士，曾拜访过数百名独居家中忍受艾滋病折磨的病人。她成立了塔特尼家庭护理护士服务公司（Tateni），并建立了一个以社区为基础的干预模式，来应对艾滋病毒的传播问题。她的模式已被南非政府采纳，在该国最大的州中运用。

法维奥·罗萨（Fabio Rosa），巴西。 罗萨是一位农学家和工程师，他发明并倡导使用廉价电力传输系统，为巴西几十万贫困农民提供电力。如今，罗萨正在推广自己创新的"农业用电"方法，还改良了农场和牧场系统，以同时应对贫困、土壤退化和全球变暖问题。

J.B. 施莱姆（J.B. Schramm），美国。 施莱姆刚工作的时候是一名青少年工作者，后来，他设计并实施了一个项目，来帮助全美低收入学生进入大学并获得学业上的成功。大学之峰组织（College Summit）的学生申请大学入学率高达 80%，而全国范围低收入人群的平均入学率仅有 46%。

伊丽莎白·塞凯尔斯（Erzebet Szekeres），匈牙利。 塞凯尔斯是一位残疾儿童的母亲，她开发了一个项目用以提供该国成年残疾人最为欠缺的三类帮助——职业培训、就业和住房。她成立的组织，联合工业联盟（Alliance Industrial Union），现已在匈牙利各地都设有中心，向之前被社会福利机构收容的残疾人提供服务。

来源：戴维·伯恩斯坦，《如何改变世界——社会企业家与新思想的威力》。

"大便" 革

在一个主要社会差距都由政府积极填补的国度里，沈锐华之所以能脱颖而出，也许是因为他的事业和影响力都波及全球。他创办的世界厕所组织是新加坡第一家国际性非政府组织，这一事实突显了他的先驱精神。

在 5 年时间里，通过独具一格的方法，沈锐华（在商业圈和社会圈人们更喜欢叫他的英文名 Jack）将一个禁忌话题带入国际视野。世界厕所组织创建了一个通用的国际平台，拥有来自 49 个国家的 120 多名组织成员。其每年召开的世界厕所峰会吸引了来自世界各地的四五百名与会者共聚一堂，讨论世界厕所形势。

通过不懈的坚持和略带幽默戏谑的风格，杰克得以将政府和企业吸引过来，让他们不仅支持自己的事业，甚至还要互相竞争，以夺得最干净公共厕所的殊荣。

杰克的韧劲是他事业发展的关键。他举例说道，自己是如何获许进入新加坡政府部门下属的 300 家机构的内部厕所。"那位官员告诉我，我的申请可以通过，但我的结论必须是这些厕所都相当好，当然还可以略加改善。但是，如果我进去以后，得出的结论是这些厕所需要大幅改善，那就不放我进去。我将这位官员的话转发给了他的部长，并抄送给他。这位官员给我打电话，冲我大吼，说我不应该将这封信发给他的上司。于是，我又给部长写了一封信，抄送给他，在信中简要复述了那位官员对我说的话。后来，厕所的大门都为我敞开了。"

当你和杰克交谈时，很容易发现他非常善于对自己和厕所问题进行自嘲。他像个国王一样，乐于接见每一位愿意上朝倾听的人。在世界厕所组织的宣传画上，到处都是拿着各种厕所用具摆着有趣姿势的杰克。

杰克说他是受到了米猜·威拉瓦亚博士[7]的启发。米猜博士是泰国著名的政治家和社会企业家。他所推广的，是另一个禁忌话题——这次是在泰国——安全套。被称为"安全套大王"的米猜博士擅长使用各类创新又吸引眼球的方法，诸如"警察和橡胶"项目、"移动结扎快车"以及"卷心菜和安全套"主题餐厅。他利用这些方法来解决泰国的人口增长、贫困、环境保护和生殖健康问题。

虽说厕所可能是制造笑话的好素材，但若你考虑到背后的利害关系，就会发现"厕所问题是个严重问题"。当今世界上有 26 亿人没有厕所可供使用。每 6 秒钟就有一个儿童死于痢疾，而病因多是由于恶劣卫生环境导致的饮用水污染。联合国千年发展目标[8]中有一项是，计划截至 2015 年，将无法使用基本卫生设施的人口数量减半。

除了政府以外，还有很多非营利组织也在寻求办法，试图缓解由于恶劣卫生环境带来的全球性问题。通过世界厕所组织，我结识了另一位令人钦佩的社会企业家，苏拉国际社会服务组织（Sulabh International Social Service Organization）的创始人宾德什沃·帕塔克（Bindeshwar Pathak）博士。苏拉国际社会服务组织专门在印度农村和城镇修建廉价、环保且卫生的厕所。它是印度最大的组织。每天有超过 1000 万人使用苏拉组织建造的厕所。可惜的是，这些只是这个 11 亿人口大国的沧海一粟，这 11 亿人当中，仍有 65% 的人没有厕所可用。

除了提供急需的卫生设施，身为婆罗门[9]的帕塔克博士还成为"除秽人"的权利卫士。他积极帮助这个 6 万余人的群体，他们又被称为不可接触者，干着最低贱的体力活，清理和搬运人类粪便。苏拉组织的项目还会帮助他们及其家庭恢复正常生活，去寻求更有尊严的职业。

不理智的人

那么，是什么造就了一名社会企业家？

研究了超过 50 位社会企业家的事迹后，作家帕梅拉·哈迪根（Pamela Hartigan）和约翰·艾尔金顿（John Elkington）认为，社会企业家常常会被认为是"不理智的人"[10]，因为他们想要改变整个体系。他们总结出了成功社会企业家的 10 个特征[11]：

(1) 他们对于意识形态和教条主义的束缚不屑一顾

(2) 他们足智多谋、把握机会，能够发现并采用切实可行的解决方案

(3) 他们勇于创新

(4) 他们最大的关注点是创造社会价值，在此精神之上，他们愿意与他人分享自己的创新和眼界，使已有成果得以复制

(5) 他们敢于在确保财力充足之前试水冒险

(6) 他们坚信每个人都有与生俱来的做出有益贡献的能力，这通常与受教育水平无关

(7) 他们展现出不屈不挠的决心，敢于承担他人所不敢承担的风险

(8) 他们能在自己寻求改变的热情与衡量并检测其影响的热诚之间找到平衡

（9）他们有着丰富的经验，足以引导其他领域的"促变者"（change makers）

（10）他们表现出一种健康的急躁

他们的核心观点是：正是"不计成败"的坚韧，使得社会企业家能够通过创新解决各种社会问题。

社会企业家 vs. 商业企业家

和其他有关社会企业家的研究一样，哈迪根和艾尔金顿发现了社会企业家和商业企业家之间的许多相似之处。两类企业家都充满紧迫感、深爱自己的事业、永不言败、乐于接受改变、勇于创新、能够创造价值，可以聚集众人共创事业。这样的例子不胜枚举。

然而，社会企业家和商业企业家之间有一个关键的区别，决定了两者模式及影响力的不同——金钱。成功的商业企业家能在钱堆里打滚儿，而社会企业家却常常入不敷出。

由于社会事业的性质——你也可以认为是由于它的定义——正常的市场经济常常在此缺位。

有些人可能持相反意见。著名教授和战略家普拉哈拉德（C.K. Prahalad）相信，在世界上数十亿穷人那里隐藏着巨大的购买力和利润 [12]。

他列举了一些例子，其中之一是孟加拉的格莱珉银行。该银行创造性地提出了小额贷款这个概念，来帮助村民们摆脱贫困 [13]。贷款人五人一组可获得一笔数额极小的贷款，但只要一人拖欠，所有人都不能再继续申请。自 2008 年 2 月起，数据显示有来自 8 万多个村庄的 700 多万人（其中 97% 为女性）向该银行贷款。银行共借出 3660 亿塔卡（68 亿美元），其中 89% 已得到偿还。

格莱珉银行的创始人穆罕默德·尤努斯被公认为世界上最杰出的社会企业家之一。由于在小额信贷领域的贡献，他于 2006 年获得了诺贝尔和平奖。即使在获此殊荣的时候，他还在尝试新的想法，建立一个向穷人提供低成本、高营养食品的社会企业。他遵循自己作为社会企业家的本能，将格莱珉银行的成功通过格莱珉基金会（Grameen Foundation）复制到世界各地 [14]。

社会企业家精神有时会与社会企业搞混，后者指的是具有社会使命的企业。例如，一个由慈善机构运营的咖啡馆就是一个社会企业。大多数这样的企业不具备社会企业家精神，也不会认为自己具有这一精神。一家社会企业只有通过改变范式造成了大规模的社会影响，才真正具备社会企业家精神。

事实上，大多数社会企业家在解决社会问题的同时，很难获得充足的经济回报，尽管有像格莱珉银行这样的例外存在。相反的，他们不得不用"投资的社会回报"来为自己的项目辩护。

社会企业家经常在资金不足的情况下运转。正如常以零星预算来运作组织的沈锐华所言，"我们首先关注的是问题，而不是可利用的资源，不然我们永远都没法迈出第一步。"

与之相反，商业企业家可能会面临起始资金不足的挑战，但是随着他／她的产品或服务获得成功，利润也随之滚滚而来。这样一来，他便敢于扩大经营规模，同时扩大的还有他和其他股东的腰包。扩张规模对于社会企业家来说则要困难得多。虽然他们可能从之前的成功中收获了公信力，但扩张意味着需要更多的资金。而这些资金常常不会直接来自企业自身的业务所得。相反地，社会企业家不得不经常依赖捐款人的慷慨解囊。

社会企业家还是商业企业家

由此带来了这样一个问题：如果一个成功的商人用良心经营，且热心公益，难道他不会比社会企业家带来更多社会正能量？

以惠普公司（Hewlett-Packard Company）的创始人威廉·休利特和大卫·派克德[15]为例，两人于1939年在车库成立的这家科技公司如今是价值1000亿美元的跨国公司，拥有遍布全球的172 000名员工。公司的产品和科技创新不断地改变着我们的工作、生活和娱乐方式。不仅如此，两人还创立了名为"惠普之道"（HP way）的标志性企业文化，其中的一个方面，就是要回馈社会。如今，两人都已去世，但他们留下了一份永恒的遗产和两个基金会：大卫和露西·派克德基金会（David and Lucile Packard Foundation）以及威廉和佛洛拉·休利特基金会（William and Flora Hewlett Foundation）。两家基金会总资产超过150亿美元，每年捐款约5亿美元[16]。

很少有社会企业家能做出像休利特和派克德生前所做出的贡献。然而，确实有一些慈善家是通过自身的企业积累财富，并且可能进入社会企业家的行列。

在以标新立异闻名的科技界有很多这样的例子。谷歌的拉里·佩奇和谢尔盖·布林，英特尔的戈登·摩尔（Gordon Moore），eBay 的皮埃尔·奥米迪亚和杰夫·斯科林，当然还有微软的保罗·艾伦（Paul Allen）和比尔·盖茨，这些人都成立了基金会，而且是在非常年轻的时候。他们当中的一些人还积极投身基金会的运作，贡献的不只是大笔金钱，还有时间、眼光和专业知识，尽全力打造自己捐赠的成果。从某种意义来说，其中一些人几乎就要跨界，成为社会企业家。

然而，成功的商人们不是必须跨界成为社会企业家。他们只要保持乐善好施，就能继续行善，甚至做得更好。沃伦·巴菲特便是一个决定专注于自身事业的绝佳例子。身为伯克希尔·哈撒韦公司的最大股东和 CEO，截至 2006 年，他已坐拥 370 亿美元。从那时起，他公开承诺要将财产捐赠给慈善机构。但是，他并没有通过自己的基金会，而是选择将大部分钱通过比尔及梅琳达·盖茨基金会进行捐赠。为什么呢？

这是因为巴菲特遵循了他成功的投资哲学，自觉自律地留在自己擅长的领域里。"我不认为自己能像比尔和梅琳达那么擅于做慈善。[17]"所以，他决定将自己宝贵的时间集中在投资上，以大多数投资者做梦也追不上的速度积累财富。从 1964 年到 2006 年，伯克希尔·哈撒韦公司的股票价值保持复合年利率 21.4% 的增长速度。[18] 与此同时，社会部门也从这一飞速增长中受益匪浅——也许比巴菲特撸起袖子亲自投入社会领域给他们带来的收获更多。

向社会企业家和商业企业家致敬

那么结论是什么呢？

首先，这个世界有着太多的问题和机遇，因此这两类企业家都是必需的，而且他们可以共生。社会企业家需要去解决世界上的许多社会问题，并提供早已惠及商业领域的关注点和创新方法。

其次，不论生意高尚与否，商业企业家本人可以是高尚的。

最后，金钱是万能的。所以，我们应该鼓励具有商业天赋的企业家继续保持生意上的成功，同时将部分获利分流至社会事业。那些胸怀理想改变社会的人，也可以借助这些捐款来增加社会分红。

注释：

改编自：*"Shifting Paradigms," SALT July-August 2006; and "Going beyond the profit principle," The Strait Times, July 12, 2006*。

1 www.apple.com/pr/bios/jobs.html.

2 戴维·伯恩斯坦，《如何改变世界——社会企业家与新思想的威力》（牛津大学出版社，2004）。引用部分来自 www.pbs.org/opb/thenewheroes/whatis。

3 www.ashoka.org.

4 "The rise of the social entrepreneur: Whatever he may be," *The Economist*, February 23, 2006.

5 www.schwabfound.org.

6 对沈锐华的报道来自 www.schwabfound.org/schwabentrepreneurs.htm?schwabid=3996&extended=yes。世界厕所组织请参见 www.worldtoilet.org。

7 www.schwabfound.org/schwabentrepreneurs.htm?schwabid=332&extended=yes. PDA 请参见 www.pda.or.th/eng。

8 千年发展目标是 189 个联合国成员国一致同意在 2015 年前完成的 8 个目标。这些目标旨在减少贫困、饥饿、疾病、文盲、环境恶化和性别歧视等问题。如果想了解更多关于联合国千年计划和目标的资料，可登录 www.unmillenniumproject.org。

9 在印度的种姓制度中，婆罗门地位最高，仅占不到 5% 的人口。贱民（Dalit），即"不可接触者"，社会地位最低，通常从事有害健康、令人不悦或会受到污染的工作。

10 萧伯纳（George Bernard Shaw）有这样一句名言："理智的人使自己适应这个世界；不理智的人却硬要世界适应自己。因此，所有的进步都应该归功于不理智的人。"

11 John Elkington and Pamela Hartigan, *The power of unreasonable people*: *How social entrepreneurs create markets that change the world* (Harvard Business School Press, 2008); John Elkington & Pamela, "Unreasonable people—Ten characteristics of successful social entrepreneurs," *The Social Edge*, February 26, 2008, at www.socialedge.org/blogs/unreasonable-people.

12 C.K. 普拉哈拉德，《金字塔底层的财富》（沃顿商学院出版社，2005）。

13 www.grameen-info.org/bank/GBGlance.htm.

14 "Yunus wins Nobel Peace Prize," Associated Press, October 13, 2006; www.grameenfoundation.org.

15 www.hp.com. 数据提供时间为 2008 年 3 月。

16　关于大卫和露西·派克德基金会请参见 www.packard.org；关于威廉和佛洛拉·休利特
　　基金，请参见 www.hewlett.org。数据基于 2005 年和 2006 年两个基金会各自的年报。

17　Carol Loomis, "A conversation with Warren Buffet", *Fortune*, June 25, 2006.

18　"Berkshire's Corporate Performance vs. the S&P 500", from *Berkshire Hathaway, Annual Report* 2006.

第16章 社会企业
为了非营利而营利

在寻求财务可持续性发展的时候，越来越多的非营利组织开始寻求利润。社会企业，或者说带有社会使命提供各种产品和服务的企业，如雨后春笋般迅速发展。

尽管社会企业有着赠款、捐赠和广泛的社区支持等明显优势，但其成功率还是低于商业机构。经常被提及的挑战有多重底线、规模不足和能力差距。然而，也许关键原因在于慈善世界和商业世界的不同文化。

为了促使更多成功的社会企业出现，也许改变商业企业家的内心会比改变社会工作者的头脑更加容易。

在追寻财务可持续性这一神圣目标的同时，很多非营利机构开始加快脚步转向寻求利润。为了实现这一目标，他们成立了社会企业，或者带有社会目标的企业。

相较于花大力气寻求捐款、申请赠款，或是向受益人象征性收取费用，一些非营利组织发现设立自己的企业是更诱人的保障资金的方式。正如泰国最大的非政府机构，人口和社区发展协会（Population and Community Development Association，简称 PDA）的创始人米猜·威拉瓦亚博士所言，"这是非政府机构最好的融资方式——自己给自己捐款。我曾经试过四处化缘，但如今已越来越难。我曾经试过求神拜佛，但从来都不管用。"[1] 遵循这一哲学，米猜博士已成立了16

个不同的营利性企业，提供医疗、度假和餐饮等各类服务。这些公司为 PDA 提供了多达 70% 的运营经费。[2]

米猜博士的成功案例，以及来自捐赠者和政府的大力支持，极大地鼓舞了社会企业，它们在非营利领域如雨后春笋般迅速发展起来。

混合型生意

社会企业可以涉足的领域同商业企业一样种类繁多、五花八门。从开咖啡馆到提供搬家服务，应有尽有。

和普通企业一样，社会企业也可以用多种不同方式来进行分类。为了紧扣本章主题，我们主要关注其两个属性：所有权以及与慈善机构的结合度。

从所有权角度来看，一个社会企业的创立者可以是有善心的商业企业家，也可以是慈善组织本身。

一个有善心的人可以开设一个企业，并计划将部分甚至全部收益捐赠给慈善机构，即使是在赚到钱以后再决定捐给哪家机构。例如，演员保罗·纽曼（Paul Newman）和他的一个朋友一起，成立了一家名为"纽曼私传"（Newman's Own）[3] 的食品公司，销售纯天然的沙拉调料、意大利面酱和其他食品。纽曼随后将全部收益捐赠出去。截至 2007 年底，纽曼和他的企业已为教育和慈善事业捐赠了超过 2 亿美元，其中包括墙洞帮夏令营（Hole in the Wall Gang Camp），这是纽曼联合他人共同为身患重病的儿童建立的一个夏令营。

然而，这类由商人所有和经营的社会企业十分稀少。相反，大部分的社会企业都是由慈善机构所有，也就是说，它们是由慈善机构或慈善机构的参与者成立的，目的是为了给慈善组织筹措资金。米猜博士的卷心菜和避孕套餐厅以及其他几个由他创建为 PDA 提供资金的营利企业便是典型的例子。

另一种划分社会企业的方法，是看企业是独立于慈善机构运作，还是隶属于慈善机构的一部分。

一个独立的社会企业的运营方式和其他商业运营类似。唯一的区别是，其利润会用于慈善事业，而非流入个人腰包。纽曼私传就是一个独立的社会企业。

然而，如果一个独立的社会企业的创立者是慈善团体，那么这个慈善团体实际上就有着两手准备——一只手通过商业企业赚钱，另一只手为受益者提供慈善服务。这和米猜博士的哲学不谋而合。他旗下著名的卷心菜和安全套餐厅以及鸟与蜜蜂度假村（Birds and Bees Resort）[4] 是独立于 PDA 运营的，虽然这些企业的名字和装潢可能会让人联想到其所有者。

对于隶属于慈善机构的社会企业来说，在某种程度上，慈善机构的使命是其商业模式中不可分割的一部分。例如，一家名为"生命训练"（Training for Life）的英国慈善机构成立了一家名为"霍克顿学徒餐厅"（Hoxton Apprentice）的米其林星级餐厅，向长期失业者和无家可归者提供技能培训和就业机会。[5]

也许，将慈善事业和商业整合的最常见方式就是为受益人提供可以自给自足的就业机会。卢比孔河项目（Rubicon Programs）[6] 由位于加利福尼亚州里奇蒙德市（Richmond）的一家非营利机构发起，其受益人——低收入人群、残疾人和前无家可归者——组成了它旗下业务的主要雇员。这些业务包括一个甜品面包批发店、一个景观维护公司和一个家庭护理员公司。通过这些社会企业，卢比孔河项目在里奇蒙德市雇用了超过 200 人。

在一些案例中，慈善机构和社会企业合二为一。成立于英国的《大志》杂志（*Big Issue*）[7] 向无家可归者提供机会，帮助他们成为街边小贩赚取合法收入。他们贩卖的《大志》杂志是由专业记者撰写的周刊，内容涵盖时事和娱乐。如今，该杂志已在 5 个国家均有出版发行。

具有不公平优势的企业？

在大多数情况下，成立一家社会企业会比成立一家商业企业要容易一些。因为很多个人和机构时常会前赴后继地帮助社会企业发展。

基金会和个人捐赠者通常都提供一次性的种子基金，来帮助慈善机构实现财务自给。甚至可以申请到这类目的的政府拨款。英国政府累计向社会企业投资基金（Social Enterprise Investment Fund）注入了 1 亿英镑（2 亿美元），来资助社会企业向公众提供健康和社会护理服务。[8] 在新加坡，也有一个政府资助的社区关怀企业基金（Comcare Enterprise Fund）[9]，相对规模较小，用于向新兴社会企业提供种子投资。社会企业的一大优势就是，大多数此类种子基金都无须任何回报。相反，对于商业企业，投资者希望能获得与股票风险同等的财务回报。

从很多方面来说，运作一个社会企业也应该会轻松一点。慈善团体拥有愿意免费工作的志愿者，或者可以雇用那些愿意为了慈善事业而少拿工资的人。而社会企业所提供的产品和服务也会俘获更多具有同情心并支持公益活动的买家。最重要的是，理论上来说，运作一个社会企业比较容易，因为人们对社会企业责信和成效的要求很少，有时甚至没有要求，还因为种子资本没有设定偿还的标准，而且慈善事业的文化更加宽容。

尽管相较于商业企业，社会企业有着这些"不公平的优势"，但社会企业整体而言在市场上的表现却不尽如人意。

Bridgespan Group 非营利战略咨询公司曾在《哈佛商业评论》上发表过一篇文章并分析指出，除了那些知名案例，很少有社会企业真的赚到了钱。[10] 在虚假繁荣的数字背后，研究发现大多数非营利组织创办的社会企业的赚得收入只占其资金总量的很小一部分。Bridgespan Group 对于接受慈善投资的企业的研究显示，71% 的企业都没有盈利，24% 汇报有盈利，5% 声称自己不赚不赔。即使这样，"那些声称盈利的企业中有一半都没有完全计算间接支出，比如日常费用的均摊和管理层时间投入。"

最近由连瀛洲社会创新中心（Lien Center for Social Innovation）[11] 所做的一个针对新加坡社会企业的研究似乎提供了更加正面的结果。接受调查的企业中，45% 汇报盈利，24% 收支平衡，21% 入不敷出。事实上，真实数据可能会更加糟糕，因为这样的调查取样有失偏颇（没法调查那些早已倒闭的社会企业）。有趣的是，被调查企业中只有 33% 声称他们的运营经费完全来自赚得收入，大部分企业仍旧依赖于私人捐款和政府拨款。

为何它们没能成功

研究指出了阻碍社会企业取得商业成功的三大挑战：多重底线、规模不足以及能力差距。

社会企业至少需要应对两条底线———一条经济的，一条社会的。而商业企业，不论其业务性质为何，只有一个清晰的压倒一切的使命———尽可能多地为股东赚钱。

企业要满足多重底线会增加其成本并束缚运营的手脚。一家隶属于慈善机构的社会企业在雇用受益人的同时，需要保证一个合理的工资结构和工作环境，而这些都可能使其运营成本高于市场上的竞争价格。人们还期望社会企业能参与到对社会负责的行动中去，不论这些是否符合它的核心使命，这就又带来了额外的成本。例如，如果一个雇用受益人生产产品的社会企业想要保持工厂内的环境友好的话，它就要满足两条底线。

立志集团（Aspire Group）（见下表"案例对比"）就是一个备受瞩目却又挣扎于多重底线冲突的社会企业。立志集团不仅想要雇用无家可归者来出售他们的产品，还想使他们恢复正常生活。因此集团的经理们不能像商业企业那样处罚或解雇手下的雇员。"雇员和客户的角色模糊"导致了管理决策困难、士气低落以及随之而来的生意崩塌。然而，这些障碍并非不可跨越，立志集团原本可以少雇用一些无家可归者，或者在招聘时进行更细致的筛选，然而它却没有这么做。

案 例 对 比

立志集团[12]——失败的社会企业

立志集团由两位牛津毕业生保罗·哈罗德（Paul Harrod）和马克·理查德森（Mark Richardson）成立。起先，集团进行上门推销的服务，雇用无家可归者销售一些公平贸易产品。在 2001 年其巅峰时期，公司的生意额高达 160 万美元，获得来自查尔斯王子和时任英国首相托尼·布莱尔等名流的各种奖项和赞赏。

集团希望以特许经营的方式来扩大规模，计划在 2003 年底在英国成立 30 个代销点。然而，由于一系列的决策失误，集团最终于 2004 年破产。

集团的一位特许经营商兼大学讲师分析了这个案例，并总结说立志集团之所以失败是因为犯下了两大错误。第一个错误是集团过快地转为特许经营——在其还没有成为一个强大的、经过市场考验的品牌之前。

第二个错误是他们将赢弱的生意和远大的社会目标捆绑在一起。特许经营商们面临的挑战是"监督并支持那些无家可归或前无家可归的雇员们——他们当中有许多人还仍旧染有毒瘾、患有精神疾病或缺乏如守时这样的基本素质。"为了提高收益，立志集团将其商业周期从 12 个月减少到两个为期 4 个月的工作季度。特许经营商们将该举动视作一种倒退，因为集团原本的社会目标是为无家可归者全年提供全职工作。这种改变，以及该商业模式中的其他改变，共同导致了特许经营商和立志集团之间矛盾的加剧，最终导致了集团的破产。

续表

BRAC[13]——一个社会现象

BRAC，最初名为孟加拉农村发展委员会（Bangladesh Rural Advancement Committee），随后更名为跨社区资源建设（Building Resources Across Communities），后来才成为人们所熟知的 BRAC。该机构由法兹勒·哈森·阿伯德（Fazle Hasan Abed）博士于 1972 年成立，旨在通过小规模的救济和复原工作帮助孟加拉从解放战争的战火中恢复生机。

如今，从规模和业务范围来看，BRAC 是世界上最大的非政府组织。它的双重目标是消除贫困和为穷人赋权，在孟加拉和其他地区雇用了接近 10 万人，年度预算达到 2.45 亿美元，其中 77% 是自主经营所得。

BRAC 在 23 个不同领域成立了超过 150 家企业，包括一个手工艺品零售连锁店、一家蔬菜出口公司、冷藏仓库、鱼苗孵化厂、一家出版社、茶园、一家银行（BRAC 银行）和一所大学。这些企业的利润会再投资到 BRAC 的核心发展基金中。

BRAC 的企业不仅仅是用来赚钱，其中很多还直接惠及受益人。例如，截至 2008 年，BRAC 银行向 500 万人提供了超过 39 亿美元的小额贷款，其中 98.7% 已经偿还。

利用其在孟加拉的成功经验，BRAC 在 2002 年走向国际，援助其他非洲国家、中东国家和阿富汗成立类似项目，进一步惠及数以百万计的人群。

规模不足常常被认为是社会企业运营不善的一大原因。在美国，朱马创投（Juma Ventures）通过发展和运营社会企业向经济困难的青少年提供工作机会。其执行主管吉姆·斯彻尔（Jim Schorr）认为第一代社会企业失败的原因在于"固有规模太小"，基本上都是一些小零售生意，如冰激凌店、二手店和咖啡馆。[14]他坚信，社会企业如果要维持双重底线，年收入至少要接近 100 万美元。

终极的社会企业是那些由 BRAC（见上表"案例对比"）运营的企业。在那里，150 家社会企业为孟加拉贡献了超过 1% 的 GDP，还形成了一个自给自足的生态系统，可以说是一个微型经济体，甚至是一个"平行国度"。[15]BRAC 的受益者实际上是 BRAC 各类企业中的员工、供应商和消费者，他们在由众多业务构成的整条价值链中相互之间做着各种生意。然而，虽然其经营规模很大，BRAC 的主席阿伯德博士还是建议在启动任何项目之前都要先进行小型试点，在其有效性得到验证之后再扩大规模。

连瀛洲中心的研究表明，能力不足是社会企业面临的最大挑战。接受调查的企业认为自己缺乏员工管理技巧，而机构也很难有效利用志愿者的专业技能。[16]

Bridgespan Group 的研究也得出了类似结论，他们认为，社会企业成功的"豪言与现实"之间的鸿沟，主要是由于缺乏商业视角导致的。研究发现，非营利机构容易忽视收入和盈利之间的区别，还经常对实际的财务贡献做出错误的判断。

然而，多重底线、规模不足和能力差距等原因本身也不足以解释，为什么社会企业的表现一直弱于商业企业。

首先，来自底线的压力都是相对的。很多商业公司声称，他们所面临的来自股东的收益最大化的压力，要远远大于社会企业所面临的任何压力，不论后者要面对几条底线。前者如果表现不佳，后果会立即显现，而后者面对的是一个更加宽容的四处"布施"的慈善机构。一个独立的社会企业不会面临双重底线带来的太多压力。即使是一个隶属于慈善机构的社会企业，试图寻求利润最优化而非利润最大化，由于考虑到自身的社会目标，也能获得较为合理的盈利。毕竟，我们可以看到很多富有社会责任心、主动雇用残疾人的商业机构获得成功的案例。

如前所述，商业公司也会遇到规模和能力问题，这些只不过是任何企业都需要解决的问题。

文化冲击

也许关键的区别在于运营一个企业和运营一个慈善机构需要的理念截然不同。在一些基础问题上，商业世界和慈善世界可以说是位于两个极端，这些问题包括使命、市场、资金和对各方参与者的态度等。表 16.1 略述了这些不同。

表 16.1　商业环境 vs. 慈善环境

	商业	慈善
关注使命	经济	社会
市场基础	经济价值、适者生存	慷慨、行善
资金	市场利率资本	捐款和赠款补助
员工	员工按市场标准获得报酬	志愿者以及领取低于市场报酬的员工
商品及服务的接受者	顾客按市场价格付费	受益人免费或象征性付费
供应者	按市场价格收费	象征性收费或实物捐赠

慈善领域相对温和，在人类善心的庇护下茁壮成长。而商业社会则截然不同，物竞天择，适者生存。

如果慈善机构不改变他们的文化和慈善心态（不客气地说就是"施舍"），就贸然闯入商业环境的话，那么不论是否有意识，他们都走上了一条无法持续发展的道路。在连瀛洲中心的研究中，一位社会企业的经理就曾叹息道，政府的种子资金仅仅是一次性的，并"希望捐款和拨款能够以更加有计划的方式安排"。

可以理解，社会企业这种趋于依赖的心态十分常见，因为正是捐款和拨款，而非股东的资金，使得生意可以开始。然而悲哀的是，它们仍然期待持续的资金投入。有些社会企业的经理们希望人们能出于善心，而非企业的竞争力来购买他们的产品和服务。非营利文化中的慷慨心态和宽容本质也贯彻到对成果的责信之中，结果企业绩效也受到影响。

如果我们审视 PDA 和 BRAC 的成功，两者的一个共同点就是，采用了商人的行事方法来进行商业活动。米猜博士有自己坚定的哲学理念，将社会企业和受益人及 PDA 的工作分开处理。总的来看，他偏爱独立自主的方式，这样一来，PDA 的社会企业就不会被其他事务分散注意力，进而能专注于自身经营。

另一方面，阿伯德博士则采取了整合的方法，但即使是他也建议为了保证如小额信贷这类事业的可持续发展和高效率，"福利机构软心肠的赞助方法应当让位给头脑冷静的专业方法"。[17] 没有采用商业模式这个问题可能从来没有困扰过阿伯德博士，因为在他所工作的文化中，"对孟加拉的非营利机构来说，商业是标准，而非特例。"[18]

如果米猜博士和阿伯德博士没有成立各自的非营利机构，他们很可能成为同样成功的商业企业家。也许，找到具有恰当的商业头脑的人，而非只是对商业感兴趣的社会工作者，才是社会企业成功的关键。

社会企业 2.0 版

在过去几年中，有很多文章描写了社会企业的前景。总体而言，我们可以说第一代社会企业还没有达到人们之前的预期。

由此产生了这样一个问题：是否应该在非营利领域继续推广社会企业模式？

从宏观层面上看，成功的社会企业能够让慈善变得强大，因为他们丰富了活动类型，扩大了资金来源。它们还向慈善领域带来了自给自足的意识和商业纪律，这些对非营利机构都至关重要。

然而，我们不应该盲目地去增加社会企业的数量。相反，我们的关注点应该放在，营造一个能让社会企业可持续发展的环境。

其中一个要点在于，必须去除那些社会企业运营者头脑中的慈善念头。从这一点来看，任何慈善机构，在没有改变心态的情况下，就成立并运营社会企业，无异于第一步就走错了路。

一个有善心的企业家，如果能继续按照商业手段经营生意，而将收益用于慈善的话，很可能会比一个学习商业技巧而放弃慈善文化的慈善工作者更加有用。在寻找正确的人来成立并运营社会企业的过程中，与其去改变慈善工作者的头脑，不如去改变成功企业家的内心，后者也许会容易得多。

注释：

1　米猜·威拉瓦亚博士的这些主旨发言，来自于 2003 年 10 月 28 到 29 日在全国志愿者和慈善大会（National Volunteer & Philanthropy Conference）上所做的名为"给我钱"（Show Me The Money）的演讲。

2　见 www.pda.or.th。关于的社会企业和资金的信息截至 2008 年 3 月。NGO 指的是非政府组织。

3　www.newsmansown.com.

4　www.cabbagesandcondoms.co.th 上有关于餐厅和度假村的信息。

5　见 www.trainingforlife-city.org 及 www.hoxtonapprentice.com。

6　www.rubiconprograms.org.

7　www.bigissue.com.

8　"News Release: Ivan Lewis announces £27 million extra for Social Enterprise," Department of Health, February 27, 2008 at www.nds.coi.gov.uk/environment/fullDetail.asp?ReleaseID=355787&NewsAreaID=2。想了解更多信息，可登录 www.dh.gov.uk/en/Managingyourorganisation/Commissioning/Socialenterprise/DH_073426。

9　社区关怀企业基金（最初是社会企业基金）由社会发展、青年与体育部于 2003 年 3 月成立，其每年预算约为 300 万新币。通常，企业可以通过基金获得 5 万到 30 万新币的资助。自 2008 年 2 月起，该基金已资助了超过 60 家社会企业，想了解更多信息，请登录 www.mcys.gov.sg/web/serv_E_CEF.html。

10　William Foster and Jeffrey Bradach, "Should nonprofits seek profits?" *Harvard Business Review*, February 2005.

11　*State of Social Enterprise in Singapore* (Lien Center for Social Innovation, August 2007).

12　See www.aspire-support.co.uk; Paul Tracey and Owen Jarvis, "An enterprising failure", *Stanford Social Innovation Review*, Spring 2006; Paul Tracey & Owen Jarvis, "Towards a theory of social venture franchising", *Entrepreneurship: Theory and Practice*, September 2007, www.entrepreneur.com/tradejournals/article/168630541_3.html.

13　www.brac.net。参见注释 15~18。

14　Jim Schorr, "Social Enterprise 2.0: Moving towards a sustainable model", *Stanford Social Innovation Review*, Summer 2006.

15　Annie Kelly, "Growing discontent", *The Guardian*, February 20, 2008.

16　"BRAC builds on Microcredit", *Countdown 2005*, Vol. 1, Issue 3 February/March 1998；阿伯德博士于 2007 年 8 月 22 日在新加坡连瀛洲社会创新中心贵宾讲话活动中也表达过相同的观点。

17　同注释 16。

18　Harriet Skinner Matsaert, *The Bangladeshi innovation take-away: How the not for profit sector in Bangladesh is breaking new ground in social entrepreneurship* (nfpSynergy, July 2006).

善事善为？

第17章 | 贫富差别
关注富人，还是穷人？

在资本主义世界，富者愈富，穷者愈穷。慈善就是要解决贫富之间的不平衡。可惜，在资本主义世界富人优先的万有引力，同样存在于慈善世界。

似乎在慈善等式的供应（捐赠者）和需求（慈善机构及其受益者）两端，都存在富人优先的情况。

其中很大一部分原因是慈善的定义变得更为宽泛，从曾经的帮助困苦穷乏之人（如同大部分人所理解的）扩大到为整个社会谋福利。

富者愈富，穷者愈穷。这就是资本主义世界里的一个残酷现实。在日益全球化的今天，贫富差距正在扩大。近年来，在美国、英国和新加坡等国，衡量收入公平性的基尼系数正在缓慢增长，表明收入不公平现象越来越严重。[1]

慈善就是要帮助平衡这种贫富差距的现象。然而，即使在慈善世界中，似乎也会存在类似的偏向富人而不是穷人的力量。这个规律对于慈善等式两端的供应方（捐赠者）和需求方（慈善机构及其受益人）都同样适用。

供应方

让我们先来讨论捐赠者，慈善是由他们资助的。

很显然，有钱的捐赠者在慈善机构享受到的待遇，会比不那么富裕的捐赠者好得多。他们会备受关注，因为他们能捐的东西更多。当他们正式捐赠的时候也会得到更多的认可，因为按绝对价值计算，他们总是捐得更多。

此外，大多数收入所得税体制在慈善捐赠方面都会偏向于富人。在大多数国家，收入所得税都是在累进的基础上征收的，收入越高的人，其所得税税率就越高。为了鼓励慈善捐赠，一般而言，捐款可以抵免缴税，也就是说，只要税务机构允许减免，那么捐款之中就包括节税额。由于收入所得税是累进结构，因此节税额是根据纳税人的最高边际税率来计算的。

举例来说，一个富裕的美国纳税人最高边际税率[2]是35%，如果他捐赠了100美元，其中就包含35美元的节税额。换句话说，他实际上只花了65美元，就捐赠了100美元。与之相比，如果一个纳税人的最高边际税率是10%，那么他捐赠的100美元之中，实际付出了90美元。如果是一个不需要缴纳收入所得税（经过各种扣除减免之后）的工薪阶层，那么他捐赠了100美元，就实实在在地花了100美元。

在英国，富人的节税额甚至要更高，因为他们的最高边际税率更高，达到40%。因此，对于英国的富人而言，他们捐赠了100英镑，实际只花了60英镑。而新加坡的富人在这方面受益更多，因为新加坡的最高边际税率虽然只有20%（富人纳税的绝对值比较少），但是慈善捐款可以双倍减免税款（也就是捐款的节税额更高）。因此，如果一个纳税人的最高边际税率为20%，那么他捐赠了100美元，实际上才支付60美元（若只减免单倍税款的话，则应该是80美元）。在新加坡，有三分之二的工作人士不需要缴纳收入所得税，所以他们在捐款时，都需要支付全额。

那么，有钱的纳税人获益的40美元（如上面所提到的英国和新加坡纳税的例子）是由谁补贴的？假设总税收额不变，那么差额肯定是由别的税收来补足的。这些税收来源包括收入所得税，收入所得税的征收范围必定会因此扩大，而这不利于赚钱少的人。

作为替代方案，差额可以由提高消费税来补足，例如营业税、增值税以及商品和服务税等消费税。实际上，这才是主流趋势。自由市场经济学家和政府更偏向于征收消费税等间接税，而不是所得税这样的直接税[3]。他们认为直接税会削减人们工作的热情，无益于经济发展，而间接税则对人们工作热情的影响很小，甚至没有。

如果通过提高消费税来弥补收入所得税的减少，那么穷人就再次负担了更高的税费，因为对于个人而言，无论他们收入水平高低，消费税税率都是一样的。一个人的收入越低，他要缴纳的消费税在其收入中所占的比例就越高。这就是为何消费税会被视为一种累退税。

当然，富人若想弥补他们更高的税收收益，只要捐出更多的钱就能解决。他们捐的钱的确更多，不过是按绝对值来计算，而不是相对值。我们在前几章已经看到过，[4]在一些国家进行的调查，其结果一致表明，高收入人群的捐款额在其收入中所占的比例，低于低收入人群的同一比例。

因此，从捐赠者的角度而言，富人的捐赠额在其收入中所占的比例低于较低收入的人，而慈善组织和税务机构却给了他们更好的待遇。

需求方

再来看一下慈善机构及其受益人。

与营利机构不同，慈善机构还需要为资源而竞争。所以，大型慈善机构比小型慈善机构资金更为充足，也就不足为奇了。他们有更多的资源和储备金，更容易吸引资金，还能在他们的活动中享受规模经济。

nfpSynergy 公益咨询公司最近的一份报告指出，英国的小型慈善机构普遍认为，大型慈善机构整体而言对慈善领域有负面影响。[5]面对一边倒的竞争，小型慈善机构这种无力感是可以理解的。据国家志愿者组织委员会（National Council for Voluntary Organizations）称，英国慈善机构的收入来源主要集中在相对一小部分组织者手中。[6]2004 年仅占机构总数 2% 的慈善组织囊括了慈善行业总收入的 2/3。该报告还指出有 14 家"超级慈善机构"崛起：它们是年收入超过 1 亿英镑（2亿美元）的知名品牌机构，创造了慈善行业总收入的 10%。而另一方面，收入不足 10 万英镑（20 万美元）的慈善机构占机构总数的 87%，所创造的总收入比例不足 8%。10 年之间，慈善机构总数增长了 40%，而大型慈善机构数量增长则翻了不止一倍。

暂且不谈规模，慈善机构是为广泛的受益人群提供帮助的。为穷困人群提供帮助的慈善机构通常被归入社会服务，或者叫社会福利、人类服务的领域。其他领域的慈善组织，如艺术、教育、环境、体育或者宗教，可能其受益人中也有贫困人群，但它们关注的是推动受益人在各自领域的发展，而不是以减贫为重点。

一般而言，获得捐赠最多的并不是社会服务领域。在英国，2006 年捐赠者资助最多的领域是医学研究，其次是海外救灾，而社会福利和残疾人救助则分列第 5 和第 6 位。[7] 在新加坡，社会服务领域只得到了 25% 的免税捐款，教育领域则得到了 39%。而个人非免税类捐款则大都投入到了宗教领域。[8] 在加拿大，国民捐款总额只有 10% 投入到了社会服务领域，而宗教慈善却得到了 45%。[9] 同样的，在美国，2006 年只有 10% 的慈善捐赠投入到公共事业 / 人类服务领域，而约有 33% 用于宗教事业。[10]

慈善事业中心（Center on Philanthropy）的一项重点调查表明，在美国，2005 年只有占总量不足 1/3 的个人慈善捐赠直接用于满足经济弱势群体的需求。[11] 进一步的分析指出，只有 8% 的捐款被明确投入到满足基本需求的领域，例如提供食物、庇护所和其他必需品。而其他捐款都投入到能够带来直接收益的项目之中，例如医疗救助和奖学金，或者是能够提供机会和赋权的项目，例如读写能力培训和就业培训等。

所以，从受益人的角度而言，大部分慈善捐款都用到了改善社会，而非让穷人直接获益。

慈善的定义

导致这些情况的一个关键因素就是慈善的定义。

牛津字典将慈善定义为："自愿将钱捐赠给身处困境的人"，这让人联想起基督教的施舍传统。如果你在大街上随便问一个人，他很可能会用类似的表达来定义慈善：帮助社会上穷困的人们。

然而，慈善行业和法律对慈善的构成或者慈善目的的定义远远不止于此。普通法法域内对"慈善目的"的法律定义源于伊丽莎白女王时期，英格兰的《1601 年慈善用途法》（Charitable Uses Act 1601），并在判例法中得到解释和扩展。[12] 因此，慈善目的的现代含义包括了四个重要领域：救济贫困、发展教育、促进宗教以及"其他有益于社会的目的"。随着时间的发展，最后一条兜底条款被解读为包括健康、艺术、文物、环境、动物福利和体育等领域。这些其他"各种各样的"领域一般都是对社会有益的，通常可以减轻政府负担，所以一般都会通过税收立法和慈善立法明确添加到慈善的定义中。

如果慈善的定义从简单的施舍延伸到发展社会公益，伴随着缩小贫富差距的信念，就会引发奇怪的结果。例如，新加坡最大的捐赠者是新加坡赛马博彩管理局（Singapore Totalisator Board），也就是大家所熟悉的 Tote Board。每年该局都会捐赠 3 亿新币（2.07 亿美元），占新加坡慈善捐赠总额的 1/3。[13] 此外，它还提供了建立滨海艺术中心（新加坡的表演艺术中心）所需的 6 亿新币（4.14 亿美元）中的大部分。

如今，赛马博彩管理局的收入来源于新加坡博彩公司（Singapore Pools）（售卖彩票）和新加坡赛马会（Singapore Turf Club）（赛马）的合法赌博。参与赌博的人大都是工薪阶层，很多人是想寻求意外之财，希望能够将自己从平凡的生活或者贫困中拯救出来。而另一方面，艺术一般都是与民众之中的精英人士联系在一起。当然不是故意的，但是这看起来就像是钱少的人在资助钱多的人。值得赞扬的是，艺术中心由于对这种可能的猜测比较敏感，就努力通过大批艺术展示，让艺术来到大众身边，使艺术变得触手可及。平心而论，赛马博彩管理局将很大一部分捐款投入到了社会服务中。

运用博彩收入来资助符合国民利益的项目，新加坡并非个案。英国成功获得 2012 年奥运会举办权之后，国家彩票（National Lottery）（英国最大的彩票中心）一开始就承诺将为奥运基础设施建设提供 15 亿英镑（30 亿美元）的资金。其中的 7.5 亿英镑（15 亿美元）原本会在 2006 年到 2012 年之间用于别的慈善事业。

2007 年初，慈善行业就意识到，政府很有可能通过国家彩票，为成本逐渐攀高的奥运会提供资金。国家志愿者组织委员会是英国志愿领域的机构联合会，就此发起了一项请愿运动，意在告诉财政大臣："不要为了资助奥运会而抢劫博彩资金。"尽管如此，政府稍后宣布了还会有 6.75 亿英镑（13.5 亿美元）将用于资助奥运会，这些资金会从国家彩票慈善事业基金调拨。经过国家志愿者组织委员会，以及其他三个分别代表体育、艺术和文物领域的慈善机构联合会的进一步游说，2008 年 1 月，英国政府终于宣布，"不再从彩票慈善事业基金之中拨款资助奥运会。"[14]

慈善应该仅限于帮助困苦之人，还是应该扩展到为公共利益服务？这已经不仅仅是慈善的定义问题了。如果将这两类项目都放在税收减免和政府支持的环境之中，那么扶弱济贫类的慈善捐赠无法得到优先照顾，相反需要与社区类项目竞争。其最终结果是，扶弱济贫类的慈善会落败，失败的原因首先就是这种不得已的竞争，其次就是其他领域慈善事业身上的光环，或者说是更大的吸引力。

此外，责信的程度也有很大的影响。慈善捐赠的基础是慷慨。尽管有大量的支持条件来确保慈善更高的责信，但是在慈善市场的资源分配问题上，经济价值的影响较小，而捐赠者与受益人以及筹款人之间的关系则影响较大。[15]

另一方面，政府项目的基础是严密的成本效益分析和公共责信。如果有广泛基础的社区项目得到的资助尚不如慈善项目多，那公共责信度就会有所减弱。

有的观察者会问，在教育和医疗等领域，有些依靠公众捐款资助的项目，能不能依靠政府资助，并且仍然纳入政府的职责。特别是教育领域，依靠捐赠得到了飞速发展。除了免税手段和教育固有的吸引力以外，还有可能是因为获得冠名权的机会，以及政府给予配套捐赠的鼓励手段（在新加坡有时候匹配率是 3:1）。因此，世界上很多大学都累积了惊人的基金，还有其他来自忠实校友和慈善家的捐赠。这些储备金足以持续满足大学当前和未来无止无尽的需求。例如，哈佛大学就有一个相当于无亏损净盈利的预算，它的投资组合中有 350 亿美元的资本。[16]

优先选择穷人

总而言之，富人通常更受优待，这种情况似乎不仅体现在生活中，即使在慈善领域也是如此。要信守为困苦穷乏之人提供帮助的慈善精神，我们就需要警惕偏向富人的万有引力作用。要向这个目标迈进，很重要的一步就是，要及时回顾慈善的构成，以及思考谁更应该得到慈善支持体系的帮助。

注释：

摘自：" For Richer or For Poorer?" *SALT*, July-August 2007; and "In aid of the poorer or richer?" *The Straits Times*, September 4, 2007。

1 基尼系数是使用最广泛的，概括性地度量收入分配不均的系数。它全面衡量了累积的收入份额占总人口家庭份额的比例。它的表现数值介于 0（极度平等）和 1（极度不平等——单独一人占据所有收入而其他人一无所获）。一些发达国家的基尼系数分别是：新加坡 2000 年 0.49，2005 年 0.52；英国 2000 年 0.51，2005 年 0.52；美国 2000 年 0.462，2005 年 0.469。

2　本文使用的税率都是各国 2007 年年度评估的税率。因此，各国最高税率如下：美国
　　35%，英国 40%，新加坡 20%。

3　例如，新加坡从 2000 年开始，逐渐降低个人和公司所得税税率，从 26% 降到 20%，
　　同时逐渐增加商品和服务税（GST）税率，从 1994 年的 3% 增至 7%。然而，政府每
　　次提高商品和服务税，都会同时引入一种抵消配套，以减少商品和服务税的提高给穷
　　人带来的影响。详见 Audrey Tan, "7% GST / 2-point hike," *The Straits Times*, February 10,
　　2007。

4　详见第 11 章，"社会精英捐赠：精英捐赠还是精小捐赠？"。

5　Chris Greenwood, *The State of the Third Sector 2007* (nfpSynergy, 2008). 这份调查面向慈
　　善机构的高级管理人员。不出所料，认同"大型慈善机构对慈善行业整体有消极影响"
　　这一观点的调查对象，大部分来自于小型慈善机构。

6　Karl Wilding, Jenny Clark, Megan Griffith, Veronique Jochum and Susan Wainwright, *The
　　UK Voluntary Sector Almanac 2006*: *The State of the Sector* (National Council for Voluntary
　　Organizations).

7　Natalie Low, Sarah Butt, Angela Ellis Paine and Justin Davis Smith, *Helping out*: *A national
　　survey on volunteering and charitable giving* (Office of the Third Sector, Cabinet Office,
　　Prepared by National Center for Social Research and the Institute for Volunteering Research,
　　2007.) 由于每一位受访者都指出了多种原因，这份报告只能提供各个领域的一种相对
　　排行。

8　*The State of Giving* (National Volunteer & Philanthropy Center, 2005).

9　*Caring Canadians, Involved Canadians*: *Highlights from the 2004 Canada Survey of Giving,
　　Volunteering and Participating* (Imagine Canada, 2006).

10　*Giving USA 2007, The Annual Report on Philanthropy for the Year 2006*, (Giving USA
　　Foundation, researched and written by the Center on Philanthropy at Indiana University,
　　2007). 报告提供了捐款的去向。除了所提到的领域之外，10% 的捐款投入到基金会，
　　还有 8.8% 的捐款不知去向、扣除结转或尚未拨出。

11　*Patterns of Household Charitable Giving by Income Group, 2005* (Google, prepared by The
　　Center on Philanthropy at Indiana University, Summer 2007).

12　普通法法律体系被广泛使用，包括英国、美国和加拿大的大部分地区，以及英联邦国
　　家。确立慈善目的之当代定义的标志性案件源于《特殊用途所得税专员诉帕姆萨尔案》
　　（*Commissioner for Special Purposes of Income Tax v. Pemsel*）（1981）。该案件中，麦诺登
　　（McNaughten）法官确定了慈善目的的四大组成部分。

13　赛马博彩管理局年度捐赠的最新官方数据（超过 3 亿新币）记录在一份议会辩论中。
　　业内人士称，近年来，赛马博彩管理局的捐款有了大幅度提升。涉及慈善捐赠总金额

的资料来自 *The State of Giving* (National Volunteer & Philanthropy Center, 2005.)。赛马博彩管理局详见 www.singtote.gov.sg。滨海艺术中心详见 www.esplanade.com。

14 详见英国志愿组织国家委员会网站 www.ncvo-vol.org.uk/policy/index.asp?id=3852 中"奥运彩票请愿"（"Olympic Lottery Campaign"）以及相关链接。请愿运动中另外三个英国慈善组织团体是 Voluntary Arts Network, CCPR and Heritage Link。全国彩票网站 www.national-lottery.co.uk。

15 第 1 章，"非营利市场：失灵的亚当·斯密之手"和第 20 章，"慈善生态系统：尽善尽美"，更详细地讨论了慈善市场的问题，以及对更强责信的需求。

16 *Harvard University: Financil Report, Fiscal Year 2007.*

第18章 | 非营利组织的键盘效应
走出古怪的泥淖

"键盘效应（qwerty effect）"这个名词，来源于键盘的字母布局，在商业世界中用以形容那些已经过时却一直使用，并非最好但"还可以"的做法。持续使用这些做法，通常是因为惯性或者实施新方案所需成本过高。

非营利机构也有很多键盘效应问题。

筹款效率比（fundraising efficiency ratio）和其他财务比率被创造出来，用于评定非营利组织的效率和责信。然而，如何使用这些比率有很多实务问题。更糟糕的是，这些比率不足以反映非营利组织的性质和多样性，这就会导致意料之外的不良后果。

此外，令人遗憾的是全世界都正在降低或废除遗产税，而这曾经是慈善捐赠的助推器。征收遗产税的依据——是在每一代中都重新平衡财富的机会——这是合理的，而一些实际问题，如实施、征收和接受度，可以通过政府间的积极合作来解决。

大部分人都对现代抽水马桶和排水系统习以为常，并感谢这一现代文明带来的福利。但是，我在斯里兰卡帮忙建造农村厕所的时候，很惊讶地从卫生专家那里了解到，现代厕所的设计是有缺陷的。

正如世界厕所组织创始人沈锐华所言："上帝在设计人类身体的时候费尽心力，所以液体和固体排泄物是通过两个不同渠道排出的。但是我们做了什么？将它们排出之后立刻就放入同一个容器！更糟糕的是，我们还将排泄物和厨余、洗澡水混到一起，然后制造昂贵的排水系统把它们运送到遥远的地方，而最后在运输链的终端，你瞧，再耗费大量能源资源将液体和固体排泄物分开。"

为了解决来自成本、空间、健康和可用水问题的压力，世界各地出现了各种厕所替代解决方案。包括旱厕，液体和固体排泄物从人体排出之后立即分开收集，以及各种农村生态卫生厕所。例如印度在厕所方面最大的非政府组织，苏拉国际组织（Sulabh）就引进了一种生态、低廉、卫生的双坑堆肥厕所，每次冲水用水量不超过 2 升，而常见的现代厕所每次冲水需要 12~14 升水。[1]

这些厕所解决方案中的大部分，都致力于通过低成本高效率的方法，将废物转化为能源，还不会污染周边环境。尽管有所创新，但是这些解决方案似乎都不太可能替代主流解决方案，也就是人们已经适应了的现代抽水马桶和城市排水系统。

可以说现代抽水马桶就是一种键盘效应。刚开始构思和实施的时候，抽水马桶很好地实现了其目的，经过广泛应用之后，尽管对原方案的一些改变可以更好地改进它，但是人们还在继续使用旧的方案。人们维持现状的原因，通常是由于惯性和 / 或实行不同的解决方案所需的成本。

键盘效应

"Qwerty"是指现代键盘的布局，这个名称由键盘第一排的前六个字母组成。[2]这种布局原本是为人工打字机设计的，其排列顺序是为了防止那些频繁使用的字母被卡住。

相传，键盘将一些常用的字母，例如"a"放到力气较弱的手指所在的地方，借此来降低打字速度，使得打字的时候，字母键不会卡住。当然，现代键盘不会有旧式机械键盘这样的问题，所以 Qwerty 布局也没有了存在的理由。

有趣的是，自从 1873 年发明了现代打字机以来，人们提出过其他几个键盘布局。比较有名的是 Dvorak 布局的键盘，赢得了一定程度的广泛支持。有研究表明，这种键盘布局相对于 Qwerty 布局能令打字更高效也更舒适。有的计算机制造商，例如苹果公司，还曾经供应过一种"Dvorak-Qwerty"双键盘。然而到了最后，还是广泛存在的 Qwerty 键盘赢得全盘。因为使用这种低效布局键盘的成本，远远低于重新训练打字员的成本，而几乎全世界的人都已经适应了这种常规计算机键盘的布局。

这也就解释了，为什么在商业世界，人们会用"键盘效应"来形容那些过时且并非最优，但也许"还可以"的方法。

好吧，在非营利领域，同样也有不少键盘效应的问题。尽管对一些做法做出改变，能促进整个行业的发展，但这些做法却一直在延续。下面我会重点关注以下三个方面：筹款效率、财务比率和遗产税。

筹款效率

慈善机构除了要确保实现筹款目标，还经常被捐赠者和监管者要求以有成本效益的方式来筹款。

成本效益一般是用筹款成本除以筹款总额来衡量，这就是筹款比率。20% 的筹款比率意味着募集 1 美元需要花费 20 美分的成本。有时候会用相反的比率来表示效率。因此，相对于 20% 的比率而言，筹款效率比（正如其字面表示的意思）应该是 80%。因此，如果募款成本是零，那么筹款比率就是 0，或者说筹款效率是 100%。

好的比率应该是多少呢？筹款比率为 0 当然是最好的，但这通常都是不可企及的，除非你在一家基金会，资金由出资的慈善家全额给付，不费吹灰之力就能保证资金。2007 年《福布斯》排名前 200 名的美国慈善机构的平均筹款比率为 10%。[3] 英国的 nfpSynergy 公益咨询公司调查发现，公众可接受的筹款比率为 20%，但是公众认为英国慈善机构的筹款比率通常达到了 38%。[4] Fundratios 年度筹款对标分析项目发现，2007 年英国专注于筹款的慈善机构，实际筹款比率大约是 13%。[5]

大多数的慈善组织信息披露准则要求，独立的筹款项目和（或）全年所有项目应该向利益相关方公开筹款比率或筹款效率比。此外，很多国家会对筹款比率设定上限。

在新加坡，公共属性慈善组织委员会（Commissioner of Charities on Institutions of a Public Character）（通常，这类慈善组织都可以为捐赠人出具免税发票）设定的筹款比率上限是 30%，这就有了我们所熟悉的 30/70 筹款法则。[6] 为什么是 30%

呢？据我所知，这是 20 世纪 70 年代遗留下来的传统，那个时候开始征收娱乐税。当时，只要慈善组织举办的筹款演出活动的开支不超过筹得资金的 30%，海关和税务部门就不会对慈善演出征收娱乐税。从那时开始，这个标准就成了筹款法则的一部分。

在韩国，上限是 15%。[7] 美国有大约三分之一的州将上限设置在 15%~25%。在美国，一些慈善监督机构，包括美国慈善研究所、商业促进会、明智捐赠联盟和慈善导航，似乎达成了一致，建议上限为 35%。[8]

另一方面，领航之星评级机构将筹款比率称为"最没用的比率"，因为非营利组织具有多样性，以及事实上公开披露的筹款开支并不总是可信的。[9]

在我看来，衡量和评估筹款效率是有意义的。然而设定上限却没有意义。一刀切地设定一个 30% 或 35%（或者其他比率）都是毫无意义的数字，因为有很多因素在影响着筹款成本，包括：筹款使命在公众中的知悉度、支持者群体的情况、组织成立时间长短和筹款方式等。

那些触动心弦的筹款使命，例如解救苦难、帮助儿童，相较于文物和环境等议题更容易筹款且成本更低。即使同属于人类服务领域，像亚洲海啸或卡特里娜飓风这类突发灾难，相对于艾滋病和疟疾等长期问题，通常也更容易筹集到更多资金。[10]

慈善组织规模也会影响筹款成本。相对于规模较小的机构而言，大规模的慈善机构例如联合之路和救世军等，筹款通常都会比较容易，因为小慈善机构不仅要努力获取捐赠者的关注，还要说服他们相信自己。

拥有现成的支持者储备也能帮助筹款。向已经与机构联系在一起的支持者进行筹款，譬如高校毕业生或是教堂的会众，总会比向大众筹款更加容易，且成本更低。

然而，在影响筹款相对成本的诸多变量中，筹款方式应该是影响最大的因素。

假设有一场高尔夫球慈善邀请赛。每一位高尔夫球选手通常会被请求捐赠，比如说 500 美元，来参加比赛。而组织比赛和答谢晚宴的实际成本假设是每位选手 250 美元，那么筹款效率比就是 50%。这个效率比很差吗？但是如果没有举办这场邀请赛，该慈善机构就不会得到这 250 美元的净收入。一场典型的高尔夫球赛（18 洞的球场最多有 36 组参赛者）最多能募集到 6 万到 7 万美元，不包括赞助在内。

与之形成对比的是，李光耀公共政策学院筹集资金的例子。该学院继承了学校命名人的传统，受其影响，很早之前就引起轰动。[11] 在 2004 年 8 月正式成立之前，学院仅用了 3 个月，就早早地完成了筹款目标。而筹款成本，主要是打电话、联络会议等，可能只是九牛一毛，还不足学院最初募集资金 6700 万新币（4600 万美元）的 1%。

2007 年，李光耀公共政策学院收到了香港富豪李嘉诚的一笔捐款，高达 1 亿新币（6900 万美元），这也是新加坡教育机构有史以来收到的数额最大的一笔捐款。向李嘉诚这位亿万富翁提出捐赠请求的是学院院长马凯硕教授（Kishore Mahbubani），据他所言，"如果我们不是叫做李光耀公共政策学院，那就不可能从李嘉诚那里得到这笔捐款。"[12]

换言之，不能将单一比率作为合适的因素，用于衡量规模经济。例如，捐赠者们如果知道院长飞往香港求得 1 亿美元捐款，需要花费其中的 30%（新加坡可接受的筹款比率）为成本，即 3000 万美元（当然实际情况不是这样），那么他们或许会放弃捐款。

使筹款比率意义减少的原因是慈善机构可以（也经常会）扩展会计惯例来玩数字游戏。[13] 例如，如果捐赠者为高尔夫球赛的全部或者部分成本买单，那么神奇的是，筹款比率就会是 0（如果赞助花费不算入筹款比率的分子或分母部分）。另外慈善机构还会有筹款支出，例如对外宣传和员工成本等，这些可以被计入其他管理成本栏下而不是筹款成本。此外，很多慈善机构并不将管理成本和员工时间算入筹款成本。

有很多成立已久的慈善机构确实在做筹款，但是在它们的报告中显示没有筹款成本，这表明在披露筹款成本方面，缺少全行业形成共识的会计准则。2007 年《福布斯》美国前 200 名慈善机构排行榜显示，有 16 家非营利机构的筹款比率为 0。[14] 然而，这些非营利机构的网页和年报中显示它们确有筹款活动，内容包括致谢卡、纪念品和公益营销，因此它们的筹款成本不可能是 0。正如美国慈善研究所说："明智的捐赠者知道，那些报告自身筹款成本为 0 的慈善机构，与其说是在为自己的筹款效率做广告，不如说是彰显了自己拙劣的财务报告。"[15]

筹款比率上限导致的一个意外结果是，使上限变成了可接受程度。因此，它非但不能促进筹款效率，反而促使人们放松对筹款成本的关注，只要成本清楚而安全地低于筹款比率上限的要求就可以了。

自从上限被视为可接受程度之后，一些商业第三方筹款者就经常将上限作为它们收取服务成交费的指导标准。曾有一位此类专业筹款人向一位投资银行家提出，收取公司给慈善机构捐款的 30% 作为服务费，该银行家将其斥为"过分"的。她评论说，她在商业世界中也有类似的筹款经历，都只是收取筹得资金的 5% 到 15% 的费用。因此，总部在美国的专业筹款人协会（Association of Fundraising Professionals）禁止协会成员按筹款比例收取佣金，这具有重要意义。[16]

那么，如果 30% 或者 35% 不算是好的筹款比率限制，什么比率才有意义？

我的答案是不要设限。在信息公开的管理体制下，我们可以简单地将会计准则运用到筹款效率比构成因素的计算中，要求每一个筹款项目公开披露筹款效率，然后让捐款的公众去评判慈善机构筹款方式的效率高低。

就像投资者在股票市场中了解到利润和回报有行业差异，并受一系列其他商业因素的影响，捐赠者同样会认识到，他们应该对由不同慈善机构举办的不同的慈善活动，设置不同的筹款比率期望值。与此类似的是，包括慈善监督网和慈善导航在内的独立分析机构，应该帮助捐赠者更好地了解这些差异。

财务比率

筹款比率只是衡量慈善机构效率的一个标准。在追求通过公式化方法进行尽职调查的过程中，慈善机构监督者和监管者业已构建了一整套财务工具，它们已被视为捐赠价值的试金石，受到捐赠者和资助者的热烈欢迎。

财务比率的想法来源于在商业世界的会计和管理实践。因此，绝大多数的财务比率（列在下页的"慈善机构监督者采用的部分财务比率"表中），与一家上市公司的财务分析有着惊人的相似性。

然而，很少有比率会反映特定的慈善行业的问题。主要就是筹款比率、储备金比率和项目比率。其他慈善行业特有比率还包括捐赠者依赖率（扣除总捐赠额中的年度结余／亏损，再除以总捐赠额）。

在所有被诟病的比率中，筹款比率可能最有害，这已经在本章前面部分进行了描述。

储备金比率是通过总储备金（自由储备金）除以净运营支出计算得出的。它体现了一个慈善机构如果不再筹款，可以继续运营多少年。关于储备金良好标准的构成因素，有一些计算困难和争论，这些已经在前面的章节有所论述。[17] 总而言之，慈善机构以外的人不赞成过高的储备金率，因此一些慈善机构会寻找方法控制储备金比率。这些慈善机构通过创造性地定义分子（通过制造然后再排除"指定用途基金"来减小分子）和分母（通过计算筹款开支或者排除经常性捐赠来扩大分母）的构成因素来控制储备金比率。

项目比率，也称慈善支出比率，通过慈善项目支出除以总费用计算得出。筹款成本、管理费用和一般间接费用不被纳入项目支出。因此，项目比率用以衡量慈善机构在其核心使命方面的支出是多少，这些费用与维持机构运行的费用性质是相反的。

慈善机构监督者采用的部分财务比率 *

- 应付账款账龄老化指标 [（应付账款 × 12）÷ 总支出]
  测量信誉度。比率越低，该机构付账速度越快。
- 管理费用比率 [管理费用 ÷ 总费用]
  用于测量管理费和一般间接费用的支出比例。比率越低越好。如果比率超过 30%，慈善导航对机构的打分就是 0。
- 流动比率 [流动资产 ÷ 流动负债]
  测量偿还短期债务的能力。比率应为 1 或者更高，否则将成为机构的困扰。
- 负债比率 [总负债 ÷ 总资产]
  表示财务偿付能力。比率较高预示将来会有财务问题。
- 投资收益率 [（投资所得 + 收益 − 亏损 − 投资成本）÷ 投资]
  测量投资组合的绩效。
- 流动基金指数 [{（基金余额 − 永久限制基金 − 土地、建筑和设备）× 12} ÷ 总费用]
  测量运营流动性。过低比率预示机构勉强维持运营，而过高比率则预示着过度储蓄。
- 储蓄率 [（总收入 − 总支出）÷ 总支出]
  测量储蓄率和机构寿命。然而，过高的比率也可能预示着过度储蓄。
- 偿债能力比率 [总权益或总基金 ÷ 总资产]
  测量偿还长期债务的能力。指数应该趋向于 1。低比率意味着慈善机构会有长期的支出需要。

* 来源：领航之星和慈善导航[18]

慈善机构通常在这一指数上的表现如何？ 2007 年《福布斯》美国前 200 慈善机构排行榜显示，慈善机构的项目比例从 32% 到 100% 不等，平均比率为 85%。慈善导航的数据库中有超过 5000 家美国慈善机构的数据，它表示超过 90% 的慈善机构的慈善开支占总费用的 65%，而 70% 的慈善机构的慈善开支超过 75%。英国全国志愿组织委员会指出，2004 年英国慈善行业总支出的 83% 都用于慈善使命的直接支出。[19]

捐赠者们显然会喜欢更高的项目比率。美国慈善研究所的慈善监督网指出，项目比率达到 60% 或者更高是合理的。商业促进会明智捐赠联盟指定了一个更高的标准，65%。而同样是为慈善机构评分的慈善导航则为那些项目比率低于 30% 的组织评了最低分 0 分。

使用这些比率有意义吗？答案既肯定又否定。

如果比率使用得即切题又合适，那么答案就是肯定的。在我看来，这主要有两种情况。第一种情况是，使用这些比率以及原始财务数据，去追踪同一个组织一段时间之后的进展。第二种情况是，使用这些比率来对两个或者更多相似的非营利组织进行比较，试图理解它们之间的差异。这种差异不全是由于绩效不同而导致的。例如，我们希望规模较大且成立已久的慈善组织可以享受到规模经济的好处，从而获得更好的绩效比率。

答案是否定的情况，则是完全通过非黑即白的方式使用这些比率和标准，不考虑特定慈善机构的具体性质和表现，也不考虑应用这些比率的环境。可惜的是，似乎这才是通常使用这些比率的情况，一刀切的全盘使用，而不考虑慈善机构的多样性。

另一个很自然的问题是，既然财务比率可以有效且广泛地应用于商业世界，可以说商业世界的机构多样性与非营利世界是相似的，那么为什么同样的办法在非营利世界行不通？

第一，尽管商业世界存在很多不同类型的公司，但这个世界有着共同的"底线"，那就是利润、销售和最根本的股东利益。一切都是围着钱转，这一通用语言使得各个公司可以相互比较，也可以轻易设定标准。

与之不同，非营利机构的产出各异。机构都是受使命驱动的，每个非营利机构的使命和如何完成使命的衡量方式，都无法简化为一个简单的财务等式。由于使命的多样性，绩效的构成因素也自然而然的有所不同。想要通过几个通用标准来反映这种多样性，几乎是不可能的。

第二，经过长期发展，商业世界已经逐步建立了丰富的既往经验和专业知识。这使得精准有效的比率和标准成为可能，并且知道如何以及何时使用它们。因此，举例来说，如果一位股票分析员查看一家上市公司的价格比率或者利润率，他做出的分析并非仅基于这一单一比率。当然了，他是在行业、风险和公司其他方面的基础上进行分析，然后提出购买/售出建议。股票投资者也期待这种水平的分析。

可惜，慈善行业尚未达到同样的成熟度。当然，大多数捐赠者与投资者不同，他们没有兴趣也没有时间去进行大量的尽职调查。他们只是希望有直接的好或不好的推荐。慈善机构监督者倾向于将多样化的环境简化成一些变量很少的比率，以此来帮助人们理解。在很多情况下，这种过于简化，会使人们忽视对多样化的慈善行业进行细分的必要性。实际上，慈善导航已经表明，它的评级不是排名，而是"定性的指示"（"qualitative designations"），意在帮助捐赠者做出知情决定。[20]

然而，随着对这个领域引来越来越多的关注和争论，财务比率的使用有望得到改进。

同时，慈善行业还需要做出很多努力来改进这些比率的解释和定义。在这里，标准的精确度和执行力都还赶不上商业世界。这会导致混乱，同时也为那些想要追求表面光鲜的慈善机构留下了伪造账目的空间。

在这个过程中，城市研究所（Urban Institute）和印第安纳大学（Indiana University）的一个研究指出，"不假思索地使用财务比率会导致意想不到的结果，危害程度更甚于不正确的测算。"[21] 该研究将这些比率描述为不健康、不公平的"伪造账目竞赛"，因为它们会偏向于规模更大、成立更久的慈善组织以及使命更被公众认可的慈善组织，还会转移慈善机构监管者和监督者的注意力，使得他们不去关注低成本、不诚实的慈善机构，而过分关注高成本有实效的慈善机构。研究总结出这些财务比率的使用对非营利机构甚至对整个非营利行业，不仅仅是有误导，更是有害的。研究建议，监管者、监督者和捐赠者的关注点应该放在"非营利组织提供服务的水平高低，而不是深挖它们选择如何花钱"。

很明显，如今正在实施的财务比率，为慈善事业带来了很多焦虑。而长远性的答案是不要彻底拒绝一项原本合理的商业惯例，而应该明智且审慎地将比率运用到慈善行业运行的独特环境中。

遗产税

遗产税（还有别的名称：地产税或者继承税）是政府对逝者的财产征收的税费。一直以来，遗产税是税收的来源之一，也是平衡财富与机会的一种方法。

根据法域不同，遗产税可以对所有财产按照统一标准征收费用，或者采用累进税率。

在开始征收遗产税之前，有一定的免税额。一般而言，会有一个起征点，这样，那些不太富裕的家庭就不会落入其中。通常，遗产之中的一处房产可以免税，根据该房产价值的上限而定，这样逝者所在的家庭就无需负担过度的遗产税，即不需要变卖该不动产或者搬迁以缴纳遗产税。

正如我们在之前的章节所看到的 [22]，遗产税有益于慈善捐赠。因为大部分法域都会对逝者生前或逝世时（在遗嘱中明示）的慈善捐赠进行豁免。这鼓励了立遗嘱的人将财产捐给慈善组织，而不是留待缴税。美国政府 2004 年的一份研究结论是，永久废除联邦遗产税将减少 6%~12% 的慈善捐赠总额，并减少 16%~28% 的慈善遗赠。此外，如果废除联邦遗产税，在最初 10 年里，美国的政府税收和国际债务利息支付将减少 10 亿美元。[23]

可惜的是，遗产税似乎已走上恐龙灭绝的道路。普华永道会计师事务所 2005 年的一份关于 50 个国家的调查指出，占将近一半数量的国家不征收遗产税。[24] 而瑞典才刚刚废除了遗产税。不久之后，中国香港也在 2006 年做出同样举措，而新加坡在 2008 年经历了一些游说和辩论之后也废除了遗产税。

在其他一些国家，也出现了类似的争论，而更多国家遗产税的废除或降低指日可待。在美国一场关于联邦遗产税的讨论中，一项奇怪的妥协已经达成。自从 2001 年减税法律实施以来，最高遗产税率就逐渐降低至 49%，并将保持到 2009 年。同时，在 2002—2009 年，免征额将会一直提高。然而，到 2010 年，在现行法律体制下遗产税将会被完全废除，而到了 2011 年，仅仅一年之后又会再次恢复，并且最高税率为 55%，免征额则是 100 万美元。所以有笑话说，如果你是一个有钱的美国人，如果你能刚好在 2010 年离开人世，那么你的继承人会十分感激你。然而，大多数税收专家希望在此之前，相关法律就有所改变。

为什么遗产税的发展趋势是降低或者废除？拥护者认为有两点原因：原理和实际。

　　第一个论据是：遗产税是不公平的，因为它实际上是双重征税，还会成为抑制人们努力工作的因素。毕竟，遗产之中的资产都是通过逝者的工作收入而累积的，而逝者生前已经为这些资产缴纳了所得税。所以遗产税就成了所得税之上的"双重打击"。此外，如果政府在人们死后拿走他们很大一部分的遗产，而不留给他们的继承人，那商人们为什么还要辛勤工作积累财富。实际上，"死亡税是对自私的'死时破产'伦理的鼓励，据此，富人们可以将自己的财富，和对社会有益的代际间储蓄挥霍一空。"[25]（注意遗产税的批评者是如何取绰号的，称其为"死亡税"，是因为它的情绪感染力和"点燃投票人仇恨"的能力）。[26]

　　当你仔细检视上述关于原理的辩论时，大部分论据都是与税收原理相违背的。可以理解，我们中的大多数人都不喜欢缴税，但同时，我们也承认缴税是经济体系不可或缺的一部分。一旦我们承认了税收的必要性，就必须接受税收会在一定程度上"抑制"勤劳工作这个事实，这是大局所需。这就产生了一个问题：税收到何种程度、何种比率时，会变得繁重且过度地侵蚀人们的职业道德？

　　一个相关的问题是，遗产税相对于其他税收而言，是否是"公平"的？如果你仔细想想，从税收公平的角度考虑，遗产也是一种"不劳而获"的收入来源。这笔意外之财通过血缘关系或者其他关系获得。遗产税则有助于建立虽然是局部的，但公平的重新分配，使财富回到社会。因此，沃伦·巴菲特就认为美国国会废除遗产税的行为是可怕的错误，相当于是"挑选 2000 年奥运会金牌得主的长子去组成 2020 年奥运会参赛队伍"。[27]

　　至于双重征税的论据，遗产税不是向当初赚钱的人，而是向另外一个纳税人征税。遗产税的征税对象是遗产继承人，遗产并不是他们辛苦"赚来"的钱。采取多重税制的地方，会辩驳说税收重叠了。例如，很多经济体制都有所得税和消费税。纳税人买了一件产品，就是在二次缴税，即消费税，这也被称为商品和服务税、增值税或者销售税，而纳税人已经为本人的收入缴纳了个人所得税。还有人认为，在某些情况下，大额财产组成了大部分"未被察觉"的资本收益，这些收益都未被征税，而实际上，对于这样的收入，遗产税是唯一的征税手段。

　　因此，我认为从严格原理的观点来看，遗产税并非是不公平的，实际上它是所有税收中最公平的一种。

　　同时，关于遗产税征收实务的争论焦点落在，为纳税人带来的成本和税收管理。有的家庭需要清算继承的财产，甚至包括他们的个人收入，来支付繁重的遗产税，经常被引为例证的还有冗长的遗嘱认证过程给家产不丰的人造成的负担。另一方面，有钱人通常会通过税收规划为摆脱沉重的遗产税铺平道路，首先就是要解决征收这些遗产税的理由。在这个过程中，遗产税"创造了一个数量庞大又浪费金钱的遗产规划和避税行业"。[28]

从政府的角度来看，由于大部分富人会采取能够规避遗产税的税收结构，向他们征税很不容易。而拥有较少资产的人更有可能落入税网。然而，从这一群体获得的税收收入可能无法充分证明政府税收管理的成本是合理的。富人还可以选择其他居住地，如果一国法律让他们缴纳的遗产税过高，他们可能只需迁移纳税居住地就可以了。因此，有的国家会通过降低或者废除遗产税，争取让富人移居本国，他们持续对成本／税收等式增加压力，直到取消遗产税成为该国创造最大经济效益的唯一途径。

新加坡正是如此。"当今财富是在全球基础上进行管理"，为了在这样的世界上加强竞争力，新加坡将遗产税从 1984 年的高达 60% 的比例降至 2000 年之后的10% 上限。另外，新加坡还提高了免税额。然而，显然这些措施还不足以吸引四处迁移的有钱人。2008 年，就在香港废除遗产税两年之后，新加坡也紧随其后，完全废除了遗产税。原因是新加坡想"鼓励整个亚洲的富人，都将自己的资产带到新加坡，以此支持财富管理行业的发展"。要做出这个经济决策可能并不困难。在废除遗产税之前，新加坡通过遗产税只征收到 9800 万新币（6800 万美元），仅占当年税收总收入的 0.4%。政府期望通过废除遗产税"使整个经济和社会受益"，因此要废除遗产税只需付出很小的代价。[29]

与遗产税的实施和征收共同存在的实际问题，或许可以通过积极的全球合作来解决。首先，世界上的主要税收法域可以团结起来，基于遗产税的有益影响，一致同意实施适度的税率，有鉴于此，迁移税收居住地就没有意义了。其次，政府还可以同意将部分或者全部遗产税收直接投入到慈善行业，例如一个社区基金会，以此将钱给予穷苦之人。这会使遗产税这个概念变得更可接受也更有吸引力。

遗憾的是，在我看来，很多税收法域不是已经废除遗产税，就是正在考虑怎么废除。遗产税除了能为慈善捐赠带来福利之外，其基础也是合理的，因为它在每一代中都重新平衡了财富和机会。至于如何实施、征收和遗产税的接受度等实际问题，可以通过政府间的积极合作来解决。毕竟，包括沃伦·巴菲特、比尔·盖茨和其他 100 多位美国富豪在内的富人们，[30] 都公开声明愿意公平支付他们的税款。

非营利组织的其他键盘效应

我问过一些非营利组织的同事，在这个领域中，你们觉得还有其他键盘效应问题吗？下面是他们给出的一些例子：

- 尽管慈善行业的员工不是志愿者，我们坚持只付给他们大打折扣的薪水，相当于他们有一部分时间是充当免费劳动力。
- 捐赠者进行捐赠的基础，通常与实际上为受益人所做的事没什么联系。人们会因为向自己募捐的人、筹款的方式、以及类似的理由而进行捐赠，而不关心这些钱用到哪里、怎么使用。
- 大家都认为直接惠及受益人的慈善机构拥有不动本基金（endowments）和储备金是件好事，因为这些资金为这些慈善机构的工作提供了持续收入。然而，它们夺走了其他有需求机构本可以得到的大笔捐款，而且这些资金会使得受益机构无须再保持良好表现。
- 非营利组织现在被要求产生利润，例如，通过社会企业来为组织的存续提供支持。为什么要将企业和公益混为一谈，特别是经验已经表明，以往这样做的失败率很高？
- 慈善机构有越多的受益人，就越成功。然而，这也意味着，这样的慈善机构只是在解决表面问题，而没有触及根源。真正能够衡量慈善机构的应该是它的终止，而非发展。
- 一直以来，慈善机构在投资方面都过于保守，他们会选择定期存款，而不会在可控风险参数内寻求更高回报。

实际上，以上很多情况，都在本书的其他章节有所论及。其中一些例子更像是非营利行业之中的悖论或者讽刺。而关于我们正在做什么的问题，只有当我们开始考虑"为什么"以及"我们还可以做什么？"的时候，我们才能够联合起来推动非营利行业的高效发展。

注释：

摘自："Nonprofit qwerties," *SALT*, March-April 2007; and "Quirky qualities of qwerty quorums," *The Straits Times*, April 12, 2007。

1　关于苏拉国际组织，想要了解更多请看第 15 章，"社会企业家精神：创新社会变革"。

2　关于 Qwerty 键盘和 Dvorak 键盘以及键盘效应的起源，有很多相关文章，以下仅为其中一部分: "The Qwerty Keyboard," Ideafinder, www.ideafinder.com/history/inventions/qwerty.htm; Richard Polt, "Typology: a phenomenology of early typewriters," The Classic Typewriter Page, http://staff.xu.edu/~polt/typewriters/typology.html; Stan Liebowitz and Stephen Margolis, "Typing Errors," *Reason*, June 1996, www.reason.com/news/show/29944.html。

3　William P. Barrett, "America's 200 largest charities," *Forbes*, November 21, 2007.

4　Joe Saxton, Michele Madden, Chris Greenwood and Brian Garvey, *The 21st Century Donor* (nfpSynergy, September 2007).

5　"Fundratios 2007—Summary Report," The Center for Interfirm Comparison with the Institute of Fundraising, www.cifc.co.uk/Fundratios07.html.

6　"Press release: Changes to 30/70 fundraising rule to facilitate fundraising efforts," The Office of the Commissioner of Charities, March.

7　Jung Sung-ki, "Donation rule to be relaxed," *Korea Times*, September 19, 2006, www.korea.net/News/News/NewsView.asp?serial_no=20060918030.

8　筹款比率和其他的比率及标准可参阅：美国慈善研究所的慈善评级标准，详见 www.charitywatch.org/criteria.html；商业促进会明智捐赠联盟的慈善责信标准，详见 www.give.org/standards/newcbbbstds.asp；慈善导航的评级量表，详见 www.charitynavigator.org/index.cfm/bay/content.view/cpid/48.htm。

9　Chuck McLean & Suzanne E. Coffman, "Why ratios aren't the last word," Guidestar, June 2004, http://www.guidestar.org/DisplayArticle.do?articleId=850.

10　Keith Epstein, "Crisis Mentality," *Stanford Social Innovation Review*, Spring 2006.

11　Rebecca Lee, "New LKY school already making waves," *The Straits Times*, August 17, 2004; "Speech by Mr. Tharman Shanmugaratnam, Minister for Education, at the launch of the LKY SPP on Monday, August 16, 2004 at 4:00 pm at the NUS Guild Hall," Ministry of Education, www.moe.gov.sg/media/speeches/2004/sp20040816a.htm.

12　Ho Ai Li, "Li Ka-Shing donates \$100m to LKY school," *The Straits Times*, March 9, 2007; Clarissa Oon, "Telling it like it is to the West," *The Straits Times*, January 18, 2008.

13　要了解 NKF 如何进行 30/70 规则的游戏，详见第 19 章，"案例研究：新加坡全国肾脏基金会（NKF）：事件及其范式"。

14　William Barrett, "America's 200 largest charities," *Forbes*, November 21, 2007; Direct Relief International at www.directrelief.org.

15　"Zero fundraising costs may signify zero accountability," *Summer 2000 Watchdog Report*, American Institute of Philanthropy, 2000 at www.charitywatch.org/articles/zero.html.

16　此规则在 "Code of Ethical Principles and Standards" 的第 21 条中，专业筹款人协会（Association for Fundraising Professionals），1964 年采用，2007 年 9 月最后修改，详见 www.afpnet.org/ka/ka-3.cfm?content_item_id=1068&folder_id=897。

17　详见第 6 章，"资金储备：资金丰富的烦恼"。

18　慈善导航详见 www.charitynavigator/org/index.cfm/bay/content/view/cpid/48.htm。领航之星详见 Chuck McLean & Suzanne E. Coffman, "Why ratios aren't the last word," Guidestar, June 2004, http://www.guidestar.org/DisplayArticle.do?articleId=850。

19　*The UK Voluntary Sector Almanac 2006*: *The State of the Sector* (National Council for Voluntary Organization)。直接慈善开支大约占总开支的 67%，资助型组织该比例为 15%。

20　"How do we rate charities?" Charity Navigator, www.charitynavigator.org/index.cfm?bay=content.view&cpid=35.

21　*The Nonprofit Overhead Cost Project. Brief No. 5*: *The pros and cons of financial efficiency standards* (Center on Nonprofits and Philanthropy of the Urban Institute, and Center on Philanthropy of the Indiana University, August 2004).

22　详见第 10 章，"规划性捐赠：向逝者募捐"。

23　Robert McClelland and Pamela Greene, "A CBO Paper: The estate tax and charitable giving," Congressional Budget Office, Congress of the United States, July 2004; *The Estate Tax: Myths and Realities* (Center on Budget and Policy Priorities, Revised October 11, 2007), www.cbpp.org/estatetaxmyths.pdf.

24　Chris Edwards, "Repealing the Federal Estate Tax," *Tax & Budget Bulletin, Cato Institute*, No. 36, June 2006.

25　Edward McCaffery, *Policy Analysis No. 353. Grave robbers*: *the moral case against the death tax* (Cato Institute, October 4, 1999).

26　William H. Gates, Sr. and Chuck Collins, "'Death Tax': What's in a name?," excerpted from their book, *Wealth and our Commonwealth*: *Why America should tax accumulated fortunes* (Beacon Press, 2002). See www.60plus.org/deathtax.asp?docID=347.

27　David Cay Johnston, "Dozens of rich Americans join in fight to retain the estate tax," *The New York Times*, February 14, 2001.

28　Chris Edwards, "Repealing the Federal Estate Tax," *Tax & Budget Bulletin, Cato Institute*, No. 36, June 2006.

29 Conrad Tan, "Analysts hail scrapping of estate duty," *The Business Times*, February 16, 2008; "Budget 2008, Extracts from Finance Minister Tharman Shanmugaratnam's Budget Speech," *The Straits Times*, February 16, 2008, Money Supplement.

30 David Cay Johnston, "Dozens of rich Americans join in fight to retain the estate tax," *The New York Times*, February 14, 2001.

第19章 | 案例研究
新加坡全国肾脏基金会
(NKF)：事件及其范式

新加坡全国肾脏基金会是近年来新加坡规模最大、最受争议的慈善组织，其运作过程展示了许多非营利范式的实例，以及这些范式为何有效或无效。

NKF事件指的是2005年7月，NKF对新加坡报业控股的一篇报道提起诽谤诉讼，撤诉之后，NKF又被揭发出一系列丑闻。法庭公开庭审资料后引起轩然大波，大量捐赠者流失。NKF的CEO和部分理事会成员辞职，并遭到起诉。新的理事会和CEO进驻后彻底整顿了基金会。与此同时，政府开始修改对慈善行业的监管法规。

本章将对NKF事件的来龙去脉做详细论述，并讨论本书中其他章节涉及的各类范式如何在此事件中得到体现。

我们不可避免地要去讨论新加坡全国肾脏基金会（NKF）的故事。毕竟，从许多方面来看，它是新加坡最大的慈善组织——出镜率高、极富争议，还是许多非营利范式可以援引的主要案例。

与其在前述章节中不断引用NKF的例子，我力争尽可能少地在前文中涉及，而是集中放在本章做一个多个（并非全部）慈善范式的综合案例分析。

对此事不甚了解的读者需要先了解完整的来龙去脉。因此，在讨论该案例阐释的诸多范式之前，我将简单介绍NKF的相关历史。

NKF 事件

新加坡全国肾脏基金会（NKF）成立于 1969 年，旨在应对治疗肾脏疾病的昂贵医疗费。此后，通过其 24 个拥有尖端技术的透析中心，该基金会已经帮助了数以千计的肾病患者。2008 年初，正在接受基金会治疗的透析患者大约有 2300 名。

NKF 在 20 世纪 90 年代初期的崛起，很大程度上是因为一个人的推动，他叫 Thambirajah Thamadurai，以 T.T. 杜莱（T.T. Durai）为人们熟知。他于 1992 年离开律师行业，成为基金会的 CEO。凭借高效的筹款活动、高薪聘请的大量雇员和备受赞誉的 12 层总部大楼，他迅速将 NKF 经营成为一个值得信赖、颇受瞩目的慈善组织。在他的领导下，NKF 开辟了新的透析中心，扩大了研究项目，开拓了国际业务和新的工作领域。

NKF 的成功自然也惹来了质疑。慈善界对其充满争议的筹款方式和对一个慈善组织来说显而易见的铺张浪费充满了忧虑。杜莱对维护其自身和 NKF 的声誉非常敏感。他分别起诉了三个人，这些人曾声称他在履行公务时乘坐头等舱和一些其他指控。[1] 三起案子都以 NKF 胜诉告终，虽然后来三人都被证明无罪。[2] 然而，杜莱对打官司的嗜好[3] 可能最终导致了他的垮台。

2004 年 4 月，新加坡全国性报刊《海峡时报》刊登了两篇报道，话题极具争议。第一篇是关于 NKF 与英杰华集团（Aviva insurance）的密切合作。NKF 将帮助英杰华集团推销其保险产品，以换取该集团的赞助和保险费减免。[4] 一周后，海峡时报开始报道 NKF 高达 1.89 亿新币的储备金（1.3 亿美元）。[5] 两篇报道都引发了读者的反应，负面反响为主。

随着公众兴趣的不断增长，海峡时报高级记者龙丽娴（Susan Long）于 2004 年 4 月 19 日发表了题为《新加坡肾脏基金会：颇具争议，超越时代？》的专题报道。报道对 NKF 过去的成就持肯定态度，但着重强调了其缺乏透明度和对公众的责信。NKF 随即起诉了《海峡时报》的发行单位新加坡报业控股（SPH）[6] 及龙丽娴，控告其中伤诋毁，尤其是文章开篇故事。该部分讲述了装修承包商被要求在杜莱办公室的私人洗手间里安装镀金水龙头，却不小心"丢失"了的事儿。[7]

该案在一年后才开庭，虽然有一年的等待和许多和解的机会，杜莱和 NKF 还是选择了上庭。[8] 该案于 2005 年 7 月开庭，法庭原本计划长达 10 天的听审。但杜莱在第二天的审判结束后决定为了"NKF 及其支持者、捐赠者和病人的利益"

而撤诉。[9]

　　然而为时已晚。法庭公开的资料显示，杜莱年薪高达 60 万新币（41.4 万美元），乘坐头等舱和其他一些令人咋舌的内容。这引发了一场非新加坡式的巨大反响。[①] NKF 的总部遭到民众破坏。6800 名捐款人取消了捐款。18 000 人在线请愿，要求杜莱辞职。

　　在审判结束两天之后，杜莱和基金会的理事会成员照做了——他们集体辞职了。6 天后，卫生部长宣布了 NKF 新一届理事会，由以余福金（Gerard Ee）[10] 为首的知名人士组成，余是一位著名的、备受尊敬的公共会计师，也是慈善界的领军人物。新理事会任命了一位临时 CEO，九个月后，任命了新的 CEO。[11]

　　新理事会和管理层称自己为"新 NKF"，开始纠正过去的错误。在最初的两年时间里，他们完成了以下几件事：

- 重组 NKF，削减开支。基金会雇员从 1000 名减少到 630 名，主要裁减了非门诊部门雇员。因此节省的开支为每年 340 万新币（230 万美元）。
- 为低收入病患新建两个透析中心。
- 改善服务，为病人提供整体康复计划，并将透析费用减少了 35%。
- 通过志愿者项目和开放参观日活动增加社区外展服务。
- 理清储备金用途，将 2720 万新币（1900 万美元）非透析资金转赠给其他慈善机构。
- 通过采用先进的会计和披露准则提升组织治理和透明度。[12]

表 19.1　NKF 事件的重要日期和事件

NKF 事件 - 重要日期和事件	
早期	
1969 年 4 月 7 日	NKF 由肾脏专科医生邱恩德（Dr. Khoo Oon Teik）和他的朋友发起成立。
1982 年 9 月	NKF 在广惠肇留医院（Kwong Wai Shiu hospital）开设了其第一个透析中心。
1992 年 2 月	T.T. 杜莱成为基金会首席执行官。
1995 年 2 月	NKF 迁入位于金吉路（Kim Keat Road）的新总部大楼。

---

① 新加坡人一向以对政治冷漠闻名。此处非新加坡式的巨大反响，意指原本对公众事件不太关注的普通人也都开始积极关注这一事件。

NKF 事件 - 重要日期和事件

1998 年 6 月	NKF 在阿裕尼（Aljunied）建立了第一个肾源中心，并建立了第 14 个透析中心。
2001 年 4 月	NKF 电视慈善义演节目创造了新加坡筹款史上数个第一次：通过 180 万个热线电话和 44.7 万条短信募集善款 1160 万新币（800 万美元）。
2001—2002 年	新加坡全国社会服务委员会（National Council of Social Service）拒绝将 NKF 的性质继续登记为公共属性组织（IPC）。
	新加坡卫生部介入，恢复了 NKF 的公共属性组织身份。
2001 年 10 月	NKF 儿童医疗基金成立。
2004 年 11 月	NKF 癌症基金成立。
诉讼案	
1997 年 8 月	基金会志愿者王爱奇（Archie Ong）被起诉诽谤，因其声称杜莱乘坐头等舱以及 NKF 浪费捐款。
1998 年 12 月	皮拉格萨·新格维路（Piragasam Singaravelu）被起诉诽谤，因其声称在新加坡航空公司航班的头等舱里看到杜莱。
1999 年 4 月	陈吉莲（Tan Kiat Noi）遭到起诉，因其在一封邮件中称 NKF 并未帮助穷困的人，并且其向员工支付大笔奖金。48 名转发该邮件的人也遭到起诉威胁。
2004 年 4 月	新加坡报业控股旗下的《海峡时报》报道了 NKF 与英杰华集团的密切合作以及 NKF 的高额储备金。该报还发表了龙丽娴的文章《NKF：颇具争议，超越时代？》，NKF 和杜莱起诉了新加坡报业控股和龙丽娴。
2005 年 7 月 11 日—12 日	NKF 控告新加坡报业控股和龙丽娴诽谤一案正式开庭，庭审突然中止，NKF 撤销控诉。
后续	
2005 年 7 月	法庭公开资料引发民众负面反应。
	杜莱和 NKF 理事会成员集体辞职。
	卫生部长宣布新一届理事会。
2005 年 12 月	毕马威发布对 NKF 过往业务的调查报告。
2005 年 10 月—2006 年 3 月	跨部门委员会形成对慈善改革的建议，新加坡政府接受建议后付诸实施。
2006 年 11 月	新加坡国内税务局通告了 NKF 以往的税务违规行为。
2007 年 3 月	新加坡《慈善法》修正案实施。
2006 年 4 月—2007 年 6 月	杜莱和其他两名前理事会成员遭到刑事诉讼并被判刑。
2006 年 4 月—2007 年 2 月	杜莱和其他三名前理事会成员遭到新 NKF 的民事诉讼，四人罪名成立。
2007 年 5 月	前述三位前理事会成员宣布破产。
2007 年 5 月—9 月	NKF 前主席理查德·杨（Richard Yong）潜逃，被逮捕后被判入狱 15 个月。
2008 年 6 月	杜莱在上诉失败后入狱，开始 3 个月的服刑。

新理事会入驻后，邀请了新加坡警署商业事务部和毕马威，四大公共会计事务所之一，对基金会过往业务进行详尽调查。2005 年 12 月 16 日，毕马威发布了长达 442 页的调查报告（"毕马威报告"）。报告揭露了 NKF 的诸多不当行为，并显示其缺乏有效治理以及监管者错失了尽早介入调查的许多机会。[13]

毕马威报告和随后的调查使杜莱和前理事会成员遭到了刑事和民事起诉：

- 2006 年 4 月，杜莱因提交虚假发票被告违反《反腐败法》，发票内容为事实上并未发生的咨询服务。2007 年 6 月，他被宣判有罪，入狱 3 个月。杜莱于 2008 年 6 月上诉失败后开始服刑。[14]

- 与此同时，前任主席理查德·杨与前任财务主管卢赛珊（Loo Say San）也因疏于职守遭到起诉，尤其是关于一桩和电脑防护软件有关的价值 430 万新币（300 万美元）的交易。2007 年 5 月，二人被判有罪。两人均逃脱了牢狱之灾，但是分别遭到 5000 新币（3500 美元）的罚款。[15]

- 2006 年 4 月，新 NKF 理事会对杜莱和 3 名前理事会成员理查德·杨、卢赛珊和蔡丽云（Matilda Chua）提起民事诉讼，要求因违反诚信义务赔偿 1200 万新币（800 万美元）。[16]

- 2007 年 1 月 10 日，在上述民事诉讼开庭审判 3 天后，杜莱承认自己因对 NKF 管理失职违背了作为 CEO 和事实理事的职责。他与 NKF 达成和解，赔偿 400 万新币（280 万美元），分 4 年付清。[17]

- 一个月后，杨、卢和蔡承认，因将自己在 NKF 理事会的工作交予杜莱操作而构成失职。造成的损失将在接下来的一年中得到评估。然而，他们 3 人都无力支付诉讼费用和无需评估的那部分损失。所以在 2007 年 5 月 16 日，3 人均宣告破产。[18]

- 在宣告破产后的第二天，理查德·杨潜逃到香港。有消息透露他从 2007 年 2 月起开始处理高达 750 万新币（520 万美元）的私人财产。他于 2007 年 7 月 4 日被捕，引渡回国，并因违反刑法和破产法遭到起诉。2007 年 9 月 18 日，杨认罪，获刑入狱 15 个月。[19]

继 NKF 案件开庭审理后，2005 年 10 月，新加坡政府成立了慈善组织和公共属性组织跨部门管理委员会，以重整对慈善行业的管理框架。2006 年 1 月，委员会提出政策建议。[20] 在 3 个月的公众咨询后，政府接受了这些建议，并于 2006 年 7 月付诸实施。[21]

NKF 事件在新加坡和新加坡人心中留下了不可磨灭的印象。它催生了政府对慈善组织监管的巨大改革，提升了公众对慈善组织责信度的意识。毫无疑问，这次事件的破坏力引发了新加坡慈善改革的浪潮。[22]

范式应用

在本章接下来的部分，我将探讨与 NKF 案例有关的各种范式，这些范式在前面的章节中都有所阐释。讨论范式的先后将按照本书章节的排列顺序。请注意不是所有的范式都会被讨论，因为有一些在本案例中没有得到体现。我假定读者已经对各章所述范式比较熟悉了。

1. 非营利市场

非营利性市场范式——如果我们能将其称为市场的话——指的是慈善组织在收入和支出间存在的结构性脱节。这种现象之所以存在，是因为捐赠者对筹款活动做出的响应，并不是建立在慈善组织为受益者提供的服务的价值基础上，而是基于其他因素。

将 NKF 与肾脏透析基金（Kidney Dialysis Foundation，简称 KDF）两个组织进行比较，虽然两者使命相似，但它们在组织规模和财务收入上不成比例，这证明了我们的论点。[23]NKF 能取得筹款的成功，是因为它在理解和迎合捐赠者动机方面做了大量精细的、有针对性的工作。他们的方式也许存在争议，[24] 但是这对吸引捐赠非常有效。

在 NKF 年度电视慈善义演节目中，NKF 靠以下两个关键因素获取财源：受益者及其家属感激流涕、动人心弦的口述，以及奖品丰厚的抽奖活动[25]，捐款越多被抽中的机会也就越大。2003 年，NKF 募集了 1570 万新币（1080 万美元）的善款。NKF 还为公众提供免费健康筛查服务。然而，在不少人眼中，这项服务其实是为了给生命点滴（Lifedrops）项目积攒人脉。生命点滴是基金会的持续捐款项目。[26] 在鼎盛时期，该项目拥有 30 万捐赠者，通过每月银行扣款每年能够募集 2500 万新币（1700 万美元）。[27] 为了筹款或致谢，NKF 邮件列表上的人都会收到周到的个性化邮件，他们的名字在信中被多次提及。

NKF 在收入（来自捐赠者）和支出（真实的款项去处）间的脱节随后显露无疑。（这部分内容已在第 18 章"非营利组织的键盘效应：走出古怪的泥淖"中论述过。）但是，在某种程度上，我们也可以认为"市场"的确发挥了一些作用。NKF 的竞争者出现了，1996 年，古国泰（Gordon Ku）医生发起成立了肾脏透析基金会（KDF）。他是一位私人执业的肾脏专科医生。KDF 的成立是为了填补 NKF 的服务空白——KDF 只帮助贫穷的、需要援助的病人，因为 NKF 的服务涵盖所有类型的病人，包括全额自费的病人。[28]

从传统意义上来讲，同一领域内出现另一个服务供应者可以提高肾病患者的治疗标准和覆盖率。其中之一就是透析费用在随后的几年中降低了。然而，虽然 NKF 资金规模更大，在事发前，其每次透析的费用为 210 新币（145 美元），而 KDF 的收费是 136 新币（94 美元）。新理事会接管 NKF 后透析费用降低至 130 新币（90 美元）一次[29]，略低于 KDF 的收费。

因此，虽然 KDF 的出现带来的竞争有一定程度的意义，但无法完全解决慈善组织收入和支出间存在的结构性脱节。为了让非营利市场更好地运行，知情捐赠和非营利组织治理这两个范式必须开始发挥它们的作用。

2. 知情捐赠

知情捐赠意味着捐赠者对其所支持的慈善组织要更加谨慎、明辨、苛刻。如果捐赠是通过专业资助方而非个人捐款时，知情捐赠更容易实现。

回顾 NKF 的历史，显然大部分捐赠者并没有在知情的基础上进行捐款。虽然通常情况下个人捐赠者会要求知情权，但在 NKF 的案例中，捐赠者被蒙蔽了。大部分捐赠者是被 NKF 筹款活动的花言巧语所吸引而参加捐款的。即使部分捐赠者希望理解 NKF 如何运作及如何使用资金，但是其并未提供充足的信息。甚至根据毕马威报告，NKF 有时还提供虚假信息。

该案的积极影响是公众逐渐提高了认识，意识到需要让捐赠者之手发挥作用。公众和慈善组织双方都对知情捐赠的重要性更加敏感。根据调查显示，在 NKF 丑闻之后，捐赠者对他们支持的慈善组织和善款的走向提出了更敏锐的问题。[30] 幸运的是，公众信心并没有被动摇到影响总体捐赠水平的程度。在丑闻发生的这一年，总体捐赠水平实际上升了，有意思的是，捐款逐渐由个人捐款转向有组织捐款（包括专业资助方）。[31] 这会让慈善行业走向正确的发展方向。

3. 非营利组织治理

非营利组织治理存在于以下三个层面：

- 机构治理

- 立法和规范

- 公众舆论

关于 NKF 的治理，在三个层面上都存在治理失效。

第一个层面，机构治理，是通过形式而非内容来体现的。在 NKF 内部，有理事会和数个委员会，如财务和审计委员会。这些组织应该能够起到必要的相互制衡作用。同时，基金会自愿接受新加坡全国社会服务委员会颁布的《志愿福利机构治理和管理守则》，并表示其做法优于守则规定的最佳做法。然而，这些制度安排对于好的治理来说仅仅只是表象。

毕马威在报告中得出的结论是："NKF 内部不存在真正能够有效的在业务管理上遏制管理层的治理机制，并在必要时引导管理层重新服务于初衷。"理事会很大程度上没有发挥作用，因为其将全部权力委派给了执行委员会，而执行委员会又将所有权力委派给了杜莱。毕马威接着列举了冗长的机构财富过剩、利益冲突和会计信息操纵行为。

随之而来的民事和刑事诉讼充分说明了，身为机构治理层领导应当有诚信义务和注意义务。然而，诉讼只针对三名前理事会成员：主席理查德·杨、财务主管卢赛珊和蔡丽云。他们是相对比较活跃的理事会成员。这里存在一个显著的问题：那些不活跃的理事会成员需要负多大的责任？也许他们实际上只是在慈善事业中挂个名而已。遭到起诉的前理事会成员试图将整个理事会引入案中，他们将其余四名未被起诉的理事会成员以第三方名义带入诉讼。然而，其中 3 个人花钱撤销了控诉，第 4 个人与被告达成了和解。[32]

有意思的是，NKF 在 2001 年将其性质从社团改为了担保有限公司，原因不明。总的来说，公司的结构与社团相比更容易使权力集中在少数几人身上，并且透明度更低。但是，公司的管理层与社团选举产生的负责人相比，责任更重大，管理人员在卸任后也可以因其从前的身份受到起诉。

当三名前理事会成员遭到起诉时，一些同行认为他们付出的代价过高了。当然，这三人在任期内享受荣华富贵，但如今他们全部宣告破产，并非常有可能遭到社会的排斥。他们的"原罪"是未能正确地理解理事会成员所应扮演的角色，而因此将自己的权力授予了 CEO，并服从他的指示。鉴于这几位理事会成员的遭遇，往后的理事对理事职位的各项要求会更为谨慎。这实际上抑制了一些人担任慈善组织治理者的工作。

杜莱没有让自己成为理事会成员。在一些诸如他的个人待遇的问题上，尽管杜莱是做决定的人，但是他谨慎地让这些决策通过理事会正式提出。换句话说，虽然杜莱从法律意义上说不是拍板的人，但是他却是幕后操纵者。所以，新 NKF 认为杜莱虽然"不是正式理事，但却是'影子'和'事实上'的理事，因此与被任命的理事同样负有责任"。[33]

在机构治理圈内有一个预期，那就是审计是机构治理的重要组成部分。1988 年至 2004 年，普华永道（及其前身永道公司）承担 NKF 的外部审计工作，并于 1995 年至 1998 年间，负责其内部审计。安达信（Arthur Andersen）接管内部审计工作直至 2002 年，随后这项工作被 NKF 内部接管。

毕马威关于 NKF 财务违规的报告发布之后，卫生部认为普华永道有失职，并表示失望。普华永道回应称，其此前已经解除了为 NKF 财务报表提供意见的主要职责。[34] 对于审计师应该有多大能力揭露欺诈和不法行为，尤其是在遭到故意隐瞒的情况下，公众普遍持有误解。

在 NKF 案发之前，审计事务所义务为慈善组织审计的情况屡见不鲜，即审计事务所在该过程中提供专业志愿服务，或是收取折扣价格。在 NKF 事件之后，义务审计，尤其是知名大型公共审计事务所提供的义务审计，明显减少了。[35]

非营利组织治理的第二个层面是立法规制。

在 NKF 事件发生之前，国内税收委员会的委员人数是慈善委员会的两倍。对慈善组织的监管任务被分派给了 11 个中央基金管理机构。其中两个是新加坡全国社会服务委员会（NCSS）（针对志愿性社会福利组织）和卫生部（针对与健康有关的组织）。

NKF 曾拥有公共属性组织（IPC）身份。这让慈善组织能够为捐赠者开具免税发票。从 1995 年起，NKF 被全国社会服务委员会纳入监管范围。作为监管审查的一部分，委员会对 NKF 在内部管理方面提出了诸多疑问，

随后在 2001 年 12 月停止了 NKF 的 IPC 身份。2002 年 1 月，卫生部重新授

予了 NKF 的 IPC 身份，附有 3 年观察期，据毕马威报告称，这 3 年的观察期"非同寻常"，因为通常全国社会服务委员会每次只给 3 个月期限。

毕马威报告认为，因为数个行政机构的参与（慈善委员会、全国社会服务委员会、卫生部），所以"这些机构是否应该，以及应该由哪一个负责对 NKF 的运营进行更详尽的审查，以尽早发现我们在此次调查中发现的违规行为？这个问题没有直截了当的答案"。然而，毕马威认为存在充足的契机能够使这些违规行为"至少能在四年前被制止或解决"。卫生部对报告做出了回应，接受了毕马威尖锐的批评，承认"监管机构应该做得更好"。[36]

跨部门委员会对修改监管框架的建议包括：基于自我管理的方法，全职、更有实权的慈善委员，以及将 11 个中央基金管理机构合理重组为六个行业管理机构。这些建议自 2006 年 7 月开始执行。

毫无疑问，NKF 事件改善了对慈善行业的监管框架。如此看来，改变还不够彻底，不足以使慈善组织仍在执行的各类规章制度更为合理化。

治理的最后一层在社会，通过公众舆论体现。

我们可以认为这一层的治理在新加坡报业控股案后开始发挥作用，当时 NKF 曾提供虚假信息的情况已被证实。在该案庭审后，杜莱立刻主张自己并未做错，没有理由下台。[37] 然而，公众巨大的愤怒显而易见，以至于杜莱和理事会在两天后集体辞职。

而这可能是治理的最后一道防线也用尽全力，公众对 NKF 的不满早已通过"咖啡馆谈话"和"公开及非公开的反馈"表现出来。[38] 在某种程度上，维持这种状态的是 NKF 诽谤控诉造成的威胁和受尊敬的公众人物对 NKF 的公开褒奖。[39]

在事件爆发一年后，全国志愿服务和慈善中心的调查显示，公众对慈善行业的信任度从 55% 掉至 28%，但这也使公众对自己应该扮演的角色更加敏感。[40]

也许未来如 NKF 的情况发生的可能性会降低，因为在问题浮出水面之前就可以得到纠正。

4. 规制

在这个范式中，监管机构可以将慈善组织视为经过政府批准的可信任的机构（黑匣子模型），或是在一个"一经售出，概不负责"（买家 / 捐赠者风险自负）的市场中需要透明运作的机构（玻璃房模型）。

这两个模型都是有效的。在新加坡，黑匣子模型类似于金融管理部门对银行的监管，而玻璃房模型类似于在新加坡证券交易所监督下的公开市场。

可以说在 NKF 丑闻曝光前，新加坡慈善界是在黑匣子模型下运行的。因此，在该案发生后，公众大声呼吁政府问责。[41] 依靠政府也是典型的新加坡特征。

然而，就政府的反应和传达的信息来看，政府认为慈善组织一直就是，并应该继续留在玻璃房模型下运行。政治领袖表示慈善组织应该自我运行、自我治理。[42] 跨部门委员会的报告强调慈善界应该由社会引导，修改的规制框架应该鼓励自我规范。

与此同时，新的法律规范给予了监管者更多的责任和权利，[43] 包括在调查结果未确定之前有权暂停筹款活动，禁止委托人参加组织的选举。这些权力之巨大，将与主张自我规范和"一经售出，概不负责"的玻璃房模型相悖。这些措施的实施至少应该符合正当程序，并接受公众问责。

也许政府需要保留这些权力的一部分原因是，慈善界还没有完全做好在玻璃房模型下运行的准备。当然，公众对慈善组织的意识和对知情捐赠的参与度已有显著提高，但这种文化并没有流行起来。能够支持大规模信息共享的工具和辅助机构、跨部门委员会建议的慈善监督者和评级系统还没有建立起来。我们还需要更多时间。

但是，新加坡已经明确表态要采用玻璃房自我规范模型。希望在不久的将来，慈善组织和公众能够摆脱对政府监管的过度依赖，努力成为一个更强大、更独立的慈善行业。

5. 非营利组织使命

在商业世界，这个范式就是增长——利润和股东价值的增长。而非营利组织应该受到使命的驱动，因此它们的范式应该是终止，那时使命已被完成。但是，非营利组织往往被扩张的机会吸引，偏离了它们最初的使命。

从这个角度看，NKF 是一个典型的关注增长的非营利组织。在筹款获得成功后，它向非肾脏领域——儿童和癌症——进行探索。2001 年 10 月，它启动了儿童医疗基金，为慢性病患儿提供医疗和护理补助。2004 年 11 月，它又启动了癌症基金[44]，支持正在接受癌症治疗的穷困患者。2004年和2005年，它主持了两个电视节目，用它一贯的成功做法为以上两个基金募集资金。

新NKF的理事会接管后，决定应该将重心放在"为肾衰竭患者提供帮助和支持的核心功能"上。[45] 因此，新理事会解散了以上两个基金，并将余款转赠给了相关组织：295万新币（200万美元）于2005年11月汇入新加坡癌症协会，2420万新币（1700万美元）于2006年11月汇入新加坡儿童协会。[46]

在设立这两个基金时，NKF不仅进入了两个新的医疗领域（癌症和儿童健康），还拓展出了对外资助这一功能。从建立之初，NKF就主要是一个运作型慈善组织。"基金会"三个字只是取名所需，NKF并不是专业资助方。建立了以上两个基金后，NKF为彩虹中心（Rainbow Center）、新加坡儿童痉挛协会（Spastics Children's Association of Singapore）等组织提供赠款，有了更多的"基金会"功能。

NKF也试图向海外扩展业务。2005年初，NKF帮助萨摩亚政府建立了萨摩亚肾脏基金—NKF透析中心。

问题在于，NKF的核心使命在于肾脏健康。为了实现使命，并最终"功成身退"，其运作的项目应该遵循以下优先次序：

（1）关于预防和治疗肾脏疾病的知识普及；

（2）为可能有肾脏疾病的人进行早期筛查；

（3）支持和宣传肾脏捐赠和移植；

（4）支持腹膜透析疗法；

（5）支持血液透析疗法。

平心而论，NKF在以上5个项目中都有不同程度的参与。然而，值得商榷的是对以上领域的重视程度。比如有观察者认为，NKF应该在原有基础上加大支持和推广腹膜透析的力度。它的竞争者，规模较小的KDF就是这样做的。

血液透析需要病人在透析中心使用机器治疗，每周3次，每次约4个小时。机器将血液从人体中抽出，清理其中的有害物质，然后再注回血管。

但是腹膜透析由病人自行完成。通过手术植入腹腔的细管，透析液进入体内，清理血液。透析液在吸收有害物质和废水后再被抽出。这可以由人工完成，每天4次，每次30分钟；也可由放置在床边的机器完成，大约每晚10个小时。

虽然并不是所有病人都能够接受腹膜透析，但一般认为它比血液透析更方便，花费也更少。新NKF如今将更多的重心转移到帮助移植和腹膜透析。在2006年

1 月至 2007 年 7 月之间，新 NKF 帮助的腹膜透析病人从 68 人增长到 198 人，数量增长了两倍。在此期间，基金会还帮助了 63 名肾脏移植病人。

新 NKF 能否成功完成其核心使命，并最终"功成身退"，仍有待观察。但与此同时，NKF 事件使其重新聚焦于使命，在走向"终止"的正确道路上迈出了必要的一步，而不再是为了增长而增长。

6. 资金储备

有关 NKF 资金储备的争议反映了慈善组织共同面临的一个喜忧参半的问题——"资金丰富的烦恼"：

- 慈善组织是否应该积极公开其资金储备？如果是，应该公开哪部分？何时公开？如何公开？
- 合理的储备金率应该是多少？
- 如何测算储备金率的不同组成部分？

2004 年 NKF 被揭发拥有 1.89 亿新币（1.3 亿美元）的资金储备，这成为公众质疑的开端。严格看来，根据理事会当时的计算方法，NKF 的年运营开销为 5340 万新币（3680 万美元），这些资金储备只够继续运营 3 年半。这完全符合全国社会服务委员会指导意见里的最多 5 年的储备金率。然而，对于合理的储备金率究竟应该是多少，仍存在不少争议，为什么呢？

首先，在当时并没有通过大范围沟通形成对储备金率的基本理解，更不要说合理的资金储备水平了。

其次更为重要的一点是，NKF 的资金储备绝对数额和每年募集的资金数量令人咋舌。1.89 亿新币对大街上的任何人来说都是一笔巨款。因此，NKF 的错误在于没有在事发前主动强调其资金储备，而是由媒体曝光了这一信息。

从 NKF 的角度来说，和许多有较高储备金的慈善机构一样，其对于公开资金储备存在忧虑。因为无论是否主动公开都会流失捐赠者。即便如此，许多慈善界人士认为，NKF 每年募集的 6700 万新币（4600 万美元）与其帮助的 1800 名透析患者不成比例（虽然 NKF 工作人员当时曾称受益者人数达 3000 人）。与之相反，社区福利基金每年募集约 4500 万到 5000 万新币的资金（3100 万~3500 万美元），但通过 60 多个志愿福利组织为超过 35 万人提供帮助。

当然，有数个筹款组织和慈善组织强烈认为 NKF 分流了本该流向其他慈善机构的捐款，这些机构更需要资金。因此，这些人也加入了这场论战。

至今，关于储备金率的问题仍是争论焦点。具体来说就是，NKF 的资金储备应该维持未来多长时间的运营。专家和论战的参与者提出从 3 年到 40 年不等的意见，这充分说明慈善界对储备金率的组成部分没有一致的答案。

NKF 所说的 3 年，在新加坡报业控股诽谤案中遭到辩方律师的驳斥，这使人们开始注意储备金率问题。被告认为，扣除病人的自费部分和其他收入，NKF 每年最多只资助给病人 720 万新币（500 万美元）。如果 NKF 仅专注于肾脏透析的核心使命，其资金储备（当时已升至 2.62 亿新币，即 1.81 亿美元）足够支撑 30 到 40 年（262/7.2=36）。在庭审期间，杜莱确实也承认之前所说的三年的资金储备数据不够准确。[47]

就资金本身而言，毕马威在报告中认为，NKF 的资金储备可以维持 2.35 年，或 4.6 年，或 11.9 年。这取决于将哪些因素纳入计算：

- 2.35 年：如果 1.808 亿新币（1.25 亿美元）的储备金足够用于透析，除去其他指定用途资金，用于 7710 万新币（5300 万美元）的年度运营支出；

- 4.6 年：如果假设透析服务没有收入，即患者享受 100% 的透析补贴；1.808 亿新币（1.25 亿美元）的储备金只用于调整后的年度运营支出（扣除筹款活动和其他非透析活动的支出）；

- 11.9 年：加上每年常规透析收入 1520 万新币（1000 万美元），1.808 亿新币（1.25 亿美元）的储备金只用于年度纯运营支出，即扣除未来筹款活动和非透析活动的支出。

在毕马威报告公开之前，新 NKF 理事会称资金储备可以维持 6.7 年运行，计算方法如下[48]：

- 截至 2005 年 10 月 31 日，在总额达 2.603 亿新币（1.8 亿美元）的储备资金中，只有 2.062 亿新币（1.42 亿美元）可供 NKF 透析项目使用，其余资金已被指定其他用途；

- 考虑到以下因素：继续进行生命点滴持续捐款项目，政府对透析治疗实行的新的补贴办法，不再增加筹款活动支出，通货膨胀及病人数量增长；基金会年度纯运营支出为 3080 万新币（2100 万美元）。

新 NKF 理事会采用了自由—保守相结合的算法来计算储备金率。自由主义

（这种算法使储备金率偏高，对捐赠者来说不中看）体现在扣除筹款支出和计算新的政府补贴。而保守主义（这种算法使储备金率偏低，更适宜展示给捐赠者）体现在计算了未来的支出和病人数量的增长，并且没有将储备资金可能带来的巨大投资收入计算在内。很多人对新 NKF 保守的计算方式及其宣称理想的资金储备应为 10 年（"因为 57% 的病人带病生存时间超过 10 年"）[49] 仍抱有异议。[50]

从关于 NKF 资金储备的争论中，我们可以得出两个结论。第一，虽然储备金率更为重要，但绝对资金储备额度如果足够大，仍会使人们不愿继续向慈善组织捐款。第二，目前对储备金的会计情况为多种不同的储备金数额和储备金率计算方法留有空间。

7. 从业者薪酬

在从业者薪酬范式中，我有两点观察体会：

- 慈善行业薪酬通常要比私营部门低；
- 慈善行业与私营部门的薪酬差距由以下两个原因造成：反映利他主义的高尚的心灵因素，以及反映慢节奏低要求工作环境的头脑因素。

那么，NKF 工作人员的薪酬低于私营部门吗？虽然有传闻说 NKF 工作人员获得高薪和丰厚奖金，[51] 毕马威报告也列举了筹款人员在短时间内收到数量可观的多份奖金，[52] 现有的信息只够让我们对杜莱的薪酬有相对准确的猜测。

新加坡报业控股案庭审中爆出杜莱年薪高达 60 万新币（41.4 万美元）。这是基于杜莱在庭上的证供，他说自己每月薪酬为 2.5 万新币（1.7 万美元），同时还有 12 个月的年度奖金（25 000 × 24 = 600 000）。根据毕马威的报告，杜莱的薪酬比这还要多。除了 8 到 12 个月的奖金，还有加班工资、休假兑现、个人福利和事后倒签的加薪。那么，在 NKF 的最后两年，杜莱的平均年收入应该超过 60 万新币。但毕马威报告并没有具体指出，他的最终薪酬究竟高多少。

虽然如此，以 60 万年薪作为基准，这样的薪酬在市场上处于什么水平？一些人认为，考虑到 NKF 的运营规模和表现，这样的薪酬还算公允。[53] 并且，在辞职两年后，杜莱开了一家公司，并获得了 2.5 万新币每月的薪酬。[54] 这说明他有能力获得高薪，尽管是在不同领域而且奖金方案不得而知。然而，将杜莱的薪酬与新加坡慈善业的总体水平相比，他是个不折不扣的异类。在非营利机构薪酬较高的美国或英国，薪酬水平调查显示美国的 CEO 年薪在 5.4 万美元到 29 万美元之间，[55] 英国为 6.85 万英镑（13.7 万美元）[56]。即使我们用这个数字与杜莱的薪酬相比，他仍远远超出了上述薪酬水平范围。

因为他的薪酬远在正常范围之上，我们没必要解释薪酬差距是源于心灵因素还是头脑因素。事实上，因为杜莱的薪酬远高于其应得或必要的水平，这里就有一个"负面的"心灵因素。杜莱得到的是"额外加薪"，而非因为慈善工作而"打了折扣的"薪酬。所以，当他的薪酬第一次被曝光时，就激起了捐赠者的愤怒。

8."善商"

在"善商"范式中，慈善程度有两个维度：外在表现和内在动机。将两种维度并列，我们得到 4 种不同类型的捐赠者：极少捐赠者、价值捐赠者、潜在捐赠者和道德捐赠者。

NKF 的捐赠者属于这四类中的哪一种呢？

NKF 的捐赠者人数众多。2/3 的新加坡人都声称曾为 NKF 捐款，其中包括许多低收入家庭，这些家庭曾收到 NKF 的捐款请求。[57] 让我们从以上两个维度来讨论 NKF 捐赠者的行为。

先看捐赠水平的外在表现，我们无法使用现有的数据将 NKF 的捐赠者与全国平均水平进行比较。但是，也许可行的是将 NKF 的生命点滴项目与社区福利基金的分享项目（Community Chest's SHARE program）进行比较。它们都是持续捐赠项目，目标群体大致相同，都是工薪阶层。分享项目有 20 万捐赠者，平均每人每月捐款 5 新币。[58] 在鼎盛时期，生命点滴项目拥有 30 万捐赠者，平均每人每月贡献 7 新币。[59] 从平均水平来看，似乎生命点滴的捐赠者比分享项目的捐赠者多贡献至少三分之一。

再看内在动机维度，当捐赠者数量较大时，群体中存在多种动机。在 NKF 的电视筹款节目中，参与的人可能是被抽奖的奖品吸引而打了捐款电话（自私的动机），也可能是被受助者动人心弦的故事打动（无私的动机）。而许多生命点滴项目的捐赠者，可能是在接受免费健康筛查后，出于责任感而捐赠，事实上，他们中的许多人，在接下来的数年一直持续捐款。这就使得生命点滴项目的捐赠者基数远大于分享项目，即使后者拥有全国范围的雇主支持计划。还有许多人是收到 NKF 的筹款信后做出捐赠，被其中精心撰写的受益人的困境打动。

总而言之，似乎更多的捐赠者是出于善心，而非期望回报。因此，当捐赠者得知被骗后，感到背叛和愤怒。在筹款活动中，NKF 成功地理解和利用了人们的动机，但是，NKF 也应该留意关于动机的一句老话：宁可捐款一百，也不被骗一块。

我在第 9 章中得出结论，大部分捐赠者属于极少捐赠者（Q1）。从上述分析来看，我大胆猜测：NKF 的捐赠者与一般的新加坡捐赠者相比，大部分属于图表的右上象限。这表明他们偏向道德捐赠者象限（Q4），可能没有获得信息，或是获得了错误的信息。

9. 规划性捐赠

规划性捐赠指的是预先规划的遗赠或其他慈善捐赠，通常在捐赠者去世后生效。

NKF 收到的第一笔遗产是一栋价值 70 万新币（48.3 万美元）的公寓，由罗斯琳·马可（Rosslyn Mak）赠予，她生前是幼托中心的教师，死于癌症。[60] 很可能是受到这笔遗赠的启发，NKF 在 1998 年底正式发起 NKF 规划性捐赠项目。

在 2000 年代早期，NKF 广泛支持这个项目，还公布了一些捐赠人在生前就做出的遗赠计划。[61] 2001 年，NKF 宣布接受到来自九名捐赠者的 140 万新币（100万美元）的遗产捐赠。2003 年，NKF 收到单笔最大遗产捐赠，来自谢凤英（Chia Fong Ying）女士。她将 340 万新币（230 万美元）等分捐给了 NKF 和社区福利基金[62]。

虽然缺乏其他信息，在我看来，NKF 的规划性捐赠项目是新加坡最有前瞻性的、最成功的。NKF 在正式启动规划性捐赠项目前，称其每月收到大约 20 个相关咨询电话[63]。至今，新加坡人对该计划的响应并不明显，但这是因为环境限制：较低的遗产税（2007 年废除），以及亚洲文化对死亡话题的避讳。

10. 志愿精神

在志愿精神范式中，志愿者对慈善组织来说，应该不仅仅被视为"无偿劳动力"。慈善组织应当认可志愿服务的非经济价值，很大一部分原因是，志愿服务让慈善组织参与到与社区的互动中。因此，即便慈善组织能够支付员工薪酬，甚至使用志愿者的成本大于聘请员工时，慈善组织仍可能会使用志愿者。

在杜莱的管理下，NKF 为志愿者留下的发挥空间很小。这有点让人惊讶，因为杜莱在成为全职 CEO 之前的 20 年，曾是 NKF 的志愿者。另一方面，NKF 资金充裕，不需要"无偿劳动力"；且雇员更加可靠、顺从。当然，NKF 也有一些志愿者，比如理事会成员。但是从民事诉讼中发现，这些人有津贴和其他福利[64]。

除了需要募集捐赠外，NKF 基本上是按照一个专业营利机构的方式运作的。卫生部长评论说，虽然这和传统的慈善组织截然相反，但"全部由专业人员而非志愿者运营一个大型慈善组织无可厚非，尤其是该组织得到了恰当的治理和管理"[65]。他的确暗示，多种运行模式对慈善界是件好事。

然而，新 NKF 回归了传统慈善组织的运行模式。它认可与社区互动的重要性，志愿者就是一种互动方式。因此，新 NKF 开启了志愿者项目，如 NKF 爱心圈（NKF Circle of Hearts），让志愿者成为肾脏病人的朋友，丰富他们的生活。为了体现为志愿精神献身，NKF 还启动了员工志愿者项目，让员工实践志愿精神。

除了志愿者外，新 NKF 还通过"对外开放"政策，寻求与更多的社会群体接触，并与草根组织共同组织"开放参观日"活动和公众教育项目。

11. 社会企业家精神

社会企业家通过创新的方式，引发系统性、大规模的社会变革。与商业企业家通过工作让自己致富不同，社会企业家为了他人更好的生活和世界的改变而努力。

杜莱是社会企业家吗？我提出这个问题之后，收到了各种不同反应。

在 NKF 事件之前以及之后不久，杜莱就因其建设 NKF 的诸多成就受到多人赞誉[66]。一位作家写道："我认为杜莱先生首先是一名企业家。他是一个有视野的人……他将 NKF 建设成一个前沿的慈善组织。"[67]甚至连龙丽娴在她的被指控诽谤的文章中，也称 NKF 是一个"开拓性的社会企业模型，以至于美国的大学，如哈佛、约翰霍普金斯、麻省理工学院都将其作为案例来研究"。

但是，也有评论认为，能运营一个大型的专业组织，并不等同于社会企业家精神，后者必须有创新、影响力和爱心。

当然，NKF 在筹款方式上是创新的。比如说，它率先在其电视慈善节目中配合电话投票，使用手机短信捐款方式。事实证明这种方法非常成功，创造了电话和捐款的新纪录。但重要的是，在为病人提供治疗方面，NKF 少有创新，尽管其设备和仪器都是顶尖的，甚至全国领先。

从影响力的角度看，NKF 在提供肾脏透析方面具有一定规模。全国有一半以上的肾脏病人都接受过其治疗。但是，新 NKF 在很短的时间内，显著地提高了这些已经非常醒目的数据——更多的病人、关注除腹膜透析外更好的替代疗法以及更加深入社区。这些都是在大幅减少开支的情况下完成的，节省的支出都返还给了病人。

总体来说，如今几乎没有人将杜莱看成是社会企业家。这并不是因为我们想抹杀他的成就。而是一旦杜莱成为社会企业家，我们就会将他当作拯救社会的典范，而他远不足以效仿。

随着庭审资料公开，对很多人来说，越来越难相信，他的动机是无私地为慈善事业做贡献。他的初衷可能如此，但他在途中迷失了自我。

12. 贫富差别

在这个范式中，万有引力倾向富裕的人，而不是那些无关紧要的人，在非营利世界也不例外。尽管如此，慈善扮演的角色是填补贫富之间的差距。

NKF 建立之初，数千名新加坡人受到肾功能衰竭的死亡威胁，其中许多人无力支付"高昂"的透析费用。[68]一直以来，NKF 通过提供透析治疗来实现其首要使命。到 1997 年，NKF 有 900 位病人。但是在私人执业的肾病专家圈子里，大家纷纷传言 NKF 正在"接收那些可以支付医疗费用的病人，从而淡化了帮助穷人的使命"。此外，NKF 也被指控歧视年老的或是病情严重的病人。因此，KDF 出现了，去帮助穷困的病人，以填补这一空缺[69]。

新 NKF 正在努力重新回到过去，着重于帮助穷困的人。在两年内，它将透析费用降低了 35%，低于 KDF 的水平。还将完全自费病人的比例控制在 10%，增加了对贫困肾脏病人的补助[70]。它还寻求社会和社区的支持，为病人提供透析之外的全方位关怀[71]。

在这个范式中，贫富间的持续差异源于慈善本身的定义。在过去的几年中，慈善的定义从以减少贫困为目标逐渐演变为多重目的，总的来说是为整个社会谋福利。有趣的是，2001 年当全国社会服务委员会拒绝继续保留 NKF 的 IPC 身份时，他们建议 NKF 向卫生部申请，因为 NKF 的项目"更多的与健康有关，而不是与社会福利有关"。在许多人眼中，全国社会服务委员会作为代表穷人和弱势群体的外延机构，是真正关乎慈善的组织。另一方面，一些人认为医疗尽管对社会非常重要，还是应该由政府提供，因此不应该占用慈善资源。如果医疗不曾被列为慈善事业，NKF 可能继续接受全国社会服务委员会的监管，那么结果可能也会大不相同。

13. 非营利组织的键盘效应

非营利组织键盘效应在此案例中体现在两个方面：筹款效率和财务比率。

在新加坡，筹款效率通过 30/70 筹款法则实现：筹款的支出不得超过所筹款项的 30%。我在此处强调该法则的两个缺点：①缺乏会计细则，这使得慈善组织可以通过数字游戏达到比率；②这个比率本身意义不大。这两个问题在 NKF 事件中都被推到了前台。

根据毕马威报告，为了遵循 30∶70 法则，NKF 不仅玩数字游戏，还屡次操纵会计报表，使得那些本要超过 30% 比例的筹款活动的效率，维持在该比例以下。这可以通过多种方法实现，包括将无关的赞助、优惠计作捐赠收入以增大分母；将筹款活动的支出篡改为其他项目的支出以减小分子。

即便 NKF 提供的数据准确，在我看来，遵照 30∶70 的规定，其筹款支出仍然过高。筹款活动就像其他商业活动一样，一定会有规模经济。如果筹集 10 万美元需要 3 万美元的成本，并不能说明筹集 1000 万美元需要 300 万美元的成本。

2003 年，NKF 募集了 6800 万新币（4700 万美元）的资金，是该年度新加坡公共筹款之最。至少有三分之一的捐款来自生命点滴项目[72]，该项目是重复捐款，应当是成本最小的。但是，NKF 应该是在会计账本上将筹款支出做了调整，这样筹款成本刚好没有超过 30% 的红线。与之形成对比的是社区福利基金，每年能募集 4500 万至 5000 万新币（3100 万到 3500 万美元），而筹款成本只有 2% 到 4%[73]。

所以说，NKF 的筹款有规模却没有规模经济。这是 30/70 法则最根本的漏洞：

它将 30% 的筹款支出变成可接受的标准，不管采用什么方法筹款，也不管募集了多少资金。然而，正确的做法应该是，将募得资金和筹款方式全面并适当的公开。获得信息的捐赠者才能做出合理判断。

至于财务比率的键盘效应问题，关键在于，普遍的参考标准在慈善行业发挥不了作用。

相反，比率应该明智谨慎的运用。其中，一个关键的财务比率受到许多监督者的重视，即项目比率，也被称为慈善支出比率。这通过将与慈善有关的项目支出除以总支出计算得到。

毕马威报告强调，NKF 收到的每一块钱中，只有 10 分钱用于直接为病人治疗。这听起来未免太低了。但是，更仔细地检视，我们发现每一块钱中有 41 分钱成为了储备金，而我们可以假设储备金是留给病人将来使用的。所以公允地说，NKF 有 17%（10 分 /59 分）的运营支出是为病人使用的，其余的用于不以慈善为目的的活动，比如筹款、公共关系和其他常规费用。

不幸的是，17% 的比率仍旧非常糟糕。美国慈善研究所认为，至少 60% 的总支出应该用于慈善项目[74]。商业促进会明智捐赠联盟的标准更高，为 65%[75]。新 NKF 的目标是至少将总支出的 70% 用于透析病人[76]。

监督者设定的基准应该是一般最低限制。正确的方法是将其与类似的慈善机构进行比较。KDF 在 2006 年的项目比率除去政府补贴后为 47%，算上政府补贴后为 74%[77]。这两种算法都表明，KDF 的运营远好于 NKF，即便前者没有享受到后者那样的规模经济。

由此，在上述例子中，项目比率得到适当的比较后，的确能够在一定程度上反映一个慈善机构的运行状况。在 NKF 一案中，其非慈善支出大得惊人。通过随后法庭公开资料显示，NKF 的超额支出，并不仅仅表现为 CEO 办公室里的豪华洗手间，还有管理层奢侈的生活作风和高额的薪酬。如果 NKF 的项目比率能够被尽早分析，也许情况就不会恶化到如此程度了。

注释:

1　这起诽谤诉讼在表 19.1 中有所总结。关于这三起案件，《海峡时报》（除非标明其他来源）的报道列表如下：(1) Archie Ong, Sharon Vasoo, "NKF chief, 5 members suing ex-volunteer for slander," August 13,1997; Geraldine Yeo, "Sorry what I said about NKF is untrue," April 15, 1998; Esther Au Yong, "I forgive Durai, Sad that I lost a friend," *The New Paper*, December 23, 2005; (2) Piragasam Singaravelu: "NKF chief gets public apology," December 11, 1998; Arlina Arshad, "Accused of libel in 1998, he's happy skeletons are out," July 14, 2005; (3) Tan Kiat Noi: Samantha Santa Maria, "NKF acts against e-defamation," May 5, 1999; "NKF action is to reinforce transparency," May 13, 1999; Samantha Santa Maria, "Smear on the Net: NKF to let matter rest," May 22, 1999。

2 在随后公开的多个法庭记录和毕马威报告中显示，乘坐头等舱和领取高薪的论述都是真实的。

3 Conrad Raj, "Mr. NKF, the court-happy combatant," *The New Paper*, July 13, 2005.

4 在《海峡时报》首次报道这起事件时，英杰华—NKF 价值 500 万新币的密切合作其性质尚不明确，因为双方还在谈判中。争议的焦点在于：NKF 的病患数据是否应该或者可以交给商业机构使用。当这桩交易完成时，数据并没有交换使用。报道这一事件的文章主要有：Lorna Tan of *The Straits Times* and some of them were: "Aviva to tap NKF for referrals," April 2, 2004; "NKF S\$5m tie-up with Aviva: Creative move or invasion of privacy?" April 3, 2004; "Business and charity don't mix, even for \$5m," April 6, 2004; "It's a dangerous' precedent, says Case of NKF-Aviva deal," April 7, 2004。

5 《海峡时报》的特丽莎·陈（Theresa Tan）关于 NKF 储备金水平的报道援引自我的文章："The missing hand of Adam Smith," *SALT*, March–April 2004。《海峡时报》上关于 NKF 储备金有不少报道，其中大部分都是由特丽莎·陈撰写，包括："NKF's reserve of \$189m sparks debate," April 7, 2004; "Tell us how it's being spent, NKF," April 8, 2004; "Big NKF reserves OK, says Minister," April 10, 2004; "MPs seek answers on fund-raising issues," April 14, 2004; "Govt prefers a light touch for charities," April 20, 2004; "More transparency please: NMP," April 20, 2004。

6 从 NKF 事件发生到本书出版期间，我是新加坡报业控股的董事。然而，本章中表达的观点并没有将错误归罪于任何一方。这些都是我的个人观点，不代表新加坡报业控股或任何组织。本章使用和参考的资料大都基于公开信息。

7 Susan Long, "The NKF: Controversially ahead of its time?" *The Straits Times*, April 19, 2004. NKF filed the lawsuit four days after the publication of the article. An overview of the lawsuit is provided in the article: Siva Arasu, "How NKF vs. SPH became The People vs. T.T. Durai," *The Sunday Times*, July 17, 2005.

8 "Why Durai killed offer to settle with SPH," *The Straits Times*, January 10, 2007.

9 Michelle Quah, "Durai withdraws suit against SPH," *The Business Times*, July 13, 2005.

10　余福金（Gerard Ee）当时是全国社会服务委员会主席，该委员会是新加坡社会服务机构的联合组织。他当时还在慈善界担任其他职务。他还是一位公共会计师，当时刚从安永会计师事务所（Ernst & Young）退休。

11　吴志禄（Goh Chee Leok）教授，全国皮肤中心（National Skin Center）前负责人，被任命为临时 CEO。2006 年 5 月，理事会任命陈明娘（Eunice Tay），前全国神经系统研究所（National Neuroscience Institute）CEO，为新 NKF 的 CEO。

12　这些都是财务报告准则（Financial Reporting Standards）和慈善组织会计操作建议（Recommended Accounting Practices for Charities—RAP6）。

13　*A Report on the National Kidney Foundation, Commissioned by the Board of Directors, the National Kidney Foundation* (KPMG, December 16, 2005). 2005 年 12 月 19 日，NKF 对外公开了这份报告。

14　Bertha Henson, "NKF saga: Durai, four others charged," *The Straits Times*, April 19, 2006; Chong Chee Kin, "Durai given 3-month jail term," *The Straits Times*, June 22, 2007; Selina Lum, "Ex-NKF chief Durai will go to jail," *The Straits Times*, May 30, 2008.

15　Chong Chee Kin, "Two ex-NKF directors fined $5000 each for failing in their duties," *The Straits Times*, May 17, 2007.

16　Michelle Quah, "NKF seeks $12m from Durai and four others," *The Business Times*, April 26, 2006.

17　Michelle Quah, "Durai throws in towel, admits liability," *The Business Times*, January 11, 2007; Selina Lum, "Durai to repay NKF $4m over 4 years," *The Straits Times*, June 22, 2007.

18　Bertha Henson, "NKF suit: Ex-directors give in," *The Straits Times*, February 9, 2007; Michelle Quah, "Former NKF directors Chua, Loo and Yong declared bankrupt," *The Business Times*, May 17, 2007.

19　Michelle Quah, "Richard Yong's flight from law ends in Hong Kong," *The Business Times*, July 5, 2007; Elena Chong, "Ex-NKF chairman Yong jailed 15 months," *The Straits Times*, September 19, 2007.

20　*Interim Report by the Inter-Ministry Committee on Regulation of Charities and Institutions of a Public Character* (IMC on Regulation of Charities and IPCs, January 27, 2006).

21　"Move towards more transparency. New rules for charity," *The Straits Times*, June 26, 2006

22　有关变革的 S 曲线和变革曲线拐点的论述，请参见第 20 章 "慈善生态系统：尽善尽美"。

23　NKF 和 KDF 的对比，详见第 1 章 "非营利市场：失灵的亚当·斯密之手"。

24　此类批评的实例可见：Aaron Low, "Unethical to make patients appear in fundraiser," *The Straits Times*, July 22, 2005.

25 2005 年的最高奖项是一辆汽车和一间价值 75 万新币 (51.7 万美元) 的公寓。

26 "The NKF responds," *The Straits Times*, April 9, 2004; Lee Hui Chieh, "NKF plans to woo back 50 000 donors," *The Straits Times*, December 9, 2005; Susan Long, "The NKF: Controversially ahead of its time?" *The Straits Times*, April 19, 2004.

27 Yap Su Yin, "Supporters helping new NKF get back on its feet," *The Straits Times*, August 1, 2006. 事发之前，生命点滴项目每月可以募集 214 万新币，由此计算每年可募集 2568 万新币（1771 万美元）。

28 Allison Lum, "Kidney war of words—the nub of the issue," *The Straits Times*, May 11, 1997.

29 从 2007 年 7 月开始每次收费 130 新币。据新 NKF 所说，由于有各种给到病患的补助，超过一半的患者最终实际只需支付 0 到 50 新币。

30 Yap Su-Yin & Theresa Tan, "Survey: Public trust in charities hit by NKF scandal," *The Straits Times*, July 14, 2006. 这一调查由全国志愿服务及慈善中心完成。

31 同上; Kevin Lee, "$340m came only from individuals," ST Forum Page, *The Straits Times*, July 26, 2006; Theresa Tan & Yap Su-Yin, "Surprise! Charities drew record $644m last year," *The Straits Times*, June 8, 2006.

32 Chong Chee Kin & Khushwant Singh, "NKF suit now involves entire former board," *The Straits Times*, June 20, 2006; Selina Lum & Chong Chee Kin, "NKF suit ends as Yong, Loo drop third party claims," *The Straits Times*, February 14, 2007.

33 Selina Lum, "Landmark $12m NKF suit set to begin," *The Straits Times*, January 8, 2007.

34 Lee Su Shyan, "PwC rapped for not spotting lapses," *The Straits Times*, December 22, 2005.

35 Theresa Tan & Yap Su-Yin, "Accounting firms seen as reluctant to audit charities," *The Straits Times*, June 26, 2006. 在丑闻之前，公共会计的监管者，会计和公司监管机构（the Accounting & Corporate Regulatory Authority），已经采取了一个新的管理体制，在该体制下，审计事务所在审计"公共利益实体"，例如慈善组织时，要接受更严格的审查。这一改变使得审计事务所有些不愿接受慈善组织委托进行审计，而 NKF 案将这种不情愿推向极致。

36 "Statement by Health Minister Khaw Boon Wan on KPMG's report on the National Kidney Foundation", Ministry of Health, December 21, 2005.

37 "T.T. Durai: I have done nothing wrong," *The Straits Times*, July 13, 2005.

38 Theresa Tan, "NCSS warned NKF and raised alarm back in 2001," *The Straits Times*, December 22, 2005; Willie Cheng, "Beyond the headlines," *SALT* May/June 2004.

39 Alex Au, "Singapore's spleen over kidney scandal," *Asia Times Online*, January 5, 2006, www.atimes.com/atimes/Southeast_Asia/HA05Ae01.html; Li Xueying, "Minister says he's a

donor and will still give," *The Straits Times*, April 11, 2004.

40　Yap Su-Yin & Theresa Tan, "Public trust in charities hit by NKF scandal," *The Straits Times*, July 14, 2006. The survey by NVPC took place shortly after the NKF saga.

41　Chua Mui Hoong, "Who watches the regulators?" *The Straits Times*, December 28, 2005.

42　Zuraidah Ibrahim, Li Xueying, "A very smooth transition and quite a good year. Interview with PM Lee," *The Straits Times*, September 18, 2005.

43　Bertha Henson, "More duties and powers proposed for regulator of charities," *The Straits Times*, January 28, 2006.

44　基金的正式名称是 "NKF 儿童基金"，尽管有时被称为 "NKF 儿童癌症基金"。

45　"Press Release: NKF hands over the NKF Cancer Fund to the Singapore Cancer Society," The New NKF, November 16, 2005.

46　"Press Release: NKF hands over Children's Medical Fund to the Singapore Children's Society," The New NKF, November 29, 2006.

47　Wong Wei Kong, "Durai concedes NKF view of reserves misleading," *The Business Times*, July 13, 2005.

48　"Press Release: NKF Interim Board's position on reserves and the urgent need to resume fund-raising," The New NKF, December 8, 2005.

49　"Press Release: KPMG's report on investigation into the National Kidney Foundation (NKF)," The New NKF, December 9, 2005.

50　Cheong Wing Lee, "Be more realistic in assessing NKF reserves," ST Forum Page, *The Straits Times*, December 15, 2005.

51　Theresa Tan & Tracy Sua, "Slew of changes at NKF, 92 staff laid off," *The Straits Times*, September 17, 2006.

52　Arti Mulchand, "Fund-raising staff got more perks," *The Straits Times*, December 21, 2005.

53　Arti Mulchand, "Durai's $25K monthly salary 'not excessive', " *The Straits Times*, February 2, 2007; "Mrs. Goh: I've full trust in NKF and its CEO," *The Straits Times*, July 13, 2005; "Charity still saving lives and still needs support," *The Straits Times*, July 18, 2005.

54　Selina Lum, "Durai's got a new job—and it pays $25k a month," *The Straits Times*, September 8, 2007. 这份工作是在阿联酋开设一家公司，为中东地区提供医疗健康和人力资源服务。

55　见第 7 章 "从业者薪酬：工作由心，报酬略少"，调查结果见 Mark Hrywna, "Special Report: NPT Salary Survey 2007," *The Nonprofit Times*, February 1, 2007.

56　Based on survey data published by NCVO and Remuneration Economics in: "The 19th Annual

Voluntary Sector Salary Survey," *Inside Research*, December 2007.

57 "'Besieged' over NKF issue," *The Straits Times*, July 21, 2005.

58 Radha Basu, "Ordinary folks lead the way when it comes to charity," *The Straits Times*, May 11, 2007. 根据这篇报道，分享项目筹得的 4700 万，其中 1/4 是由 20 万捐赠人捐出的。由此算出每月人均捐赠 4.9 新币。

59 Michelle Quah, "NKF has reserves to last only 6.7 years," *The Straits Times*, December 9, 2005. 根据 NKF 当时公布的信息，每月通过 248 532 个捐赠人筹得 170 万新币，计算得出每人每月捐赠 6.84 新币。

60 Siti Andrianie, "Woman who died of cancer leaves $700 000 flat to NKF," *The Straits Times*, September 25, 1997.

61 Andre Yeo, "Her giant hongbao: She donates her flat to NKF, $1.4 million pledged," *The New Paper*, January 25, 2001; Cheong Suk-Wai, "Another donor pledges flat to NKF," *The Straits Times*, May 19, 2001.

62 Wendy Tan, "She leaves—$3.4m to charity, $32 100 to children," *The Straits Times*, January 23, 2003.

63 David Miller, "More bequeath money to charity," *The Straits Times*, August 29, 1997.

64 "Durai and friends travelled in luxury, 'on NKF money'," *The Straits Times*, January 10, 2007.

65 "Ministerial Statement in Parliament on the National Kidney Foundation, by Minister for Health, Mr. Khaw Boon Wan," Ministry of Health, July 20, 2005.

66 Natalie Soh, "When praise flowed for the charity," *The Straits Times*, December 22, 2005.

67 Chua Lee Hoong, "Don't tar all charities with NKF brush," *The Straits Times*, July 14, 2005.

68 "History of the NKF" on NKF website: www.nkfs.org/index.php?option=com_content&task=view&id=86&Itemid=83.

69 见本章范式应用中的"非营利市场"，以及 Allison Lum, "Kidney war of words—the nub of the issue," *The Straits Times*, May 11, 1997.

70 *The New NKF, Annual Report, January 1. 2006 to June 30, 2007.*

71 Radha Basu, "The NKF's new mantra: Care beyond dialysis," *The Straits Times*, January 18, 2008.

72 Yap Su Yin, "Supporters helping new NKF get back on its feet," *The Straits Times*, August 1, 2006. 事发之前，生命点滴每月筹款 214 万新币，由此算出每年筹款 2568 万新币。生命点滴项目的 2568 万捐款占 NKF 捐款总额 6800 万（4700 万美元）的 37.7%（为 NKF 2003 财年数据，源自 NKF 诉新加坡报业控股案庭审记录）。

73 参见新加坡全国社会服务委员 2004—2007 年财务披露，网址 http://www.ncss.org.sg/ documents/ financial_disclosure.pdf。

74 www.charitywatch.org/criteria.html.

75 www.give.org/standards//newcbbbstds.asp.

76 "Press Release: KPMG's report on investigation into the National Kidney Foundation," The New NKF, December 19, 2005.

77 *Kidney Dialysis Foundation Annual Report 2006/07.*

第20章 | 慈善生态系统
尽善尽美

与商业世界相比，文化和结构性问题使慈善世界变得更加低效。但是，改革的春风已经吹来。

毋庸置疑，非营利部门正在从"只是行善"（"Just Doing Good"）的时代走向"尽善尽美"（"Doing Good Better"）的时代。

这个新的时代需要一个高效的、自行运转的慈善生态系统，包含多个组成部分——监管者、能力建设者、慈善组织、受益人和社会（个人、企业、媒体和政府）——需要各就各位，各司其职。

前述章节讨论了非营利世界若干具体领域的范式。当我努力在具体领域言之有据的同时，我也在思考，能否设计出一个宏观的、囊括一切的框架，以理解慈善世界产生变革的复杂过程。

基于我在系统方面的经验，我想到在商业世界，我们常常研究产业集群的生态系统。因此，或许界定并努力构建一个功能完善的慈善生态系统，可以为我们提供一个参考答案。

慈善生态系统

"生态系统"一词源于生物学，指的是一个自我维持的生物群体。我们在此处可以将生态系统定义为，一个成员在其中通过共生关系互相受益的系统。

正如系统可以由子系统组成，一个生态系统可以由数个互动的、相互受益的子生态系统组成。这么看来，一个国家生态系统包括三个子生态系统：企业生态系统（私营部门）、政府生态系统（公共部门）和慈善／公民社团生态系统（人的部门）。

生态系统范式的迷人之处在于，它能够将系统思维应用到复杂环境中。生物生态系统包括许多独立的生物个体，他们通过与其他个体和环境的互动——有时可能是你死我活的竞争——来创造一个能够自我维持的群体。非生物生态系统，如慈善生态系统，不一定能够顺利运行或进行自我调整，除非其组成部分的互动和关系以此为目的精心设计，并朝着自行运转的方向努力。

用生态系统的概念来解析慈善行业，我们就可以用更全面、更综合的视角来思考，为了创造一个更加高效的慈善行业，不同的成员可以和应该如何互动。

慈善生态系统有五个主要组成部分：受益人、慈善组织、能力建设者、监管者和社会，见图 20.1。为了创造和保持系统内必需的平衡，每一个组成部分都发挥着重要作用。

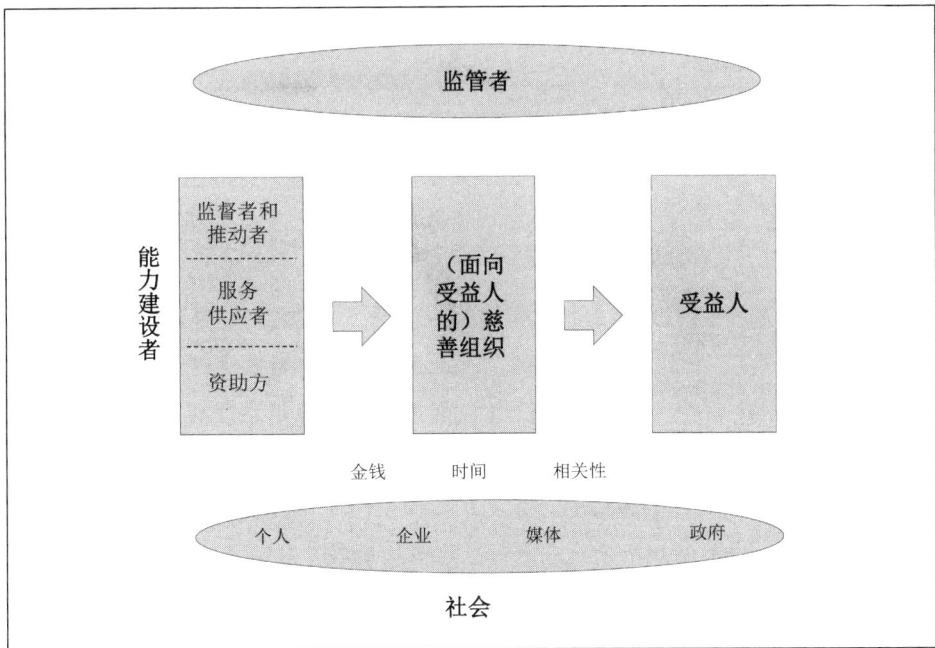

图 20.1　慈善生态系统

受益人

受益人是系统中最重要的组成部分。他们是慈善组织和其他利益相关者存在的理由。然而，我们往往忽视了这个至关重要的群体，因为他们的话语权最少。

关键的问题是谁应该是受益人？答案中不可缺少的一部分是"慈善"的定义。[1]对于什么构成了慈善和其受益人，不同人的看法大相径庭。

如果你问一个普通人，最常见的答案是，慈善就是帮助贫苦的人们。这个答案中蕴含的概念是，慈善是为了调整贫富之间的差距。

然而，我们已经看到，慈善的法律定义更为宽泛。虽然不同法域对"慈善"的定义略有不同，总体来看，这些定义中有共通的部分。慈善的法律构成范围更广，不仅关于穷人和弱势群体，还包括整体的社会福利——体育、艺术、环境、文物甚至动物。

宽泛的定义本身无可厚非，但其中包含了两个重要的暗示。

首先，当同样的支持机制，比如税收减免、社区动员，只要是为社会谋福利就都可以享受到，那么，我们就失去了帮助穷人的优先选项。

其次，与非慈善项目相比，对慈善项目的责信度的要求是不同的。慈善很大程度上是与慷慨挂钩，因此，应当对许多社会福利类项目实施的成本效益进行分析，其流程可能不如对政府和企业资助的项目执行得那么严密。

慈善组织

慈善生态系统包括两大主要类型的慈善组织：直接面向受益人的机构，以及能力建设者。直接面向受益人的慈善组织，也经常简单地被称为慈善组织，是人们对慈善组织的一般理解：他们为受益人服务。而能力建设者则支持这些（面向受益人的）慈善组织。

慈善组织是为了社会使命而建立的。然而，当运营者的头脑被公司思维和扩张模式占据时，慈善组织常常会忘记自己真正的角色。

商业世界的咒语是利润和收入，增长再增长。一旦增长停滞了，股东就开始担忧，股票价值也会下跌。这样的情况促使管理者寻求并购和收购的机会，以让公司无机增长，或干脆成为别的公司成长计划的一部分。

但这种心态不应带到慈善世界中去。慈善组织的存在并不是为了谋取利润，而是为了更好地实现其社会使命。所以，评判一个慈善组织的成功与否，要看它最终是否完成这项使命。一旦完成，这个组织也就没有继续存在的必要了。所以，慈善组织发展的终端是最终消失，而不是扩张。[2]

但是，当一个非营利组织建立时所追求的社会目标变得越来越不重要时，它也许不会自然而然地寻求逐步缩小规模，而是探索其他途径进行扩张——这和商业世界非常相似。

与完成使命相关的问题是选择服务还是倡导。面对社会问题，有两种解决途径：我们可以解决问题的表症，或是解决问题的根源。

举例来说，有两种途径可以解决虐待低收入外来劳工（如进入新加坡的女佣和建筑工人）的问题。第一种是帮助受害者。为此，数个组织，如移民经济人道主义组织（Humanitarian Organization for Migrant Economics）、大主教辖区移民和流动人口教牧关怀委员会（Archdiocesan Commission for the Pastoral Care of Migrants and Itinerant People）等，[3] 都为受害的外来劳工提供了庇护场所和心理辅导。

第二种是扼制问题的根源，从而在一开始就避免虐待事件。这需要对雇主进行教育宣传，让其为雇员提供良好的待遇；还需要建立法律框架以制止和惩罚违规者。名为"客工亦重"（Transient Workers Count Too，TWC2）[4] 的组织正是担任这一途径的引领者。

衡量解决这类问题的慈善组织成功与否，要看虐待事件减少了多少，为受害者建造庇护所的需求降低了多少。因此，我认为客工亦重的倡导角色从长期来看更为关键。

但是，倡导工作对慈善组织的吸引力远不如直接提供服务，这有多个原因。首先，倡导工作的结果没那么显而易见。叙述一场倡导工人权利和公平待遇的运动，与宣布得到帮助的受害工人数字有所增长，显然后者更容易一些（尽管这也颇具挑战）。

并且，倡导的过程更为艰辛。因为这需要改变人们的心态，改变政策和法规。这些任务不仅充满挑战，时常也会惹来非议。

此外，倡导之路可能曲折漫长。英国政治家威廉·威尔伯福斯（William Wilberforce）倡导废除奴隶制长达 46 年，直到 1933 年，英国才通过了《废奴法案》。[5]

将这些因素都考虑在内，较之通过改变政策和心态来根除问题的行动，那些直接处理外在表征的行动，更容易获得资金和支持。虽然与服务型慈善组织相比，倡导型组织需要的资金更少，但"客工亦重"持续遭遇的挑战之一便是，如何获得足够的资金维持其项目。[6]

因此，毫不意外，总的来说，大部分慈善组织是服务供应者，它们更愿意直接解决问题的症状，而不是弄清和解决问题的根源。

能力建设者

能力建设者，顾名思义，就是帮助慈善行业建设能力的中间型机构。

总体来说，人们对中间型机构的角色和必要性没有什么认识。而事实上，所有的生态系统都需要中间型机构来协助核心活动，推动市场运作。公共商业市场（public commercial market）可以很好地类比公益界的中间型机构。

在这个类比中，慈善组织就像是上市公司。他们需要来自投资者，也就是捐赠人的资金。但是，投资者需要独立地分析师来对慈善组织进行评估和评级，以确定将自己有限的资金投入到哪个组织中去。除了直接捐款，他们还可以通过专业资助方捐款，其角色类似于公共市场上的基金经理。就像有些商业公司服务其他公司一样，一些慈善组织服务于其他慈善组织。

在慈善行业，中间型组织有很多种。我将其分为三类：专业资助方、服务供应者以及推动者和监督者。

专业资助方包括基金会（比如洛克菲勒基金会）和基金（比如社区福利基金、联合之路）。他们募集捐款者多多少少的捐款，然后以赠款的形式捐给其他慈善组织。他们需要非常谨慎，以确保资金恰当地用到实处，达到预期的效果。

专业资助方的角色非常关键，因为他们是连接慈善组织收入和支出脱节的最恰当人选[7]。他们能够确保慈善组织接收到的资金和其传递给受益人的价值是一致的。

同时，服务供应者在以下领域帮助慈善机构，例如，战略咨询（Bridgespan）、培训（Social Service Training Institute）、职业发展（Compass Point）、人力资源匹配（Bridgestar，BoardnetUSA）、经纪人服务（Charity Choice Goodwill Gallery,

Ammado）和技术支持（Hackers for Charity）[8]。

慈善组织服务供应者的问题是，机构数量极其稀少，特别是在发达国家之外。这是因为我们的生态系统还没有成熟到发展这些服务的程度，以及人们没有认识到，它们在任何生态系统中都是组成结构的重要部分。

事实上，许多人并未将服务供应者当作慈善组织。有许多商业服务供应商为慈善组织低价提供服务，这更加深化了人们的这一印象。例如，"电脑问题解决专家"（Computer Troubleshooters）是全球最大的电脑服务连锁公司，它有一个慈善服务项目，专门为慈善组织提供低价服务，或捐赠电脑[9]。结果是，慈善服务供应商有时无法被区分出来。

好消息是，越来越多的基金会，愿意资助甚至建立这样的服务供应组织。

第三种能力建设者是行业监督者和推动者。他们通常在行业内部成长起来，帮助行业增长和治理。

推动者力图培养和发展整个行业，或行业中的某个领域。例如，英国全国志愿组织委员会[10]是一个拥有 5700 个机构成员的独立团体，这些成员代表了全英一半以上的志愿组织员工。其使命是为英国生机勃勃的志愿社区组织提供支持、发出声音。英国慈善研究所（Institute for Philanthropy）[11]则主要关注慈善行业的供应方，从而在英国和全球提升有效慈善。

监督者可以对知情捐赠有所助益[12]。就像商业世界中的标准普尔公司一样，他们是评级和分析机构，对慈善组织进行监督、评估和评级。这样一来，专业资助方和捐赠者就有了做出知情选择的标准。在美国，有数个机构从事这项工作。包括领航之星（在英国也有代表处）、慈善导航、商业促进会明智捐赠联盟和美国慈善研究所的慈善监督网[13]。

监管者

在慈善生态系统的顶端是监管者，如英格兰和威尔士慈善委员会。为了确保慈善机构是在为公众谋福利，而不是谋取私利，立法规范是非常必要的。监管者要确保慈善组织在法律框架内守法合规，以此保障公众对慈善组织的信任和信心不被辜负。

监管者时常受到慈善组织的压力，希望他们能放松监管，好让慈善组织在管理和其他束缚最小化的情况下，专注于自己的使命。但是出现问题时，监管部门一旦被发现没有采取预防措施，就很容易受到公众的批评。

从根本上说，监管者应该明确表示它希望采取哪种路径来发挥自身作用：

- 黑匣子模型，监管者最大程度地审查监督慈善组织；或者
- 玻璃房模型，监管者仅做监督，较少干涉；而捐赠者遵循"一经售出，概不负责"（买方/捐赠者责任自负）原则与慈善组织接触。[14]

以上两种方式的主要区别在于监管的本质，以及需要给予监管者的权力和资源。黑匣子模型类似于银行业监管，有许多细则规定，经常做出检查，并且监管者需要相当多的资源来开展工作。玻璃房模型则更像证券交易所，监管者的首要任务是保证对公众的信息披露，由公众自行承担投资风险。

社会

社会通过提供三种事物从根本上支持慈善事业：金钱（捐款）、时间（志愿者）以及合法性。人们很少想起第三种事物——合法性。但是一些慈善组织经过艰难的探索，发现与社会的相关性对自己的生存至关重要。

在社会当中，有几类完全不同的团体：公众、企业、媒体和政府。

历史上，公众的角色一直是为慈善组织贡献金钱、时间和总体支持。近几年，慈善组织要求捐赠者和志愿者做的更多了。有人呼吁捐赠者和志愿者对慈善组织应当更加谨慎、更仔细甄别，甚至更严格要求。换句话说，在捐赠时获得更大的知情权。

以上要求潜在的含义是公众代表了对慈善行业治理的最后一道防线。除了如NKF般的极端情况[15]，这一要求对一般捐赠者来说不太现实。人们的反应可能是："您的意思是，如果我足够大方，打算向一个慈善机构捐款1000元，或是每月志愿服务几个小时，现在，在捐款之前，我还要做额外的尽职调查，去弄清楚这个组织在做什么，为什么要这么做，如何运作？"如前所述，知情捐赠问题的长期解决方案是鼓励捐赠者把钱捐给专业资助方，它们是拥有资源的专业机构，行事严谨且具影响力，可以确保慈善组织尽其责信[16]。

这正是许多新一代慈善家在这场慈善革命中正在实践的。他们建立资金雄厚的专业资助机构，不只是在推动责信，还是在寻求创新的方法，以践行其解决世

界性社会难题的雄心壮志。他们的方法从之前的签发支票、开幕剪彩，转变为公益创投等资本方式，以更加个人化的形式参与到慈善组织中 [17]。

社会中的第二个团体是企业。虽然他们发挥的作用与个人无异，但动机却不尽相同。企业面临的永恒问题是，他们是否应该成为一个企业捐赠者。

因为企业的构成驱使它要为股东创造利润和价值，它们回应捐赠问题的基础是非常自私的——企业社会责任是否具有商业意义？这就是为何许多相关政府部门和非营利监督者倡导强制性企业社会责任，尤其是在环境控制、道德行为和公司治理领域 [18]。

第三个团体是媒体。它在慈善行业中的角色与在商业和公共部门中的类似——让公众保持知情，以及为了慈善行业的利益形成公共舆论。即便如此，关于媒体仍有许多问题，例如媒体是否应该成为监督者，或者甚至在慈善组织行为不检时成为侦探 [19]。

政府

政府是这个生态系统中独一无二的成员。它具有多重角色：监管者（如前所述）、资助者、推动者甚至是供应者。

每一个政府实际上如何履行这些角色，很大程度上取决于它的历史和对非营利组织的态度。政府的悖论是，非营利部门就是要填补政府和私营企业遗留下来的社会差距。就企业而言，很容易理解，在它们追求利润的时候，也许合法地忽视了社会利益，并且无意间创造了社会不平等。

然而，政府本来就是要照顾它的公民的整体利益，并且因此可能会不愿承认它们在某些领域失职了。事实上没有任何政府能够照顾到方方面面，因此，更加开明的立法者寻求外援并支持非营利组织。因为它们知道，非营利组织规模较小、与社会的联系更为紧密，因此更有能力敏捷地动员资源和解决社会问题。

在支持非营利部门方面，不同的政府反应各不相同。在光谱的一端是像英国和美国这样的发达国家，在这些国家的历史上就有小政府大社会的传统，也即政府的作用较小，而更多依赖个人的慈善行为。光谱的另一端是中东欧的前社会主义国家，它们的传统是政府包办一切，更多依赖政府提供社会服务，并且继承了对异端不宽容的文化，更不用说支持慈善部门这种类似异端的存在，这些国家的政府普遍不愿看到慈善行业发展起来。因此，即便是在自由的英国，政府积极支持慈善行业，2007 年一份针对慈善组织领导层的调查显示，54% 的受访者认为政府对慈善组织的控制太多了[20]。

政府促进慈善行业发展的方式之一是给予资助。约翰霍普金斯项目估计，在参与调查的国家中，大约 35% 的非营利组织收入来自于政府拨款、合同或政府部门报销形式的给付[21]。获得政府资助最多的领域是社会服务和医疗保健。

政府还可以通过政策和计划来支持和促进非营利部门发展。政府支持慈善的一个常见政策机制是税收优惠，例如新加坡的双倍减免税款或英国的捐赠税收补贴（Gift Aid）[22]。大范围支持计划的一个范例是英国的"提速计划"（Changeup）[23]，开明的英国政府希望通过该计划积极提高志愿和社会部门的机构运营能力、服务质量和工作范围。

政府的最后一重角色是供应者，这一点经常在慈善圈内遭到质疑。问题是，哪些服务应该由政府提供，哪些又应该由慈善组织提供？界限并不总是十分清晰，尤其是在教育和医疗领域。例如，为残疾儿童开办的学校，应该由志愿福利组织运营，还是应该和主流学校一样由政府运营？在医疗领域，病人的疗后护理和康复护理，例如肾脏透析，应该由社会提供还是政府提供？如果政府在原本主要由私人承办的领域，设立和支持慈善机构和能力建设者，这些灰色领域就会变得更加模糊。例如，新加坡全国社会服务委员会，作为新加坡志愿福利组织的联盟机构，是一个政府机构。而它的英国同行，英国全国志愿组织委员会，是一个独立的社会组织[24]。类似的，新加坡全国志愿服务及慈善委员会是一个促进志愿服务和慈善捐赠的政府机构。而美国最大的志愿者联盟组织，拥有 370 个会员机构和超过 6000 万志愿者的牵手组织（Hands On Network），是一个社会主导的组织[25]。政府甚至可以创立倡导型慈善组织。例如，为了促使人们多生孩子，新加坡政府发起和成立了"我爱儿童"组织（I Love Children），其宣传口号是"我们倡导一个充满儿童、善待儿童的新加坡"。[26]

生态系统的文化和改变

想要促成生态系统的变革，理解系统成员和它们扮演的角色只是第一步。重要的一个部分是，各种不同因素之间的动态相互依赖关系。某一部分的细小变化可以在整个系统中产生连锁反应。有时候，过于复杂的因果关系很难被勾勒出来。因此，尽管成员之间相互影响，但有意为之以产生特定结果却并非易事。

要想在生态系统中产生影响，我们需要先理解它的文化——经过长期演变的一整套思想、观念和习俗，这些会使得参与者行为产生细微差别。

也许，慈善生态系统中的主流文化是"行善"的观念。慈善的根本目的就是为受益人做好事，以及让世界变得更美好。因为目光聚焦于帮助他人、改善社会，拥有共通使命的参与者们能够相互产生好感。

与之相反，商业世界的文化是个人利益——人人为己。在这个环境中，适者生存、残酷竞争的文化被普遍接受。

对于任何生态系统来说，为生存而竞争事实上都是一个至关重要的特征。但是，我在慈善世界遇到的大部分人都排斥这个看法。毕竟，我们聚在这里都是为了共同行善，一起为了公共利益而努力。

但是，在商业世界中，竞争者之间为了更大的利益也会进行合作。有些公司发展到一定程度会发现，今天的竞争者可以成为明天的盟友；与谁结盟、与谁竞争仅仅随着时间和环境而变化。

因此，与同行竞争和结盟的想法也应该出现在慈善世界中，因为这是任何生态系统都不可或缺的一部分。然而，这种看法被行善这剂止疼药掩饰起来、一笔带过。任何与竞争有关的想法都被隐藏起来，即便当事人清楚地意识到竞争的存在。[27] 包裹在行善和感觉良好的茧茧中，慈善组织的理事会和工作人员，会避免采用企业中实现良好治理和组织效率的方法，因为这些概念来自于一个很大程度上拥有不同文化的世界。

在研究生态系统时，变革，看上去是不可避免的话题。变革必然发生，因为系统成员之间相互依存、密切互动以达到平衡状态。同样地，破坏性因素可以促使整个生态系统转向新层次的平衡。

变革的 S 曲线

在研究组织和系统的变革时，我们有时会用到变革的 S 曲线模型。在变化的初始阶段，有少数先行者对变化因素做出反应，比如新技术或是新思想。一般情况下，某个冲击因素——常常是破坏性事件——的出现会让曲线出现一个拐点。

此时会产生足够多的参与者，使变革因素显而易见，更加盛行。当参与者数量达到临界值时，大规模使用开始出现。当系统中的大多数参与者都接受变革时，变革达到了新的平衡。

全球的慈善生态系统似乎正在发生变革。这些变革有一些相似的驱动因素，一部分原因是全球化正在输入各种意识，影响超越国界。在我所熟悉的新加坡慈善界，最近出现了变革的 S 曲线，可能比一些其他国家的更陡峭一些。这一变化的浪潮在过去几年已经缓慢地冲上了我们的海岸线。

变革起始于商业世界中公司治理热的兴起。许多捐赠者，尤其是基金会和新慈善家，正将治理、责信和产出等概念引入慈善行业实践。

对许多参与者来说，变革的引爆点是慈善丑闻的出现。[28]毫无疑问，NKF 事件是新加坡曲线的拐点。

这些丑闻对整体的影响和参与者随后的反应，从监管者、捐赠者、媒体到公众，促使慈善行业内外人们的想法和心态产生突变。我们从一个慈善"只是行善"的时代走向一个对慈善有了新的要求，需要"尽善尽美"的时代（见图 20.2）。

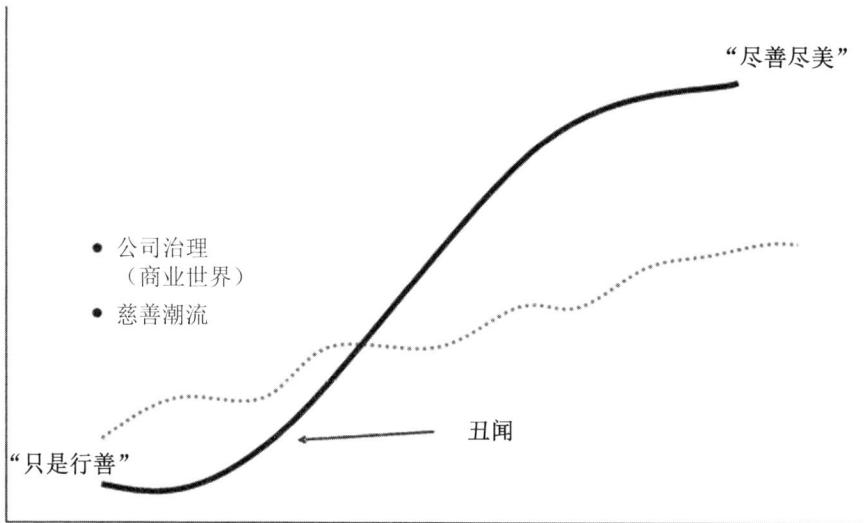

图 20.2　慈善组织的变革浪潮

在这个崭新的世界中，慈善组织所肩负的责任可能是最重的。如今，慈善组织的管理层和理事会，需要比以往更加认真地对待自己的工作。他们需要展现良好的治理。人们期待他们做出更专业的工作，并促使他们做出与使命相关的成果。在与公众的沟通和报告中，他们被要求展现更多的透明度和责信力。

受到这股变革浪潮影响的不只是慈善组织本身，而是整个生态系统链中的所有参与者。

监管者需要更加警觉、更有前瞻性。当然，取决于采用的是黑匣子还是玻璃房模型，需要据此设计更严密的信息公开和其他规定，以及赋予监管机构适当的调查资源和权力。

能力建设者的短缺需要立刻得到解决。目前，能力建设者缺口巨大。政府和专业资助方可以通过创设、资助和支持分析家、监督者和服务提供者来填补这一空缺。

社会对揭露丑闻非常敏感，积极参与其中。媒体和社会领袖的作用应该是调节公众反应，避免过激反应，并帮助公众从更平衡的观点来看待丑闻。我们从未如今天这般强烈地需要社会的积极支持，毕竟，是来自社会的金钱、时间和信心使得慈善行业能够持续运转。

新的时代

慈善生态系统这一框架能够成为开启慈善界变革的有效工具。政策制定者和行业领导者只有首先理解生态系统中各个成员的角色和动机，继而影响它们，最终才能提高慈善行业的发展水平。

毕竟，任何慈善组织的使命都是让世界变得更美好。在这个新的时代，人们对慈善组织责信和绩效的要求更高，因此，慈善组织在实践改变世界之使命的同时，必须要做出改变、完善自我。

注释:

改编自: "The Charity Ecosystem," *Social Space* 2008。

1　关于"慈善"的定义及其含义的扩展在第 17 章"贫富差别: 关注富人，还是穷人"中有所概述。

2　关于慈善组织的使命和使命蠕变在第 5 章"非营利组织使命: 最终归宿——终止"中

有论及。

3　关于这两个组织的信息可见：www.home.org.sg 和 www.migrants.org.sg。 其他组织包括：the Good Shepherd Center, Hopeline and Pertapis Home for Women and Girls.

4　www.twc2.org.sg. The book by John Gee and Elaine Ho, *Dignity Overdue* (Select Publishing, 2006), 这本书记录了"客工亦重"在寻求改变心态和行为方面的经历。

5　www.wilberforcecentral.org/wfc.

6　Leong Wee Keat, "TWC2 running out of funds," *Today*, April 25, 2008; "A word from John," *TWC2 Newsletter*, July-August 2007, www.twc2.org.sg/site/newsletters/2007- july-aug.html.

7　这一脱节已在第 1 章"非营利市场：失灵的亚当·斯密之手"中有所阐述。资助方在连接这一脱节中的位置在第 2 章"知情捐赠：捐赠者看得见的手"中有论述。

8　有些服务供应者服务的范围比他们经常被提及的更多。关于各个服务供应者的信息可见：www.bridgespangroup.org, www.ssti.org.sg, www.compasspoint.org, www.bridgestar.org, www.boardnetusa.org, www.goodwillgallery.co.uk, www.thebp.uk, www.ammado.com 和 www. hackersforcharity.org。Ammado 实际上是一个新近成立的营利企业，但是它的目标是成为非营利世界的 Facebook，在全球范围内联接"非营利组织、有社会责任的企业和积极参与的个人"。

9　www.computertroubleshooters.org.

10　www.ncvo-vol.org.uk.

11　www.instituteforphilanthropy.org.uk.

12　知情捐赠这一话题在第 2 章"知情捐赠：捐赠者看得见的手"中有论及。

13　关于慈善监督者的更详细描述见第 2 章"知情捐赠：捐赠者看得见的手"。领航之星，可见 www.guidestar.org. 慈善导航，可见 www.charitynavigator.org。 商业促进会明智捐赠联盟，可见 www.give.org。美国慈善研究所，可见 www.charitywatch.org。在新加坡没有类似的慈善行业监督者。

14　规制的两种不同模式在第 4 章"规制：黑匣子还是玻璃房？"中有论述。

15　第 3 章"非营利组织治理：谁在治理非营利，真是这样吗？"描述了一个极端情况。第 19 章"案例研究：新加坡全国肾脏基金会（NKF）：事件及其范式"进一步研究了NKF 的案例。

16　关于公众是治理的最后一层，个人捐赠者的知情捐赠实践以及资助方的重要性都在第 2章"知情捐赠：捐赠者看得见的手"和第 3 章"非营利组织治理：谁在治理非营利，真是这样吗？"有所论及。

17　关于新一代慈善家的讨论见第 14 章"慈善：第二次慈善革命"。

18　关于企业社会责任的讨论见第 8 章"企业社会责任：企业的天职就是赚钱？"

19　在 NKF 事件之后，2005 年 8 月 20 日，由英士国际商学院（INSEAD）校友会组织的一个论坛"NKF 故事——新闻报道还是倡导？"（*"The NKF Story—News Reporting or Advocacy?"*）引发了关于媒体是否应该参与或继续倡导工作的不同反应。

20　Chris Greenwood. "The State of the Third Sector 2007," *nfpSynergy*, 2008, www.nfpsynergy. net.

21　Lester M. Salamon, S. Wojciech Sokolowski and Regina List, *Global Civil Society: An Overview* (Center for Civil Society Studies, Institute for Policy Studies, The Johns Hopkins University, 2003).

22　在新加坡，捐款给公共属性组织（IPC）的捐赠人可以在退税时获得双倍减免税款。捐赠税收补贴（Gift aid）是英国政府对给慈善组织捐款的税收补助。参见 www.hmrc.gov. uk/charities/gift-aid.htm。

23　www.capacitybuilders.org.uk.

24　www.ncss.org.sg 和 www.ncvo-vol.org.uk。英国全国志愿组织委员会（NCVO）在本章"能力建设者"一节中也有涉及。

25　www.nvpc.org.sg 和 www.handsonnetwork.org。

26　www.ilovechildren.org.sg.

27　由 nfpSynergy（www.nfpsynergy.net）在英国做的调查，《2007 年第三部门的状况》（*The State of the Third Sector 2007*），其中显示，小型慈善组织的管理层普遍认为大型慈善组织对慈善行业整体有着负面影响。

28　参见第 3 章"非营利组织治理：谁在治理非营利，真是这样吗？"，其中有讨论在多个国家出现的由丑闻引发的慈善改革。新加坡的慈善丑闻包括 NKF、新加坡视障人士协会（Singapore Association for the Visually Handicapped）、青年挑战（Youth Challenge）、圣约翰老人院（St. John's Home for Elderly Persons）和仁慈医院与医疗中心（Ren Ci Hospital and Medicare）。在第 19 章"案例研究：新加坡全国肾脏基金会（NKF）：事件及其范式"中对 NKF 丑闻有详细介绍。